Das große GUSTO Kochbuch

Kochen im Rhythmus der Natur

UEBERREUTER

Bildnachweis:

Dieter Brasch: Seiten 46, 48, 58 (3), 59, 60, 62, 64, 66, 67, 104 (3), 105, 107, 108, 204 (2), 207, 222 (3), 225, 226, 228, 363
Eisenhut & Mayer: Seiten 28, 31, 66, 69, 72 (2), 73, 74, 78 (2), 79, 82, 113, 128, 130, 195, 204, 208, 230 (2), 231, 233, 286 (3), 287, 289, 290, 298, 299, 304 (3), 305, 306, 309, 310, 324, 325, 324, 326
Ulrike Köb: Seiten 25, 27, 40 (3), 43, 44, 78, 81, 98 (3), 99, 100, 103, 122 (3), 123, 125, 126, 166 (3), 167, 169, 170, 173, 174 (3), 175, 177, 178, 186, 191, 210 (2), 211, 213, 230, 234, 324, 329, 350 (3), 351, 353, 354
Stefan Liewehr: Seiten 8, 9, 10 (4), 11, 12, (8), 13 (8), 14 (8), 15 (7), 16 (2), 17 (6), 18 (2), 19, 20, 22, 23 (7), 24, 27 (2), 32 (3), 33, 35, 36, 38, 52 (3), 55, 56, 66, 70, 72, 77, 84 (3), 85, 86, 89, 90, 92 (3), 93, 94, 96, 113, 114 (3), 115, 116, 119, 120, 128, 133, 148 (3), 150, 153, 180, 181, 180 (3), 182, 185, 186 (2), 187, 189, 195 (2), 196 (3), 197, 198, 201, 202, 236 (3), 238, 241, 248 (2), 249, 251, 252, 255, 256 (3), 257, 258, 261, 262 (3), 263, 265, 266, 268 (3), 269, 271, 272, 274, 277 (3), 298, 302, 312 (3), 313, 315, 316, 318 (3), 319, 321, 323, 330 (3), 331, 333, 335, 336, 338 (3), 339, 340, 343, 344 (3), 345, 347, 348, 356
Michael Markl: Seiten 46, 47, 128, 129, 278 (3), 279, 280, 283, 284, 298, 301
Theresa Schrems: Seiten 31, 46, 51, 110, 113, 134 (3), 135, 137, 138, 140 (3), 141, 142, 144, 145, 146, 154 (3), 155, 157, 158, 160 (3), 161, 162, 165, 192, 210, 215, 216 (3), 217, 219, 220, 242 (3), 243, 245, 246, 292 (3), 294, 297, 357, 360
Studio Unsas: Seiten 26, 31
Gerti Gnan: Illustration Seite 359

ISBN 3-8000-7131-2
Alle Urheberrechte, insbesondere das Recht der Vervielfältigung, Verbreitung und öffentlichen Wiedergabe in jeder Form, einschließlich einer Verwertung in elektronischen Medien, der reprografischen Vervielfältigung, einer digitalen Verbreitung und der Aufnahme in Datenbanken, ausdrücklich vorbehalten.

Redaktion: Barbara Haiden, Barbara Knapp

Gestaltung: verlagsbüro wien | Kurt Hamtil
Coverfoto: GUSTO/Theresa Schrems
Copyright © 2005 by Verlag Carl Ueberreuter, Wien
Druck: Druckerei Theiss GmbH, A-9431 St. Stefan
7 6 5 4 3 2 1

Ueberreuter im Internet: www.ueberreuter.at

Inhalt

Vorwort 7

GUSTO Kochschule 8
Gemüse 9
Salate und Marinaden 10
Fleisch 11
Fisch 16
Kräuter 18
Gewürze 19
Käse 21
Grundrezept für Rindsuppe 22
Grundrezept für Kalbsfond 23
Grundrezept für Fischfond 24
Tipps & Tricks aus der GUSTO Küche 25

Frühlings-Menüs
Festliches Oster-Menü 32
Leichter Genuss 40
Frühlingserwachen 46
Dinner for Two 52
Aromaküche 58
Aus Omas Küche 66
Kinder, Kinder! 72
Bella Italia! 78
Maidüfterl 84
Zu Ehren des Spargels 92
Für Verliebte 98
Beschwingt ohne Fleisch 104

Sommer-Menüs
Gartenfrisch 114
Asia delight 122
Jung und unkompliziert 128
Kräutergarten 134
Das große Grillfest 140
Kinderparty 148
Kühles für heiße Tage 154
Fleischloses Glück 160
Urlaubsstimmung 166
Fernweh 174
Crossover 180
Sommer-Fit 186

Inhalt

Herbst-Menüs
Drei-Länder-Klassik	196
Gansl-Kulinarium	204
Gute Laune	210
Streifzüge	216
Wilde Zeiten	222
Modern Times	230
Waldeslust	236
Herbstgold	242
Wasser und Luft	248
Männersache	256
Südtiroler Tradition	262
Thanksgiving	268

Winter-Menüs
Fingerfood-Party	278
Der Duft Asiens	286
Farben-Trilogie	292
Hüttenzauber	298
Prosit Neujahr!	304
Winterfeste	312
Einfach raffiniert	318
Schlanke Power	324
Heringsschmaus	330
Die neue Klassik	338
Schlichte Eleganz	344
Jungbrunnen	350

Gäste und Feste
Gäste und Feste	356
Knigge bei Tisch	358
Essen und Wein	360

Register	364

Vorwort

„Man kann nur mit Liebe gut kochen", schreibt Paul Bocuse in einem seiner Bücher. Kochen ist viel stärker mit Gefühlen besetzt als wir bewusst wahrnehmen. Jemanden „einzukochen" oder bekocht zu werden gehört zu den schönsten Sympathiebeweisen. Wie viele Liebeserklärungen wurden wohl schon beim gemeinsamen Essen gemacht?

Kochen ist beliebtes Freizeitvergnügen mit hohem Sozialprestige geworden. Und das ausgerechnet in Zeiten, wo es ganze Menüs fix fertig im Supermarktregal zu kaufen gibt – weil es nicht schnell genug gehen kann, im Berufsleben, in der Freizeit, beim Kochen, beim Essen. Bleibt dabei nicht etwas auf der Strecke?

Genuss verlangt Zeit, Aufmerksamkeit. Im Idealfall beginnt der Genuss beim Kochen. „Gut Ding braucht Weile", wussten schon unsere Großmütter. Erst damit wird Kochen zum sinnlichen Vergnügen, zum Akt der kreativen Entschleunigung – „cool down" nach einem aufreibenden Arbeitstag beim Schneiden, Hacken, Rühren.

Dass Sie sich beim Nachkochen der über 200 Rezepte so richtig schön entspannen, das wünschen wir Ihnen mit diesem Buch. Und dass sich viele vergnügliche Stunden beim gemeinsamen Genießen mir Ihren Liebsten daran anschließen.

Tipp zum Gebrauch des Buches: Sie können einzelne Speisen oder das jeweils vorgeschlagene Menü nachkochen, für diesen Fall unterstützt Sie ein Zeitplan beim perfekten Timing. Viele Weintipps sollen Ihnen die Qual der Wahl des passenden Tropfens abnehmen. In der GUSTO Kochschule auf den ersten Seiten finden Sie Basisrezepte und viele praktische Tipps aus der mehr als 20-jährigen GUSTO-Kochpraxis.

In diesem Sinne wünschen wir Ihnen
viel Vergnügen beim Kochen und Genießen!

GUSTO Kochschule

Worauf kommt es beim Braten eines Steaks, wie erkenne ich frischen Fisch und was um Himmels Willen ist ein Fond? All die kleinen und großen Fragen, die beim Kochen auftauchen, beantwortet die folgende kleine GUSTO Kochschule. Mit praktischen Handgriffen, Techniken und Tipps für noch mehr Lust am Kochen!

Gemüse

Es hat in wenigen Jahren den gewaltigen Karrieresprung von der Beilage zur Hauptsache geschafft. In der modernen Ernährung hat Gemüse einen hohen Stellenwert, vom gesundheitlichen genauso wie vom genießerischen Aspekt. Die Gemüseküche kann so vielseitig und kreativ sein, dass das Fehlen von Fleisch längst nicht mehr als Verzicht empfunden wird.

GUSTO Gemüse-Tipps
Erdäpfel kochen
Die schonendeste Zubereitung für Erdäpfel ist das Dämpfen. Erdäpfel für Teige sollen gut ausdampfen, das heißt, nach dem Garen noch möglichst viel Flüssigkeit verlieren. Sind sie zu feucht, gibt man sie ins ca. 80 °C heiße Rohr, damit noch Wasser verdampfen kann.

Gemüse blanchieren
Das Auge isst mit. Zu lange gegart wird Gemüse grau und unansehnlich. Ein kleiner Trick, das Blanchieren, bewahrt Farbe und Knackigkeit: Gemüse wenige Minuten in Wasser überkochen und in Eiswasser abschrecken. Kurz vor dem Servieren in wenig Flüssigkeit und Butter erwärmen.

Paradeiser enthäuten
In manchen Gerichten wird die Haut von Paradeisern als störend empfunden, auch haben manche Sorten eine so dicke Haut, dass man sie besser entfernt. Paradeiser an einer Seite kreuzweise einschneiden und ca. 10 Sekunden in kochendes Wasser legen. Herausheben, in Eiswasser abschrecken. Anschließend die Haut mit einem kleinen Messer abziehen.

Geschmacks-Intensivierung
Je weniger Wasser im Gemüse, umso intensiver der Geschmack. Im Rohr geschmorte Gemüse schmecken daher besonders intensiv. Paradeiser, Paprika, Melanzani und Kürbis, selbst Zwiebel eignen sich hervorragend für diese Garmethode.

GUSTO Kochschule

Pilze
Pilze enthalten viel Wasser. Damit sie beim Braten knackig bleiben, ist starke Hitze nötig. Erhitzen Sie zuerst die Pfanne trocken, geben Sie die geschnittenen Pilze hinein und rösten Sie diese so lange, bis alle Flüssigkeit verdampft ist. Danach die Hitze reduzieren, Öl, Zwiebel und Gewürze zugeben und kurz mitbraten.

Salate und Marinaden

Aus nahezu jedem Gemüse lässt sich „Salat" zubereiten – das Wort stammt aus dem italienischen „salata", was nichts weiter als gesalzen heißt. Besonders in der warmen Jahreszeit gelüstet uns vermehrt nach erfrischenden Salaten, dabei sind der Fantasie wahrlich keine Grenzen gesetzt.

GUSTO Salat-Tipps
Lagern Sie Blattsalate kühl und feucht, am besten in einem luftdurchlässigen Plastiksackerl im Gemüsefach des Kühlschrankes, so bleiben sie 1–2 Tage frisch. Befeuchten Sie die Blätter vorher mit kaltem Wasser.
Lassen Sie Salatblätter gut abtropfen und trocknen Sie sie am besten in einer Salatschleuder. Ein solches Gerät ist übrigens eine lohnende Anschaffung, die Sie auch zum Trocknen von Kräutern, Pilzen und Beeren verwenden können.
Marinieren Sie Blattsalate immer erst kurz vor dem Anrichten. Salate aus gekochtem Gemüse (Bohnen, Kartoffeln, Brokkoli etc.) sollen hingegen etwa eine Stunde ziehen, damit sich Marinade und Zutaten geschmacklich verbinden.
Salate sollen nicht nur gut schmecken, sondern auch das Auge erfreuen. Kräuter und Blüten schmücken und schmecken.

Well dressed – Marinaden machen Salate
Das A und O eines Salates ist eine gelungene Marinade. Mischen Sie Essig-Öl-Marinaden immer in dieser Reihenfolge: Zuerst Gewürze und Salz mit dem Essig vermischen, danach das Öl langsam zugießen (Salz löst sich in Öl nicht auf!), dabei mit dem Schneebesen rühren; so bildet sich eine dickliche Emulsion, die sich gut mit den Salatzutaten verbindet.
Als Faustregel für eine Marinade geht man vom Verhältnis 1:3 aus; heißt ein Teil Essig auf drei Teile Öl.
In einem Schraubglas können Sie Dressings nicht nur einige Zeit aufbewahren, sondern auch zubereiten: Alle Zutaten ins Glas füllen, gut verschließen und kräftig schütteln.

Fleisch

Fleisch, im speziellen Schweinefleisch und Rindfleisch, ist wesentlicher Bestandteil der klassischen österreichischen Küche. Wie gut ein Gericht tatsächlich gelingt, ob das Fleisch weich, saftig und wohlschmeckend ist, hängt in erster Linie von der Qualität des Stückes ab. Weiters davon, ob es gut abgelegen, heißt gereift ist. Die Reifung dauert je nach Fleischsorte unterschiedlich lang, bei Rindfleisch bis zu drei Wochen. Die Farbe verändert sich dabei von frischem Rot in einen leicht ziegelfarbenen Ton.

GUSTO Einkauf-Tipps
Rindfleisch soll dunkel- bis ziegelrot sein und eine leichte Marmorierung aufweisen. Mit zarten Fettäderchen durchzogenes Fleisch ist generell saftiger, der tatsächliche Fettgehalt ist dabei nur unwesentlich höher als der von sichtbar magerem Fleisch.
Kalb- und Schweinefleisch sind im Idealfall rosa bis hellrot und sollen feine Struktur haben. Finger weg von blassem, wässrigem Fleisch.
Hühnerfleisch mit einem deutlichen Gelbton lässt darauf schließen, dass das Huhn vorwiegend mit Mais gemästet wurde. Freilandhühner haben oft zartrosa Fleisch.
Wenn Sie ein Bio-Huhn im Ganzen braten, sollten Sie bedenken, dass das Fleisch aufgrund seiner festeren und dichteren Struktur etwas längere Garzeit benötigt.
Seien Sie ruhig kritisch beim Kauf von Putenfleisch und deuten Sie wässriges Aussehen und grobe Fasern als Warnung. Fleisch von rasant gewachsenen Tieren lässt sich zuweilen kaum braten, weil es dabei so viel Wasser verliert – nicht zuletzt lässt es auch geschmacklich zu wünschen übrig.
Das zarteste Lamm ist das Milchlamm. Sein Fleisch ist hellrot und hat einen feinen Geschmack. Am besten schmeckt Lammfleisch von 4-5-monatigen Jungtieren, je älter das Tier wird, umso intensiver wird auch der Lammgeschmack.

GUSTO Fleisch-Tipps
Nehmen Sie Fleisch mindestens eine halbe Stunde vor der Zubereitung aus der Kühlung, damit es Raumtemperatur hat.
Achten Sie beim Schneiden auf den Verlauf der Fasern. Fleisch wird quer zur Faser geschnitten: Kurze Fleischfasern sind leichter zu beißen, falsch geschnittenes Fleisch ist zäh.
Grundsatz: Je zarter das Fleisch, umso kürzer die Garzeit! Filetstücke werden nicht ganz durchgegart, nur dann bleiben sie saftig. Wenn Sie nicht sicher sind, wann der perfekte Garpunkt erreicht ist, verwenden Sie ein Bratenthermometer. Damit gelingt jeder Braten exakt auf den Punkt.
Muskulöse Fleischstücke wie Keulen (z. B. Wadschunken vom Rind, das typische Gulaschfleisch) werden nur langsam und lange gegart weich.

GUSTO Kochschule

Die richtige Pfanne. Für Kurzgebratenes schwören Profis auf Eisenpfannen: Die Pfanne kann hoch erhitzt werden, Fisch und Fleisch garen bei starker Hitze kurze Zeit, das Gargut klebt nicht an und es entsteht eine zarte Kruste. Empfehlenswert sind Eisenpfannen allerdings nur für häufigen Gebrauch. In Edelstahlpfannen legt sich zwar leicht etwas an, was wiederum eine Voraussetzung für ein aromatisches „Safterl" ist. Beschichtete Pfannen haben den Vorteil, dass sich nichts anlegt und es kann nahezu ohne Fett darin gebraten werden.

Das Filetsteak

Das beste – und teuerste – Stück vom Rind schmeckt am besten, wenn es mild gewürzt und schonend zubereitet wird.

Schneiden

Ein Filetsteak hat eine Dicke von mindestens 2 cm (alles darunter ist ein Schnitzel!), gebräuchlich sind 3–4 cm. Für richtige Fleischtiger darf das Steak gut und gerne 5–6 cm dick geschnitten sein.

Gut in Form

Sehr weiches, mürbes Fleisch wird vor dem Braten gebunden: mit den Händen in Form bringen und das Fleischstück mit einem Stück Spagat binden.

Die Steaks behutsam auf gleiche Höhe drücken, seitlich mit den Händen in Form bringen. Sehr locker-faseriges Fleisch mit Spagat binden.

So werden Steaks gebraten:

Pfanne trocken erhitzen. Öl eingießen.

Beim Einlegen der Steaks ist ein deutliches Zischen zu vernehmen. Bei starker Hitze anbraten.

Steaks wenden. Niemals mit einer Gabel anstechen – dabei würde wertvoller Saft verloren gehen.

Steaks während des Bratens immer wieder mit Bratfett übergießen, so garen sie gleichmäßig.

GUSTO Kochschule

Nach dem Braten: Rasten

Ein Steak wird nie direkt aus der Pfanne serviert. Es braucht unbedingt Zeit zum Rasten, dabei entspannen sich die Fasern und der Saft verteilt sich gleichmäßig im Fleisch:

Fleisch aus der Pfanne nehmen, auf einen Teller legen, mit Alufolie zudecken oder in Alufolie wickeln und zum Rasten warm stellen, am besten im ca. 60 °C heißen Backrohr. Während des Rastens tritt Fleischsaft aus, dieser wird für den Natursaft oder eine Sauce verwendet.

Bratfett abgießen, der für die Sauce benötigte Bratsatz (Bratrückstand) bleibt in der Pfanne.

Bratsatz mit Suppe oder Wasser aufgießen und aufkochen.

Fleischsaft einrühren.

Den Saft eventuell mit gekühlten Butterstücken binden, anschließend nicht mehr kochen lassen.

Nach 2 Minuten
Stark blutig / bleu / rare

Unter einer dünnen Kruste ist das Steak noch roh und blutig.

Fingerdruckprobe: Das Fleisch ist weich und gibt stark nach.

Nach 4 Minuten
Blutig / saignant / medium rare

Unter der Kruste ist das Fleisch rosa, im Kern noch blutig.

Fingerdruckprobe: Das Fleisch gibt leicht nach; es ist aber bereits merklicher Widerstand zu spüren.

Nach 8 Minuten
Rosa (halb durch) / à point / medium

Das Fleisch ist fast durchgebraten, im Kern aber noch rosa.

Fingerdruckprobe: Es ist deutlicher Widerstand zu spüren, der zur Mitte hin nachlässt.

Nach 10 Minuten
Durchgebraten / biencuit / well-done

Das Fleisch ist durchgebraten, aber noch saftig.

Fingerdruckprobe: Fester Widerstand im gesamten Bereich.

GUSTO Kochschule

Geflügel

So wird Geflügel gebunden, damit es beim Braten die Form behält:

Die Flügerln wegziehen und im Gelenk durchschneiden.

Ein Stück Küchenspagat abschneiden (einmal die Strecke von den Fingerspitzen zum Ellenbogen und zurück). Spagat mitteln, unter den „Bischof" führen und hochziehen, dabei die Keulen am unteren Ende umfassen.

Spagat straff anziehen und einfach verknoten.

Spagat festziehen. Der „Bischof" und die Keulen sind nun fest zusammengezogen.

Spagat am Huhn entlang nach unten ziehen.

Huhn anheben, den Spagat unter dem Halsansatz zusammenführen, Huhn umdrehen.

Spagat fest zusammenziehen und verknoten.

Huhn wenden und die Bindung überprüfen.

GUSTO Kochschule

Geflügel zerteilen

Die Flügerln im Gelenk durchschneiden. Die Haut zwischen Keule und Brustspitz einschneiden.

Keule ein wenig anheben und den Schnitt fortsetzen.

Keulen im Gelenk durchschneiden.

Fleisch auf beiden Seiten entlang des Brustbeines einschneiden und vom Brustbein lösen.

Brustfilets von der Karkasse lösen.

Die ausgelösten Hühnerteile.

GUSTO Kochschule

Fisch

Süßwasserfische
Feines, aromatisches Fleisch und wenige Gräten haben Forelle, Saibling, Zander, Wels. Der Hecht hat zwar wohl schmeckendes Fleisch, aber leider auch viele Gräten. Aus Hecht und anderen grätenreichen Fischen werden daher bevorzugt Nockerln oder Mus zubereitet, wofür das Fleisch durch ein Sieb passiert wird. Die leidigen Y-Gräten des Karpfens „verschwinden" gänzlich, wenn die Filets geschröpft sind, wofür das Fleisch in Abständen von ca. 1 cm bis zur Haut eingeschnitten wird.

Meeresfische
Seeteufel, Wolfsbarsch, Tunfisch, Steinbutt – exklusive Genüsse in Geschmack und Preis. Aufgrund ihrer Portionsgröße und des festen Fleisches eignen sich Wolfsbarsch und Goldbrasse gut zum Grillen im Ganzen. Sehr zartes, mageres und grätenfreies Fleisch haben Plattfische wie Steinbutt, Seezunge und Scholle.

Schalen-, Krusten- und Weichtiere

Im Umgangsjargon nennt man sie Meeresfrüchte. Garnelen, Krebse, Muscheln, Tintenfisch, Oktopus. Der Panzer von Krustentieren verfärbt sich beim Kochen rot, lebend ist er grau bis schwarz.
Unterschiedliche Bezeichnungen sorgen zuweilen für beträchtliche Verwirrung. Kaisergranat und Scampi sind ein und dasselbe Scherentier, ebenso Riesengarnele, King Prawn und Hummerkrabbe, allerdings haben diese keine Scheren.

GUSTO Kochschule

GUSTO Fisch-Tipps

Ob Süßwasser- oder Meeresfisch, die Indikatoren für Frische sind ähnlich und lassen sich am sichersten am ganze Fisch feststellen: pralle Konsistenz, glänzende Augen, rote Kiemen. Frischer Fisch riecht angenehm, vor allem „fischelt" er nicht; fordern Sie sicherheitshalber eine Riechprobe.

Relativ preiswerte Meeresfische wie Wolfsbarsch und Goldbrasse kommen aus Aquakulturen im Mittelmeer, leider bleiben sie geschmacklich hinter solchen aus Wildfang zurück.

Achten Sie beim Einkauf von Muscheln darauf, dass die Schalen geschlossen sind, und werfen Sie offene Muscheln sofort weg, sie sind verdorben. Um etwa Miesmuscheln von Sandresten zu befreien, legt man sie für einige Zeit in Salzwasser, wenn sie dabei ihre Schalen öffnen, bedeutet das nur, dass sich die Muscheln wohl fühlen (entfernt man das Wasser, schließen sich die Schalen wieder).

Ausgelöste Cocktailgarnelen sind bereits vorgekocht, was man an ihrer rosa Farbe erkennt. Bei der Zubereitung genügt es, sie kurz zu erhitzen, längeres Garen lässt sie zäh werden.

So wird Fisch filetiert (am Beispiel einer Forelle):

Das Messer unmittelbar hinter dem Kopf ansetzen und einen schrägen Schnitt über die ganze Seite führen.

Das Filet ablösen, indem man das Messer flach entlang der Mittelgräte führt.

Auf die gleiche Weise das zweite Filet ablösen.

Die Bauchgräten flach von den Filets schneiden.

Den schmalen Flossensaum entlang des Rückens wegschneiden.

Filet am Schwanzende festhalten, das Messer zwischen Haut und Fleisch ansetzen und das Fleisch flach von der Haut schneiden.

GUSTO Kochschule

Kräuter

Kräuter verleihen Gerichten nicht nur eine individuelle Note, sie sorgen vielfach auf dafür, dass unser Essen bekömmlicher wird. Nur ein kleiner Teil der großen Kräuter-Familie wird auch tatsächlich in der Küche verwendet. Wagen Sie sich also ruhig einmal an nicht so vertraute Namen, probieren, kombinieren und experimentieren Sie mit den grünen Würzmeistern.

GUSTO Kräuter-Tipps

Je zarter ein Kraut, desto weniger verträgt es Hitze. Bei warmen Gerichten werden empfindliche Kräuter erst am Ende des Kochvorganges zugefügt.
Kräuter, die frisch verwendet und nicht mitgekocht werden sollen:
Schnittlauch, Petersilie, Dille, Basilikum, Estragon, Kerbel, Kresse, Zitronenmelisse.
Kräuter, die frisch oder getrocknet verwendet werden können und die nicht mitgekocht werden sollen:
Bohnenkraut, Liebstöckel, Majoran, Minze, Oregano, Thymian, Rosmarin, Salbei.

Robuste und getrocknete Kräuter entfalten ihr Aroma besser, wenn sie zerkleinert und kurze Zeit mitgekocht werden.
Schneiden Sie frische Kräuter immer erst unmittelbar vor Verwendung. Beim Zerkleinern entströmen flüchtige ätherische Öle, der Geschmack verpufft und das Kraut verfärbt sich braun.
Bewahren Sie Schnittkräuter kühl und feucht auf, am besten in Zeitungspapier gewickelt oder in atmungsaktiven Plastiksackerln.
Kräuter-Eiswürfel sind eine praktische Vorratshaltung für Suppen und Saucen: Geben Sie klein gehackte Kräuter in Eiswürfelbehälter, füllen Sie diese mit Suppe oder Wasser auf und stellen Sie das Ganze ins Gefrierfach.
Einlegen in Öl ist ein bewährtes Konservierungsmittel für Kräuter: Klein gehackte Kräuter mit Öl mixen und in kleine Schraubgläser füllen.

Salsa verde (Grüne Sauce)

Von 200 g Petersilie die Blättchen abzupfen und mit 3 Sardellenfilets, 1 Knoblauchzehe, 1 EL Kapern und 1 Dotter in einem elektrischen Zerkleinerer fein pürieren. Sauce mit 125 ml Olivenöl, 1 TL Weinessig sowie Salz und Pfeffer verrühren.

Salsa verde passt zu gekochtem Fleisch (Rind, Kalb, Huhn), Fisch oder einfach als Brotaufstrich. Die Basis kann mit gehackten Essiggurken, Pfefferoni oder Eiern erweitert werden. In ein Schraubglas gefüllt und kühl gelagert können Sie die Sauce mindestens 1 Woche aufbewahren.

GUSTO Kochschule

Gewürze

Gewürze sind die aromatischen Samenkerne, Wurzeln, Blütenknospen, Blätter oder Früchte von Sträuchern und Bäumen. Die wenigsten unserer gebräuchlichen Küchengewürze sind auch hier heimisch, sie kommen aus Ländern Lateinamerikas, Asiens und des indischen Ozeans.
Verschwenderisch und zugleich sparsam sollte man mit ihnen umgehen. Verschwenderisch was ihre Vielfalt anlangt, sparsam in der Dosierung.

GUSTO Gewürz-Tipps

Kaufen Sie Gewürze am bestem im Ganzen und zerkleinern oder reiben Sie sie erst bei Bedarf, ideal für diesen Zweck ist ein Mörser aus Granit. Gemahlene Gewürze verlieren rasch das Aroma.
Fenchel wirkt nicht nur wohltuend auf den Magen, er ist auch überall dort passend, wo Gemüsefenchel verwendet wird. Wunderbar ist auch die Kombination mit hellem Fleisch oder Fisch.
Korianderkörner sind ein typisches Brotgewürz. Die duftenden Samenkörner würzen auch Paradeissaucen, gebratene Entenbrust und passen vorzüglich zu Fisch und Roten Rüben.
Paprikapulver sollte niemals stark geröstet werden, da es dabei bitter wird. Das Pulver aus getrockneten Paprikaschoten sollte leuchtend rote Farbe haben und angenehm duften. Ist es braun und geruchlos – weg damit!
Senfkörner: Dunkle Körner sind etwas schärfer als die hellen. Sehr harte Senfkörner werden weicher, wenn man sie kurz in Wasser überkocht oder über Nacht in ein feuchtes Tuch einschlägt.
Ingwer hat pfeffrig-scharfes Aroma und schmeckt am besten von der frischen, prallen Knolle. Wenn Sie selten Ingwer verwenden, können Sie die Knolle auch im Tiefkühler lagern. Ein Stück Ingwer gehört in die gesunde Hühnersuppe!
Safran färbt Gerichte leuchtend gelb. Kochen Sie Safran nur kurz, damit das Aroma nicht verloren geht. Kaufen Sie nur ganze Fäden, Pulver könnte mit billigen Mitteln gestreckt sein.
Vanille ist die fermentierte Schote einer Orchideenart und eines der teuersten Gewürze. Das Aroma steckt im Inneren wie auch in der Schale. Wenn nur das Mark verwendet wird, füllt man die zerkleinerte Schote mit Zucker in ein Glas. Der Zucker nimmt das Aroma der Vanilleschote auf und fertig ist der hausgemachte Vanillezucker.

Werden Gewürze mitgekocht, die danach wieder entfernt werden (etwa in Ragouts), füllt man sie am besten in einen Teebeutel oder in ein Leinensäckchen. Manche Gewürze entfalten ihren Geschmack am besten, wenn sie vor der Verwendung in einer Pfanne trocken geröstet werden, dazu gehören Koriandersamen und Kreuzkümmel.

GUSTO Kochschule

GUSTO Kochschule

Käse

Jedes Land, jede Region hat ihre typischen Sorten, manche werden nach über Jahrhunderte überlieferter Art produziert, andere wieder sind Innovationen experimentierfreudiger Produzenten.
Grundsätzlich wird zwischen Frisch-, Weich-, Schnitt- und Hartkäse unterschieden. In weiterer Folge prägt das Ausgangsprodukt, die Milch, den Charakter des Käses, der über Tage, Wochen, Monate oder mehrere Jahre reift und so seinen typischen Geschmack entwickelt. Während Kuhmilch-Käse tendenziell milderer Art sind, erkennt man Ziegen- und Schafkäse an ihrer Würzigkeit, die mit Dauer der Reife noch zunimmt.

GUSTO Käse-Tipps
In vielen Märkten liegt eine riesige Auswahl an portioniertem und vorverpacktem Käse bereit; kaufen Sie davon keine zu großen Mengen, solche Käse sind für den raschen Verzehr gedacht. Die bessere Wahl ist immer, Käse frisch vom Stück zu kaufen, in Fachgeschäften kann man zuvor auch kosten. Je härter ein Käse, desto besser ist er lagerbar. Frischkäse, die hohen Wassergehalt haben, sollten nur wenige Tage aufbewahrt werden. Käse ist ein Produkt, das lebt und „atmet", luftdicht verpackt erstickt er. Am besten lassen Sie ihn im Papier, in dem sie ihn gekauft haben. Oder Sie wickeln ihn in Alu- oder Frischhaltefolie, dann sollten Sie die Verpackung alle ein bis zwei Tage öffnen und den Käse belüften um Schimmelbildung vorzubeugen. Camembert und Brie sind reif und am Höhepunkt ihres Aromas, wenn der anfangs topfige Kern schmelzend weich wird. Im ganzen Stück merkt man das, indem man den Käse in der Mitte etwas eindrückt und er sich weich anfühlt. Reifer Camembert sinkt in der Mitte etwas ein. Weichkäse reift nur im ganzen Stück, portionierte Stücke altern nur noch.

Mit oder ohne Rinde?
Naturrinde kann, muss aber nicht gegessen werden, vorausgesetzt sie schmeckt und ist nicht zu hart. Die intensive Rinde gereifter Rotkulturkäse ist nicht jedermanns Sache, wer einen empfindlichen Magen hat, lässt sie lieber auf dem Teller zurück. Auch die Rinde von Camembert darf man ohne schlechtes Gewissen wegschneiden. Milder als der würzige Camembert schmeckt Brie, die dünne Rinde mit dem zarten Aroma von Champignons kann bedenkenlos gegessen werden, ebenso die Asche, in die manche Ziegenkäse gehüllt sind.

Würzmittel Hartkäse
Lassen Sie sich nicht von hohen Kalorienangaben abschrecken! Hartkäse sind konzentrierte Lebensmittel, die kaum Wasser enthalten und von denen man im Vergleich zu anderen Käsen nur sehr wenig isst. Parmesan, gereifte Bergkäse und ähnliche sind ideale Würzkäse, nur wenig davon genügt um Gerichten Geschmack zu verleihen.

GUSTO Grundrezepte

Rindsuppe

Eine selbst gemachte Rindsuppe ist durch nichts zu ersetzen. Das Geheimnis: Langsam und gemütlich soll sie vor sich hin köcheln, mindestens 2 Stunden lang, dann hat sie den vollen Geschmack ihrer Zutaten in sich aufgenommen. Dabei darf sie niemals stark wallen, das würde sie trüben.

Rindsuppe

750 g Rindsknochen (klein gehackt)
1 kl. Zwiebel
50 g Knollensellerie
50 g Petersilwurzel
50 g Lauch
10 Pfefferkörner
Liebstöckelblätter, Petersilstiele

Zutaten für ca. 1 l

Knochen gut waschen.

Reichlich Wasser aufkochen, Knochen einlegen und aufkochen – aufsteigenden Schaum abschöpfen. Inzwischen Zwiebel, Sellerie und Petersilwurzel schälen. Lauch putzen, Gemüse in Stücke schneiden.

Knochen abseihen, kalt abschrecken und in einen Topf geben. 3 l kaltes Wasser zugießen, Gemüse, Pfefferkörner, 1–2 Liebstöckelblätter und einige Petersilstiele zugeben.

Suppe aufkochen und bei schwacher Hitze ca. 2 Stunden köcheln – den aufsteigenden Schaum immer wieder mit einem Siebschöpfer entfernen. Suppe abseihen (ergibt ca. 1 ½ l) und auf ca. 1 l einkochen.

GUSTO Grundrezepte

Fonds. Die Basis guter Saucen.

Knochen, Fleischabschnitte und Wurzelgemüse sind die Grundbestandteile eines Fonds. Die Gewürze variieren ja nach verwendetem Fleisch. Für hellen Fond werden die Zutaten gekocht, für dunklen Fond erst einmal Knochen und Wurzelgemüse stark angeröstet, was Geschmack und Farbe gibt. Brauner Kalbsfond ist eine universelle Basis für Saucen zu kurz gebratenem Fleisch. Es empfiehlt sich, gleich eine größere Menge davon zubereiten und portionsweise einzufrieren. Nach diesem Basisrezept können Sie jeden anderen dunklen Fond zubereiten.

Brauner Kalbsfond
Zutaten für 1 l

Zutaten:
- 1 kg Kalbsknochen (klein gehackt)
- 300 g Kalbfleisch-Abschnitte (in Stücke geschnitten)
- 1/16 l Öl
- 1 kleine Zwiebel
- Je 50 g Karotten, Gelbe Rüben und Knollensellerie (geschält)
- 50 g Paradeismark
- 200 ml Rotwein
- 3 l Wasser
- 8 Pfefferkörner
- Kräuterstiele

Backrohr auf 180 °C vorheizen. Öl erhitzen, Fleischabschnitte und Knochen darin auf dem Herd rundum rasch anbraten.

Pfanne ins Rohr schieben (unterste Schiene / Gitterrost) und die Knochen ca. ¾ Stunden rösten.

Zwiebel und Gemüse in ca. 2 cm große Würfel schneiden, zu den Knochen geben und nochmals ¾ Stunden rösten.

Ansatz aus dem Rohr nehmen und auf der Herdplatte weiterrösten. Paradeismark einrühren und kurz mitrösten.

Wein zugießen und fast zur Gänze einkochen.

Ansatz in einen Topf geben. Wasser in die Bratenpfanne gießen, Bratrückstand loskochen und in den Topf gießen.

Pfefferkörner und Kräuterstiele zugeben; Fond bei schwacher Hitze ca. 3 Stunden köcheln. Schaum immer wieder mit einem Gitterlöffel entfernen.

Danach: Fond durch ein Sieb gießen und auskühlen lassen. Bevor man den Fond weiterverarbeitet, die an der Oberfläche erstarrte Fettschicht entfernen.

GUSTO Grundrezepte

Ca. 500 g Fischkarkassen*
½ kleine Zwiebel
80 g Stangen- oder
   Knollensellerie
80 g Petersilwurzeln
80 g Lauch
125 ml Weißwein
1 Lorbeerblatt
8 Pfefferkörner

*Nur Karkassen von Fischen mit weißem Fleisch (Steinbutt, Seezunge, Rotzunge, Kabeljau, Scholle, Hecht oder Zander) verwenden. Keine Innereien und Häute mitkochen. Karkassen mit einer Küchenschere in gleich große Stücke schneiden.

Fischfond

Zutaten für ca. 1 l

Karkassen gut waschen. Gemüse in ca. 2 cm große Stücke schneiden und mit den Karkassen in einen Topf geben und mit Wein und ca. 1¼ l kaltem Wasser aufgießen. Lorbeerblatt und Pfefferkörner zugeben, aufkochen und bei schwacher Hitze 20 Minuten köcheln – aufsteigenden Schaum immer wieder mit einem Siebschöpfer entfernen. Fischfond durch ein feines Sieb gießen, nochmals aufkochen. Fond vom Herd nehmen und auskühlen lassen.

GUSTO Fond-Tipps

Alle anderen Fonds (Lamm-, Rindsfond etc.) werden nach dem Grundrezept für Kalbsfond zubereitet. Passend zum Grundgeschmack des Fonds werden Gewürze und Kräuter abgestimmt.
Stellen Sie den Topf schräg auf einen Kochlöffelstiel – so gelangt kühle Luft auch an den Topfboden und der Fond kühlt schneller aus.
Fond wird leicht sauer, achten Sie daher auf peinlichste Sauberkeit: Weder Finger noch benutzte Löffel in den Fond tauchen. Fond nur mit einem sauberen, kalten Löffel oder Schöpfer entnehmen.
Füllen Sie den Fond noch heiß in ein sauberes Schraubglas; ungeöffnet können Sie ihn so mindestens 1 Monat im Kühlschrank aufbewahren. Oder Sie füllen den Fond portionsweise ab und frieren ihn ein.

Tipps & Tricks aus der GUSTO Küche

Balsamico-Sauce
Eine delikate, schnelle Sauce, die zu Fleisch-, Fischgerichten und vielen kalten Vorspeisen passt:
Balsamico-Essig und Apfelsaft zu gleichen Teilen auf die Hälfte einkochen; Sauce mit Honig abschmecken.

Chili
Die Schärfe sitzt vornehmlich in den Kernen und Scheidewänden. Entfernt man diese, werden Chilis beachtlich milder. Und hier noch ein Trick aus der Asia-Küche, um die Schärfe bekömmlicher zu machen: Gerichte mit Chili zugleich mit ein wenig Palmzucker würzen.

Hart(näckig)es Ei
Ob sich ein hart gekochtes Ei gut schälen lässt, hat nichts damit zu tun, ob es nach dem Kochen abgeschreckt wird. Allein auf die Frische kommt es an. Legefrische Eier lassen sich schwer schälen, weil das dünne Häutchen unter der Schale noch am Eiklar klebt. Erst bei 1–2 Wochen „gereiften" Eiern lässt sich die Schale gut ablösen, da unter der Schale bereits ein dünner Luftpolster entstanden ist.

Fischfilets braten
Fischfilets bekommen eine knusprige Haut, wenn man sie sehr heiß in Erdnussöl und in einer Eisenpfanne brät. Das Öl soll den Pfannenboden dünn bedecken und beim Einlegen der Filets leicht zischen. Pfanne zudecken und den Fisch bei mäßiger Hitze kurz braten.

Tipps & Tricks aus der GUSTO Küche

Knoblauch & Schalotten schälen
Knoblauchzehen zwischen den Händen rollen oder mit einem großen Messer andrücken, sodass die Schale platzt und sich leicht ablösen lässt.
Schalotten legt man circa eine halbe Stunde in warmes Wasser, danach lässt sich die Schale leicht abziehen.

Linsen kochen
Linsen mögen keine Säure im Kochwasser. Gibt man trotzdem welche rein, bleiben sie hart. Essig ist erst zum Marinieren der gekochten Linsen gestattet. Übrigens: Am kürzesten garen die roten Linsen, maximal 10 Minuten, während die klassischen braunen „Tellerlinsen" vor dem Kochen eingeweicht werden sollen.

Mürbteigboden
Lassen Sie Mürbteig, etwas für Tartelettes, bis zu 3 Stunden in den Förmchen im Kühlschrank rasten. So behält der Teig beim Backen die Form und zieht sich nicht zusammen. Sie können den gekneteten Teig gleich ausrollen und nur in den Förmchen rasten lassen.

Papaya, Kiwi und Ananas
Die exotischen Früchte vertragen sich nicht mit allen Zutaten: Kiwi und Ananas sollen nicht mit Jogurt kombiniert werden, das Gericht schmeckt sonst bitter. Unreife Papaya enthalten das eiweißspaltende Enzym Papain, das unter anderem auch die gelierende Wirkung der Gelatine außer Kraft setzt.

Perfektes Wiener Schnitzel
Das Geheimnis liegt in der Panier: Geben Sie immer mehr Eiklar als Dotter in die Eimischung. Mit diesem „billigen" Trick wird die Panier für Schnitzel und alles Gebackene besonders luftig und locker. Auch die Qualität der Brösel ist entscheidend, am besten sind solche aus entrindetem, ungewürztem Weißbrot.

Rumrosinen
Rosinen in ein kleines Schraubglas füllen und mit Rum bedecken. Die Rosinen sind für lange Zeit optimal konserviert und Sie haben jederzeit aromatische Rumrosinen zur Hand.

Salz
Salz ist weniger Gewürz als Geschmacksverstärker. Als solcher funktioniert es auch in süßen Gerichten. „Würzen" Sie süße Teige und Desserts mit einer kleinen Prise Salz, das Gericht schmeckt dann intensiver.

Tipps & Tricks aus der GUSTO Küche

Schnee
Eischnee für Teige nie ganz fest ausschlagen. „Schmierig" geschlagenes Eiweiß hat ein feines, dichtes Gerüst und gibt dem Teig mehr Halt. Ebenso soll Obers nie ganz steif geschlagen sein, denn dann besteht die Gefahr, dass es „ausbuttert".

Sojasauce. Nicht nur in der Asia-Küche.
Dunklen Saucen von Rind, Lamm oder Wild verhelfen Sojasauce und Selleriesalz zu besonders kräftigem Aroma.

Sulz
Gelungen ist eine Sulz erst, wenn sie auch nach dem Schneiden noch ihre Form behält. Damit sie nicht zerfällt, ist es wichtig, dass sich Gelatine und feste Bestandteile intensiv miteinander verbinden. Vermischen Sie zuerst die mit Gelatine versetzte warme Flüssigkeit mit den Zutaten (Gemüse-, Fleischstücke etc.) und lassen Sie alles gut durchziehen, bevor sie es in die Form füllen. Sulz langsam bei Raumtemperatur stocken lassen und erst danach in den Kühlschrank stellen.

Suppe klären
Hat die Suppe zu stark gekocht, wird sie trüb. Retten kann man sie folgendermaßen: Topf vom Herd ziehen und Eiswürfel zugeben (1 Hand voll pro Liter) und die Suppe ganz langsam erhitzen.

Teig ausrollen
Mürbteig lässt sich am einfachsten zwischen zwei Lagen Frischhaltefolie ausrollen. So klebt nichts an und der Teig lässt sich einfach in die Form oder auf ein Blech transportieren, indem man die obere Folie abzieht, den Teig in die Form kippt und danach die zweite Folie abzieht.

Terrinen schneiden
Luftige Terrinen lassen sich in exakte Schnitten schneiden, wenn man die Terrine in Frischhaltefolie wickelt und mitsamt dieser schneidet. Danach den Folienstreifen abziehen.

Zitrone
Zitronensaft verhindert bei weißen Gemüsen wie Artischockenböden, Schwarzwurzeln oder Sellerie, dass sich das Fruchtfleisch braun verfärbt. Will man allein mit dem Aroma und nicht mit der Säure der Zitrone würzen, reibt man die Schale dünn ab, darin steckt am meisten Geschmack.

Maßeinheiten
TL=Teelöffel, EL=Esslöffel, MS=Messerspitze

Frühling

Frühling

Erstes Grün drängt durch kahle Böden, langsam beginnt alles zu wachsen und zu gedeihen. Bärlauch, Kresse, Schnittlauch sind die würzigen Boten des Frühjahres und Garanten für frische Abwechslung in der Küche. Die jungen Wilden helfen beim inneren Frühlingsputz, unterstützen beim Entschlacken und beim Kräftesammeln.

Grün und Gelb sind auch die Farben, die am Ostertisch dominieren: Eier, Spinat, Kräuter. Eine unbändige Lust auf leichte, beschwingte Kost übekommt uns. Wir denken mit Vorfreude an den ersten frischen Spargel, an die ersten wirklich aromatischen Erdbeeren, an fruchtig-säuerlichen Rhabarber, an die ersten knackigen Radieschen, in die zu beißen ein herzerfrischendes Vergnügen bereitet.

Die schönsten Anlässe zum Feiern im Frühling:
Ostern
Muttertag (2. Sonntag im Mai)
Vatertag (2. Sonntag im Juni)

Frühling

Das Ei ist Symbol für Fruchtbarkeit und Leben, nicht zuletzt deshalb passt es so gut in den Frühling und zu Ostern. Das Ei ist ein hochwertiges Nahrungsmittel, sein Eiweiß weist die höchste biologische Wertigkeit auf.

Eierlikör
Ergibt 1 l, Zubereitung ca. ½ Stunde

500 ml Milch
200 g Kristallzucker
6 Dotter
1 Ei
200 ml weißer Rum
Mark von 1 Vanilleschote

Ca. 60 g Kristallzucker mit Dotter und Ei im Wasserbad schaumig aufschlagen. Milch mit Vanillemark und restlichem Kristallzucker aufkochen und unter Rühren in die Eimischung gießen. Mischung mit dem Rum verrühren, durch ein Sieb gießen und in Flaschen füllen.
Hält bei kühler und dunkler Lagerung mindestens 3 Monate.
Tipp: Auf Seite 50 finden Sie ein Rezept für Eierlikör-Creme, ein herrlich einfaches Dessert für ein festliches Menü!

Es grünt und sprießt: Sprossen
In Keimen und Sprossen steckt geballte Energie. Die kleinen Kraftzwerge sind wahre Muntermacher und lassen sich ganz einfach aus den Samen von Kresse, Senf, Radieschen und Linsen ziehen: Samen ca. 8 Stunden in Wasser einweichen, anschließend abspülen und in ein mit einem Tuch abgedecktes Glas füllen. 1–2-mal täglich kalt spülen, die Samen sollen feucht gehalten werden, nicht aber im Wasser liegen. Nach 2–6 Tagen, je nach Sorte, sind die Sprossen genussfertig.

Gemüse mit Köpfchen: Spargel
Das edle Frühlingsgemüse will mit Hochachtung behandelt werden: Die Spargelstangen sollen beim Kauf noch feuchte Schnittstellen aufweisen und beim Aneinanderreiben quietschen. Zur Aufbewahrung werden sie am besten in ein feuchtes Tuch eingeschlagen.
Weißer Spargel wird unterhalb des Kopfes beginnend geschält, beim grünen Spargel reicht es, das untere Drittel der Stangen zu schälen.

Festliches Oster-Menü

Jungzwiebel-Rahm-Suppe
Lachsforellenfilet überbacken auf Mangold
Lammgeschnetzeltes mit Rotweinsauce
Crème Caramel

Ostern ist das Fest des Frühlings, der erwachenden Natur, des neuen Lebens. Das kommt auch in diesem festlichen Menü zum Ausdruck: Viel frisches Grün und leichte Gerichte kommen auf den Teller, sie erfreuen das Auge und sorgen für unbeschwerte Stimmung am Festtagstisch.

Zeitplan für stressfreie Kochfreuden:
6 Stunden vorher:
- Crème Caramel und Pesto zubereiten, beides kühl stellen.
- Erdäpfelnudeln kochfertig zubereiten.

Mindestens 1 Stunde vorher:
- Suppe bis Punkt 3 zubereiten.
- Fischgang bis Punkt 3 fertig machen.

Frisch zubereiten:
- Suppe aufkochen und pürieren.
- Lachsforellenfilets gratinieren.
- Geschnetzeltes zubereiten, parallel dazu die Erdäpfelnudeln kochen und die Paradeiserspießchen backen.
- Crème Caramel ca. 30 Minuten vor dem Servieren aus dem Kühlschrank nehmen.

Getränketipps:
Suppe: Starten Sie mit einem jungen, frischen Weißwein, Grüner Veltliner oder ein zarter Weißburgunder werden gute Figur machen.
Lachsforelle: Lachsforelle in Kombination mit Mangold verträgt einen etwas kräftigeren Weißwein, Sauvignon blanc oder Chardonnay werden dazu passen.
Lammgeschnetzeltes mit Rotweinsauce: Wählen Sie dazu einen kräftigen, nicht zu fruchtsüßen Roten, etwa einen Blaufränkisch aus dem Mittelburgenland oder einen gereiften Chianti.
Crème Caramel: Die Karamelltöne der Crème Caramel finden in einer gereiften Beerenauslese eine harmonische Entsprechung.

Festliches Oster-Menü

Jungzwiebel-Rahm-Suppe
4 Portionen, Zubereitung ca. 35 Minuten

1. Die dunkelgrünen Enden der Jungzwiebeln in dünne Ringe schneiden, in Salzwasser kurz überkochen, kalt abschrecken und abtropfen lassen.

2. Übrige Zwiebeln in ca. 1 cm große Stücke schneiden und in Butter anschwitzen. Mit Wein und Suppe aufgießen und bei mittlerer Hitze ca. 5 Minuten köcheln. Sauerrahm mit Mehl verquirlen und in die Suppe rühren. Die Suppe noch 5 Minuten köcheln.

3. Für die Einlage Paprika kleinwürfelig schneiden, in Salzwasser kurz überkochen. Paprikawürfel abseihen, kalt abschrecken und abtropfen lassen.

4. Suppe mit einem Stabmixer pürieren, mit Salz, Pfeffer und Muskatnuss würzen. Paprika und Jungzwiebelringe in die Suppe rühren und kurz erwärmen. Suppe in vorgewärmte Teller schöpfen.

500 g Jungzwiebeln
2 EL Butter
125 ml Weißwein
750 ml klare Gemüsesuppe
250 g Sauerrahm
1 EL glattes Mehl

Einlage:
Je ½ roter, grüner und
  gelber Paprika

Salz, Pfeffer, Muskatnuss

Nährwert pro Portion
377 kcal; 4,7 g EW; 31 g Fett; 14 g KH; 0,5 BE; 89 mg Chol.

Festliches Oster-Menü

Lachsforellenfilet überbacken auf Mangold

4 Portionen, Zubereitung ca. 35 Minuten

500 g Mangold
320 g Lachsforellenfilet (ohne Gräten)

Sauce:
125 ml Weißwein
250 ml klare Suppe
250 ml Schlagobers
1 Dotter

Salz, Pfeffer, Olivenöl

Nährwert pro Portion
408 kcal; 21,3 g EW; 31 g Fett; 6 g KH; 0,2 BE; 184 mg Chol.

1. Mangold putzen, waschen, entstielen und die groben Mittelrippen ausschneiden. Mangold in Salzwasser ca. 30 Sekunden überkochen, kalt abschrecken und gut ausdrücken. Mangold grob zerschneiden, mit Salz und Pfeffer kräftig würzen.

2. Teller dünn mit Öl bestreichen, in der Mitte den Mangold anrichten. Lachsforelle in dünne Scheiben schneiden. Mangold mit den Lachsforellenscheiben belegen und mit Salz und Pfeffer würzen.

3. Für die Sauce Wein und Suppe mischen und auf ca. 100 ml einkochen. 200 ml vom Obers zugießen und cremig einkochen. Sauce salzen, pfeffern und abkühlen lassen. Dotter einrühren.

4. Kurz vor dem Servieren Backrohr auf Grillstellung vorheizen. Übriges Obers schlagen und unter die Sauce heben. Sauce gleichmäßig auf den Fischfilets verteilen und im Rohr (oberste Schiene) goldgelb überbacken. Dazu serviert man Baguette oder Reis.

Festliches Oster-Menü

Lammgeschnetzeltes mit Rotweinsauce und Schwammerln
4 Portionen, Zubereitung ca. 30 Minuten

400 g Lammschulter
½ kleine Zwiebel
50 g Shiitake-Pilze
50 g Champignons
3 EL Öl
Je 1 TL Thymian und
　Rosmarin (fein gehackt)
4 Knoblauchzehen
125 ml Rotwein
125 ml roter Portwein
350 ml Bratensaft

Salz, Pfeffer

Nährwert pro Portion
*411 kcal; 18,3 g EW; 29 g Fett;
7 g KH; 0,5 BE; 72 mg Chol.*

1 Zwiebel schälen und kleinwürfelig schneiden. Pilze putzen und je nach Größe vierteln oder sechsteln. Fleisch zuerst der Länge nach in Streifen, dann quer in ca. 1 ½ cm breite Scheiben schneiden.

2 Fleisch salzen, pfeffern und in heißem Öl beidseitig anbraten. Pilze zugeben und kurz mitbraten. Aus der Pfanne heben und beiseite stellen.

3 Im Bratrückstand Zwiebel anschwitzen, Thymian, Rosmarin und zerdrückten Knoblauch zugeben und kurz mitrösten. Mit Wein und Portwein ablöschen und fast zur Gänze einkochen. Bratensaft zugießen und aufkochen. Fleisch und Pilze untermischen und kurz ziehen lassen.

Festliches Oster-Menü

Erdäpfelnudeln mit Pesto

4 Portionen, Zubereitung ca. 30 Minuten

Erdäpfel schälen, in Stücke schneiden und in Salzwasser weich kochen. Abseihen, abtropfen lassen und durch eine Erdäpfelpresse drücken. Masse mit Butter, Dotter, Mehl, Salz und geriebener Muskatnuss verkneten. Teig zu daumendicken Stangen formen, in ca. 2 cm lange Stücke schneiden und zu Nudeln wuzeln. Nudeln in kochendem Salzwasser ca. 5 Minuten leicht köcheln.

Für das Pesto Knoblauch schälen und klein schneiden. Petersil- und Rucolablätter grob hacken, mit Knoblauch, Pinienkernen, Zitronensaft, Parmesan und Olivenöl fein pürieren. 1 EL Butter erhitzen und 2 EL vom Pesto zugeben (restliches Pesto im Kühlschrank aufbewahren). Nudeln aus dem Wasser heben, abtropfen lassen, mit der Sauce vermischen, salzen und pfeffern.

400 g mehlige Erdäpfel
1 EL Butter
1 Dotter
50 g glattes Mehl

Rucola-Petersil-Pesto:
1 Knoblauchzehe
Je 50 g Petersilie und Rucola
10 g Pinienkerne
1 TL Zitronensaft
10 g Parmesan (gerieben)
70 ml Olivenöl

Salz, Butter, Muskatnuss, Mehl

Nährwert pro Portion
366 kcal; 6,5 g EW; 26 g Fett; 27 g KH; 2,1 BE; 74 mg Chol.

Gebackene Kirschparadeiser-Spieße

4 Portionen, Zubereitung ca. 12 Minuten

Je 3 Paradeiser auf Holzspießchen stecken. Eiklar salzen, pfeffern und aufschlagen, bis es sich weißlich verfärbt, aber noch dickflüssig ist. Stärke einrühren. Ca. 3 Finger hoch Öl erhitzen. Spießchen in den Teig tauchen, im Öl knusprig backen und auf Küchenpapier abtropfen lassen.

12 kleine Cocktailparadeiser
1 Eiklar
2 gestr. EL Speisestärke

Salz, Pfeffer, Öl

Nährwert pro Portion
54 kcal; 1,4 g EW; 3 g Fett; 6 g KH; 0,4 BE; 0 mg Chol.

Festliches Oster-Menü

Crème Caramel

4 Portionen, Zubereitung ca. 2 ¼ Stunden (zum Kühlen mindestens 3 Stunden)

1 Förmchen (Inhalt ca. 150 ml) vorbereiten. Orangensaft, Zucker und Wasser aufkochen und zu goldbraunem Karamell verkochen lassen. Topf ca. 3 Sekunden in kaltes Wasser stellen. Förmchen ca. 3 mm hoch mit Karamell füllen, Karamell fest werden lassen. Backrohr auf 150 °C vorheizen.

2 Für die Eiermilch Milch mit Vanillezucker, abgeriebener Orangenschale und 1 kleinen Prise Salz verrühren und aufkochen.

3 Eier und Dotter mit Zucker cremig rühren. Heiße Milch unter Rühren in die Dottermasse gießen, dabei bekommt die Masse cremige Konsistenz. Creme in die Förmchen gießen.

4 Förmchen in ein Geschirr (Bratenpfanne) stellen und so viel kochendes Wasser zugießen, dass sie zur Hälfte im Wasserbad stehen. Cremen im Rohr (unterste Schiene / Gitterrost) ca. 1 ½ Stunden gar ziehen lassen. Nach 20 Minuten Garzeit die Förmchen mit Alufolie zudecken. Cremen aus dem Rohr nehmen und zum Auskühlen für mindestens 3 Stunden in den Kühlschrank stellen.

5 Cremen mit einem kleinen Messer vom Rand der Förmchen lösen und auf Teller stürzen.

Karamell:
50 ml Orangensaft
80 g Kristallzucker
1 EL Wasser

Eiermilch:
250 ml Milch
1 TL Vanillezucker
Schale von ½ Orange (unbehandelt)
2 Eier
1 Dotter
60 g Kristallzucker

Salz

Nährwert pro Portion
258 kcal; 6,9 g EW; 7 g Fett; 41 g KH; 3,4 BE; 187 mg Chol.

Leichter Genuss

Hühnerpastete im Lauchmantel
Tunfischsteak mariniert mit Erbsenschoten-Paradeiser-Gemüse
Topfen-Nockerln mit Zitrusfrüchte-Salat

Viel Geschmack, wenig Kalorien. Ist das nach Ihrem Sinn? In der Praxis sieht das ganz genauso aus wie dieses Menü: Geflügel, Fisch, Früchte – raffiniert veredelt und rasend schnell gekocht.

Zeitplan für stressfreie Kochfreuden:
Am Vortag:
- Hühnerpastete zubereiten.
- Tunfisch in die Jogurt-Marinade legen.

1 Stunde vorher:
- Topfen-Nockerl-Masse und Zitrusfrüchte-Salat zubereiten.
- Gemüse für das Erbsenschoten-Paradeiser-Gemüse vorbereiten.
- Senf-Kräuter-Creme zubereiten.

Frisch zubereiten:
- Tunfischsteak braten, parallel dazu das Gemüse im Wok braten.
- Topfen-Nockerln kochen.

Getränketipps:
Hühnerpastete: Ein jugendlicher Veltliner Steinfeder oder ein ebensolcher Sauvignon blanc wird sich mit den zarten Aromen dieser mild-würzigen Pastete gut ergänzen.

Tunfisch: Ein kräftiger Fisch wie dieser verlangt einen Wein mit starkem Charakter: Ein vollmundiger Chardonnay oder – an sommerlichen Tagen – ein Rosé aus der Syrah-Traube wird den Anforderungen gerecht werden.

Topfen-Nockerln: Eine Beerenauslese, etwa vom Riesling-Sylvaner, wird sich prächtig mit dem fruchtigen Dessert ergänzen.

Leichter Genuss

Hühnerpastete im Lauchmantel
4 Portionen, Zubereitung ca. 50 Minuten (zum Kühlen 10 Stunden)

1 Backrohr auf 220 °C vorheizen. Paprika auf den Gitterrost legen und im Rohr braten, bis sich die Haut dunkel verfärbt und Blasen wirft (ca. 20 Minuten). Paprika etwas abkühlen lassen und die Haut abziehen. Fruchtfleisch in schmale Streifen schneiden. Jungzwiebeln waschen, putzen und in dünne Ringe schneiden. Backrohr-Temperatur auf 200 °C reduzieren.

2 Lauch der Länge nach durchschneiden, waschen, kurz in Salzwasser überkochen, kalt abschrecken und trockentupfen. Eine Terrinenform (Inhalt 750 ml) mit Alufolie auslegen, Folie dünn mit Öl bestreichen. Lauchstreifen quer, überlappend in die Form legen, die Enden über den Rand der Form hängen lassen.

3 Hühnerfleisch in kleine Würfel schneiden. Toastbrot entrinden, kurz in der Milch einweichen, gut ausdrücken und fein zerpflücken. 70 ml von der Einweichmilch abmessen.

4 Fleisch mit Brot, Milch, Salz, Pfeffer und Muskatnuss in einem elektrischen Zerkleinerer (am besten in 2 Arbeitsgängen) fein pürieren. Eiklar zugeben und die Masse nochmals kurz pürieren.

5 Mus in eine Schüssel füllen, Jungzwiebel, Petersilie, Ingwer und abgeriebene Zitronenschale einrühren.

6 Die Hälfte der Masse in die Form füllen, mit den Paprikastreifen belegen. Übrige Masse einfüllen und glatt verstreichen.

7 Die Lauchstreifen über die Fülle schlagen. Pastete mit Alufolie zudecken und im Rohr (mittlere Schiene/Gitterrost) 20 Minuten backen. Pastete aus der Form stürzen, mit Frischhaltefolie zudecken und gut durchkühlen lassen (ca. 10 Stunden).

8 Pastete in Scheiben schneiden und mit der Senf-Kräuter-Creme servieren, eventuell mit Salatblättern garnieren.

Senfkräuter-Creme
4 Portionen

2 TL Dijon Senf mit 200 g fettarmen Jogurt, Salz, Pfeffer und je 1 EL gehacktem Petersilie und Dille verrühren.

---

300 g Lauch
1 roter Paprika
2 Jungzwiebeln
250 g Hühnerfilet
  (gut gekühlt)
2 Scheiben Toastbrot
100 ml fettarme Milch
  (eiskalt)
2 Eiklar
2 EL Petersilie (gehackt)
½ TL frischer Ingwer
  (fein gehackt)
Schale von ½ Zitrone
  (unbehandelt)

Salz, Pfeffer, Muskatnuss, Öl

Nährwert pro Portion
*140 kcal; 21 g EW; 1 g Fett;
11 g KH; 1,1 BE; 42 mg Chol.*

Nährwert pro Portion
*27 kcal; 2 g EW; 1 g Fett;
3 g KH; 0,3 BE; 2 mg Chol.*

Leichter Genuss

Tunfischsteak mariniert
2 Portionen, Zubereitung ca. 20 Minuten (zum Marinieren 6 Stunden)

2 Tunfisch-Steaks
   (à 150 g; oder Filet vom
   Blue Merlin, Schwertfisch
   oder Kabeljau)
2 TL Olivenöl

Marinade:
3 Knoblauchzehen
150 g MagerJogurt
Je 1 TL Oregano und
   Basilikum (gehackt)

Salz, Pfeffer

Nährwert pro Portion
222 kcal; 30 g EW; 11 g Fett;
1 g KH; 0 BE; 58 mg Chol.

1. Knoblauch schälen und fein hacken. Jogurt mit Knoblauch, Oregano, Basilikum und 1 Prise Pfeffer verrühren.

2. Fischsteaks waschen, trockentupfen und in eine flache Form legen, mit der Marinade übergießen, mit Frischhaltefolie zudecken und 6 Stunden im Kühlschrank ziehen lassen.

3. Fisch aus der Marinade nehmen, auf Küchenpapier trockentupfen und salzen. Eine beschichtete, gusseiserne oder eine Grill-Pfanne mit Öl bestreichen und erhitzen. Fischfilets darin beidseitig (insgesamt 6 Minuten) braten, mit Erbsenschoten-Paradeiser-Gemüse anrichten.

Erbsenschoten-Paradeiser-Gemüse
2 Portionen, Zubereitung ca. 20 Minuten

1 große Knoblauchzehe
200 g Erbsenschoten
2 Paradeiser
1 EL Olivenöl
Je ½ EL Basilikum und
   Oregano (gehackt)
Salz, Pfeffer

Nährwert pro Portion
106 kcal; 5 g EW; 3 g Fett;
14 g KH; 1,4 BE; 0 mg Chol.

Knoblauch schälen und in dünne Scheiben schneiden. Erbsenschoten putzen. Strünke aus den Paradeisern schneiden. Paradeiser ca. 10 Sekunden in kochendes Wasser legen, kalt abschrecken und die Haut abziehen. Paradeiser vierteln, entkernen und in Würfel schneiden.
Öl im Wok oder in einer beschichteten Pfanne erhitzen. Knoblauch darin unter Rühren goldgelb braten. Erbsenschoten zugeben, salzen, unter Rühren 2 Minuten braten. Paradeiser untermischen und zugedeckt 2 Minuten bei milder Hitze dünsten. Gemüse mit Salz und Pfeffer würzen, Basilikum und Oregano untermischen.

Federleichte Erdäpfelchips
2 Portionen, Zubereitung ca. 35 Minuten

Nährwert pro Portion
106 kcal; 3 g EW; 0 g Fett;
22 g KH; 2,2 BE; 0 mg Chol.

300 g speckige Erdäpfel schälen und in 3 mm dünne Scheiben hobeln. Backrohr auf 200 °C vorheizen. Die Erdäpfelscheiben auf einem mit Backpapier belegten Backblech verteilen, leicht salzen und im Rohr (mittlere Schiene) ca. 20 Minuten backen. Erdäpfel-chips sofort servieren.

Leichter Genuss

Topfen-Nockerln mit Zitrusfrüchte-Salat

2 Portionen (oder 4 Dessert-Portionen), Zubereitung ca. 20 Minuten (40 Minuten zum Ziehen der Topfenmasse)

1 Mit dem Handmixer Topfen, Grieß, 2 Eiklar, Zimt, Kardamom, Vanillezucker und Zitronenschale glatt rühren.

2 Restliches Eiklar zu festem Schnee schlagen und unter die Topfenmasse mischen. Masse zudecken und im Kühlschrank ziehen lassen.

3 Mit 2 Esslöffeln Nockerln abstechen und in leicht kochendem Salzwasser ca. 10 Minuten ziehen lassen. Nockerln herausheben und mit dem Zitrusfrüchtesalat anrichten.

250 g Magertopfen
70 g feiner Weizengrieß
3 Eiklar
½ TL Zimt
2 Kardamom-Kapseln (Samen daraus zerstoßen)
2 Pkg. Bourbon-Vanillezucker
½ TL abgeriebene Zitronenschale (unbehandelt)
Salz

Nährwert pro Portion
265 kcal; 26 g EW; 1 g Fett; 37 g KH; 3,7 BE; 1 mg Chol.

Zitrusfrüchte-Salat

2 Portionen (oder 4 Dessert-Portionen), Zubereitung ca. 20 Minuten

Grapefruit, Blutorange und Mandarinen über einer Schüssel filetieren (Saft auffangen). Speisestärke mit 2 EL Wasser glatt rühren. Orangen- und Mandarinensaft (mit dem aufgefangenen Saft) mit Zucker, Vanillezucker und Zimt erhitzen. Die aufgelöste Speisestärke unterrühren. Kurz kochen, bis die Sauce bindet. Zitrusfrüchtefilets mit der lauwarmen Sauce vermischen. Fruchtsalat kalt stellen und etwas durchziehen lassen. Vor dem Anrichten Zimtrinde entfernen.

1 rosa Grapefruit
1 Blutorange
2 Mandarinen
½ TL Speisestärke
Saft von 2 Orangen und 2 Mandarinen
1 TL brauner Zucker
1 Pkg. Bourbon Vanillezucker
1 Stück Zimtrinde

Nährwert pro Portion
192 kcal; 3 g EW; 1 g Fett; 39 g KH; 3,9 BE; 0 mg Chol.

Frühlingserwachen

Spargelsuppe mit Kressestrudel
Spalierbraten vom Lamm mit Fisolen-Bohnengemüse
Türmchen mit Eierlikör-Creme und Erdbeeren

Spargel, Lamm, Erdbeeren – die frühlingshafte Dreifaltigkeit des guten Geschmacks. In diesem Menü ergänzen sie sich zu einem perfekten Gaumenerlebnis.

Zeitplan für stressfreie Kochfreuden:
2 Stunden vorher:
- Eierlikörcreme zubereiten, Teigblätter backen.

Mindestens 1 Stunde vorher:
- Lammbraten bratfertig vorbereiten. Bohnen und Fisolen bratfertig vorbereiten, Erdäpfel kochen.
- Spargelsuppe zubereiten; nur noch aufwärmen.

Frisch zubereiten:
- Lamm braten. Bohnen-Fisolengemüse sowie Erdäpfel braten.

Getränketipps:
Spargelsuppe: Damit der Wein die fragilen Spargelaromen der Suppe nicht übertönt, soll er leicht und zart angelegt sein, Riesling-Sylvaner oder jugendlicher Neuburger halten sich dezent im Hintergrund.

Spalierbraten: Wenn im Keller ein reifer Bordeaux wartet, ist mit dem Lammbraten der richtige Zeitpunkt gekommen. Auf jeden Fall empfiehlt sich der Griff zu einem kräftigen Rotwein mit Cabernet-Beteiligung.

Türmchen mit Eierlikör-Creme: Dazu empfiehlt sich ein edelsüßer Tropfen, eine Beerenauslese oder Eiswein.

Frühlingserwachen

Spargelsuppe mit Kressestrudel

4 Portionen, Zubereitung ca. 45 Minuten

1. Spargel waschen und schälen. Spargelköpfe auf ca. 4 cm abschneiden, den restlichen Teil der Stangen in fingerdicke Scheiben schneiden. Wasser mit wenig Salz aufkochen, Spargel darin ca. 10 Minuten weich kochen.

2. Spargel herausheben, Fond durch ein Tuch seihen, mit Weißwein und Zitronensaft abschmecken und auf ca. 500 ml einkochen. Fond beiseite stellen.

3. Backrohr auf 180 °C vorheizen. Ein Backblech mit Backpapier belegen. Kresseblättchen fein schneiden, mit Topfen, Dottern, Käse, Bröseln vermischen und mit Salz abschmecken.

4. Ein Teigblatt auf ein leicht befeuchtetes Küchentuch legen und in 4 Rechtecke schneiden. Kressemasse in einen Dressiersack ohne Tülle füllen, die Hälfte davon als fingerdicke Stangen auf die Teigblätter dressieren. Teig einrollen, die Enden zusammendrücken.

5. Strudel auf das Backbleich legen und mit Butter bestreichen. Restlichen Teig und Fülle ebenso verarbeiten. Kressestrudel im Rohr 5–10 Minuten goldgelb backen.

6. Spargelstücke im Spargelfond erhitzen. Suppe mit dem heißen Kressestrudel anrichten. Mit Kresseblättchen garnieren.

---

600 g weißer Spargel (am besten Bruchspargel)
1 l Wasser
1 Schuss Weißwein
1 Schuss Zitronensaft

Strudel:
2 Blatt Strudelteig
2 Pkg. Gartenkresse
120 g Topfen (20 % Fett)
2 Dotter
1 EL geriebener Käse (Bergkäse oder Parmesan)
2 EL frische Weißbrotbrösel (1–2 Scheiben entrindetes Toastbrot in einem Hacker zerkleinern)
40 g Butter (geschmolzen, zum Bestreichen)

Garnitur:
Gartenkresse

Salz, Butter

Nährwert pro Portion
250 kcal; 12,9 g EW; 9 g Fett; 28 g KH; 2 BE; 134 mg Chol.

Frühlingserwachen

Spalierbraten vom Lamm mit Fisolen-Bohnengemüse
4 Portionen, Zubereitung ca. 45 Minuten

2 Lammrückenfilets mit Knochen (zugeputzt)
3 Knoblauchzehen
6 EL Öl

Sauce:
1 kleine Zwiebel
100 g Stangensellerie
125 ml Portwein
300 ml klare Gemüsesuppe oder brauner Lammfond
1 TL Senf

Salz, Pfeffer, Rosmarin

Nährwert pro Portion
699 kcal; 26,6 g EW; 60 g Fett; 7 g KH; 0,4 BE; 116 mg Chol.

1. Backrohr auf 180 °C vorheizen. Zwiebel und Sellerie schälen und in ca. 1 cm große Stücke schneiden.

2. Lammrückenfilets quer halbieren – in einen Teil mit und einen Teil ohne Knochen. Teile mit den Knochen Rücken an Rücken mit Spagat zusammenbinden. Lammfleisch mit Salz, Pfeffer, Rosmarin und zerdrücktem Knoblauch würzen.

3. In einer Bratenpfanne das vorbereitete Fleisch im Öl beidseitig gut anbraten und herausheben. Im Bratrückstand Gemüse anschwitzen, die Fleischstücke mit den Knochen darauf setzen und im Rohr (mittlere Schiene / Gitterrost) 20–25 Minuten braten; nach halber Garzeit Fleisch wenden, übrige Fleischstücke zugeben und mitbraten.

4. Fleisch aus dem Rohr nehmen, in Alufolie wickeln und im ausgeschalteten Rohr warm stellen. Bratrückstand mit Portwein aufgießen und die Flüssigkeit fast zur Gänze einkochen. Suppe oder braunen Fond zugießen, den Saft einkochen, durch ein Sieb gießen und mit Senf verfeinern. Spagat entfernen, Fleisch aufschneiden und mit den Beilagen und der Sauce anrichten.

Frühlingserwachen

Fisolen-Bohnengemüse

4 Portionen, Zubereitung ca. 25 Minuten

Bohnen unter kaltem Wasser spülen und abtropfen lassen. Fisolen putzen, in Salzwasser bissfest kochen, abseihen, abschrecken und abtropfen lassen. Zwiebel schälen, halbieren und in dünne Scheiben schneiden. Butter bis zum Aufschäumen erhitzen, Zwiebel und Knoblauch darin anschwitzen, Fisolen und Bohnen untermischen und erwärmen. Gemüse mit Salz, Pfeffer und Thymian würzen.

200 g gekochte weiße Bohnen
200 g Fisolen
1 kl. rote Zwiebel
1 EL Butter
3 Knoblauchzehen (zerdrückt)
Salz, Pfeffer, Thymian

Nährwert pro Portion
174 kcal; 12,4 g EW; 3 g Fett; 24 g KH; 1,6 BE; 6 mg Chol.

Gebratene Erdäpfel

4 Portionen, Zubereitung ca. 45 Minuten

Erdäpfel kochen, schälen und auskühlen lassen. Erdäpfel je nach Größe halbieren oder vierteln und in 3–4 EL Öl rundum goldbraun braten. Erdäpfel mit Salz und Pfeffer würzen.

500 g speckige Erdäpfel
Salz, Pfeffer, Öl

Nährwert pro Portion
175 kcal; 3 g EW; 10,1 g Fett; 18,4 g KH; 1,5 BE; 0 mg Chol.

Tipps:

Lammrückenfilet
Beim gut sortierten Fleischhauer wird der Lammrücken im Ganzen angeboten, erst bei Bedarf ausgelöst und nach Wunsch vorbereitet. Verlangt werden vorwiegend ausgelöste Lammrückenfilets, die sich besonders gut zum Braten im Ganzen eignen. Aus den ausgelösten Rückenfilets schneidet man Koteletts.

Nachschlag
Lammfleisch schmeckt am besten, wenn es heiß ist. Darum empfiehlt es sich, das Fleisch in 2 Gängen zu servieren. Spalierbraten aufschneiden und mit der Sauce und den Beilagen servieren.
Inzwischen die übrigen Lammstücke im auf ca. 60 °C vorgeheizten Backrohr warm stellen.

Frühlingserwachen

Türmchen mit Eierlikör-Creme und Erdbeeren

4 Portionen, Zubereitung ca. 40 Minuten (zum Kühlen der Creme ca. 2 Stunden)

1 Blatt Strudelteig
1 EL Öl
2 EL Rohrzucker

Eierlikör-Creme:
80 ml Milch
20 g Kristallzucker
1 Pkg. Vanillezucker
7 g Vanillepudding-Pulver
2 Blatt Gelatine
125 ml Schlagobers
100 ml Eierlikör

Fülle & Garnitur:
250 g Erdbeeren
2 EL Staubzucker

Nährwert pro Portion
388 kcal; 5 g EW; 17 g Fett; 37 g KH; 3 BE; 79 mg Chol.

1 Für die Eierlikör-Creme Milch mit Zucker, Vanillezucker und Puddingpulver glatt rühren. Gelatine in kaltem Wasser einweichen.

2 Milchmischung unter Rühren aufkochen und ca. 1 Minute köcheln. Pudding vom Herd nehmen, Gelatine ausdrücken und darin auflösen. Eierlikör einrühren. Creme luftdicht mit Frischhaltefolie zudecken und abkühlen, aber nicht fest werden lassen.

3 Obers schlagen und unter die Creme rühren. Die Creme ca. 2 Stunden kühlen.

4 Backrohr auf 180 °C vorheizen. Ein Blech mit Backpapier belegen. Aus dem Strudelteig 12 Scheiben in Eiform (oder runde 8 cm große Scheiben) ausstechen. Teigblätter auf das Blech legen, dünn mit Öl bestreichen und mit Rohrzucker bestreuen. Im Rohr goldgelb backen (ca. 5 Minuten). Herausnehmen und auskühlen lassen.

5 Erdbeeren waschen, putzen und in Scheiben schneiden. Die Hälfte der Erdbeeren mit Staubzucker fein pürieren. Creme in einen Dressiersack ohne Tülle füllen. Abwechselnd Teigblätter mit Creme und Erdbeerscheiben übereinander setzen, mit Erdbeerstücken und Erdbeersauce garnieren. Wer es kräftig mag, setzt noch einen Spiegel aus Eierlikör auf den Teller.

Tipp:
Ein Rezept für Eierlikör finden Sie auf Seite 31!

Dinner for Two

Tunfisch-Artischockenspieße mit Chili-Limettensauce
Kalbsschnitzel gegrillt mit Paradeisern und Erbsenschoten
Überbackene Früchte mit Vanillecreme

Ein liebevoll selbst gekochtes Mahl kann hundertmal besser schmecken als das raffinierteste Haubenmenü. Warum? Sie wissen schon, die alte Weisheit: Liebe geht durch den Magen!

Zeitplan für stressfreie Kochfreuden:

1–2 Stunden vorher:
- Vanillecreme (Dessert) zubereiten.
- Orange schälen, Erdbeeren waschen.
- Gemüse für die Beilagen waschen, putzen, Paradeisspießchen bratfertig vorbereiten.
- Tunfischspieße vorbereiten.
- Schnitzel klopfen.

Frisch zubereiten:
- Tunfischspieße braten.
- Kalbsschnitzel würzen und braten, Erbsenschoten und Paradeisspießchen zubereiten.
- Früchte überbacken.

Getränketipps:

Tunfischspieße: Ein Sauvignon blanc oder Chardonnay aus Chile, Neuseeland oder Australien wird mit den kräftigen Aromen des Tunfisches gut korrespondieren.

Kalbsschnitzel: Einen kongenialen Partner findet das zarte Kalbsschnitzerl in einem reifen Grünen Veltliner, einem Weißburgunder oder in einem reifen, nicht zu gewichtigen Chardonnay.

Überbackene Früchte: Ein feines, raffiniertes Dessert, das mit einem edelsüßen Wein das Menü zum finalen Höhepunkt begleitet. Ein Eiswein aus dem Burgenland eignet sich vorzüglich für diese Rolle!

Dinner for Two

Tunfisch-Artischockenspieße mit Chili-Limettensauce
2 Portionen, Zubereitung ca. 30 Minuten

1 Tunfisch in ca. 2 cm große Stücke schneiden. Artischockenherzen abtropfen lassen. Von der Limette die Schale in feinen Streifen abheben (Zestenreißer), dann 3 ca. ½ cm dicke Scheiben abschneiden und halbieren. Übrige Limette auspressen (ergibt ca. 1 EL Saft). Chilischote in kleine Stücke schneiden.

2 Tunfisch, Artischocken und Limetten abwechselnd auf 2 Holzspieße stecken, mit Salz und Pfeffer würzen.

3 Öl erhitzen und die Fischspieße darin beidseitig braten. Spieße aus der Pfanne heben und zugedeckt warm stellen.

4 Im Bratrückstand Chili und Limettenschale anschwitzen, mit Limettensaft und Suppe ablöschen. Stärke mit 1 TL Wasser vermischen, einrühren und die Sauce bei schwacher Hitze ca. ½ Minute köcheln. Fischspieße mit der Sauce und dem Gemüse anrichten.

Tipp:
Milde Variante: Die Limettensauce verliert an Schärfe, wenn man die Kerne der Chilischote entfernt. Ganz mild wird sie, ersetzt man Chili durch 1 EL kleinwürfelig geschnittenen Paprika.

250 g frischer Tunfisch (ohne Haut)
4 kleine Artischockenherzen (in Öl eingelegt)
1 Limette
3 EL Öl

Sauce:
½ kleine Chilischote
80 ml klare Suppe
1 TL Speisestärke

Salz, Pfeffer

Nährwert pro Portion
448 kcal; 30 g EW; 35 g Fett; 4 g KH; 0,2 BE; 88 mg Chol.

Zucchinigemüse
2 Portionen, Zubereitung ca. 10 Minuten

Zucchini putzen, waschen, längs vierteln und in Scheiben schneiden. Knoblauch schälen und klein schneiden. Olivenöl erhitzen, Zucchini darin rundum anbraten, mit Salz, Pfeffer und Knoblauch würzen, mit Balsamessig beträufeln.

1 Zucchini (ca. 250 g)
1 kleine Knoblauchzehe
5 EL Olivenöl
1 TL Balsamessig

Salz, Pfeffer

Nährwert pro Portion
248 kcal; 2,2 g EW; 25 g Fett; 3 g KH; 0 BE; 0 mg Chol.

Dinner for Two

Kalbsschnitzel gegrillt mit Paradeisern und Erbsenschoten
2 Portionen, Zubereitung ca. 30 Minuten

4 kleine Kalbsschnitzel (à ca. 80 g)
6 Cocktailparadeiser
8 frische Salbeiblätter
4 EL Olivenöl
2 Scheiben Kräuterbutter

Salz, Pfeffer

Nährwert pro Portion
430 kcal; 33 g EW; 32 g Fett; 2 g KH; 0 BE; 133 mg Chol.

1. Je 3 Paradeiser und 4 Salbeiblätter abwechselnd auf 2 kleine Holzspieße stecken.

2. Schnitzel zwischen Frischhaltefolie behutsam klopfen, beidseitig mit Salz und Pfeffer würzen.

3. Grillpfanne trocken erhitzen. Fleisch und Paradeiserspieße mit Öl bestreichen und in der Grillpfanne braten. Spieße mit Salz und Pfeffer würzen.

4. Fleisch mit Kräuterbutter belegen, gemeinsam mit den Spießen und dem Gemüse anrichten.

150 g Erbsenschoten
½ Zitrone (unbehandelt)
1 EL Butter
50 ml klare Suppe
1 TL Zitronensaft

Salz, Pfeffer

Nährwert pro Portion
112 kcal; 33 g EW; 5 g Fett; 10 g KH; 0,8 BE; 14 mg Chol.

Erbsenschoten
2 Portionen, Zubereitung ca. 20 Minuten

Von den Erbsenschoten die Fäden abziehen. Zitronenschale in dünnen Streifen abheben (Zestenreißer). Erbsenschoten und Zitronenzesten in Butter anschwitzen, mit Suppe ablöschen, zudecken und ca. 8 Minuten dünsten. Gemüse mit Salz, Pfeffer und Zitronensaft würzen.

Dinner for Two

Überbackene Früchte mit Vanillecreme

2 Portionen, Zubereitung ca. 30 Minuten

1. Ca. zwei Drittel der Milch mit Kristallzucker, Butter und 1 kleinen Prise Salz aufkochen.

2. Übrige Milch mit Puddingpulver und Dottern glatt rühren. Mischung unter Rühren in die heiße Milch gießen und aufkochen. Creme in eine Schüssel füllen und mit dem Handmixer so lange rühren, bis sie auf Zimmertemperatur abgekühlt ist. Cremeoberfläche mit Frischhaltefolie bedecken.

3. Orange schälen und in ca. 2 cm große Stücke schneiden. Erdbeeren waschen, putzen und vierteln. Banane schälen und in ca. 1 cm dicke Scheiben schneiden. Früchte mit Likör und Vanillezucker mischen.

4. Backrohr auf Grillstellung vorheizen. Obers schlagen und unter die Vanillecreme heben. Die Hälfte der Creme in Suppenteller geben und die Früchte darauf verteilen. Früchte mit übriger Creme überziehen, mit Staubzucker bestreuen und im Rohr (oberste Schiene / Gitterost) goldgelb überbacken.

Tipp:
Orangen-Aroma
Die Creme wird noch aromatischer, wenn man sie mit der abgeriebenen Schale einer (unbehandelten!) Orange verfeinert.

---

250 ml Milch
40 g Kristallzucker
40 g Butter
1 TL Vanillepudding-Pulver
2 Dotter

Fruchtmischung:
1 Orange
150 g Erdbeeren
1 Banane
2 EL Orangenlikör
½ Pkg. Vanillezucker
30 ml Schlagobers

Salz, Staubzucker

Nährwert pro Portion
623 kcal; 9,3 g EW; 33 g Fett;
65 g KH; 5,5 BE; 323 mg Chol.

Aromaküche

Kräuterschaumsuppe mit Käsenockerln
Lachs mit Currysauce und Blattspinat
Schweinsfilet mit Senfsauce
Erdbeer-Blätterteigherzen

Das Geheimnis eines gelungenen Menüs liegt nicht in spektakulären Arrangements, sondern in der Verwendung bester Zutaten. Je weniger Schnickschnack und Brimborium, umso eindrucksvoller kommen die feinen Aromen zur Geltung!

Zeitplan für stressfreie Kochfreuden:

2 Stunden vorher:
- Blätterteigherzen backen.

1 Stunde vorher:
- Käsenockerl-Masse (Suppe) zubereiten.
- Spinat blanchieren, Reis kochen.
- Erbsen und Spargel blanchieren, Erdäpfelkugeln kochen.
- Lachsfilet und Schweinsfilet ungewürzt bratfertig vorbereiten.

Kurz vorher:
- Kräuterschaumsuppe bis Punkt 2 zubereiten.
- Erdbeeren pürieren.

Frisch zubereiten:
- Käsenockerln kochen, Kräuter in die Suppe mixen.
- Lachsfilet braten, Currysauce zubereiten, Spinat in Butter schwenken.
- Schweinsfilet braten, Gemüse in Butter schwenken.
- Erdbeerschaum zubereiten und die Teigherzen damit füllen.

Getränketipps:

Kräuterschaumsuppe: Zum frischen Grün des Kräutersüppchens passt ein zarter Muskateller, den können Sie bereits als Aperitif reichen.

Lachs mit Currysauce: Den exotischen Aromen dieses Gerichtes kommt ein Zierfandler aus der Thermenregion sehr entgegen.

Schweinsfilet: Wenn Sie dazu einen kräftigen Chardonnay oder Grauburgunder aus dem Barrique kredenzen, liegen Sie garantiert richtig.

Erdbeer-Herzen: Ein fruchtig-perlender Moscato wird dazu sicher munden – oder vielleicht haben Sie sogar die passende friulanischen Rarität im Keller: einen erdbeer-aromatischen Fragolino.

Aromaküche

Kräuterschaumsuppe mit Käsenockerln
4 Portionen, Zubereitung ca. 45 Minuten

1. Für die Nockerln Butter mit 1 Prise Salz gut cremig rühren, Ei, dann Mehl und Käse einrühren. Masse mit Frischhaltefolie zudecken und für ca. 30 Minuten kühl stellen.

2. Für die Suppe Zwiebel schälen, kleinwürfelig schneiden und in Butter anschwitzen, Wein zugießen und die Flüssigkeit fast zur Gänze einkochen. Gemüsesuppe zugießen und aufkochen. Sauerrahm mit Mehl verquirlen und einrühren. Suppe ca. 10 Minuten köcheln, dabei öfter umrühren.

3. Salzwasser zustellen. Aus der Käsemasse Nockerln formen, ins kochende Wasser legen und schwach wallend ca. 10 Minuten köcheln.

4. Kräuterblättchen grob hacken. Kräuter, Salz, Pfeffer und Muskatnuss in die Suppe rühren. Suppe mit einem Stabmixer fein pürieren und aufkochen. Nockerln mit einem Siebschöpfer aus dem Kochwasser heben, abtropfen lassen und in der Suppe anrichten.

1 kleine Zwiebel
1 EL Butter
125 ml Weißwein
750 ml klare Gemüsesuppe
250 g Sauerrahm
1 EL glattes Mehl
100 g Kräuterblättchen
 (z.B. Petersilie, Kerbel, Majoran etc.)

Käsenockerln:
50 g weiche Butter
1 Ei (küchenwarm)
60 g griffiges Mehl
60 g Parmesan (fein gerieben)

Salz, Pfeffer, Muskatnuss

Nährwert pro Portion
337 kcal; 11,8 g EW; 27 g Fett; 8 g KH; 0.4 BE; 134 mg Chol.

Aromaküche

Lachs mit Currysauce und Blattspinat
4 Portionen, Zubereitung ca. 35 Minuten

1 Spinat putzen, entstielen, in Salzwasser ca. 30 Sekunden überkochen, mit einem Siebschöpfer herausheben, kalt abschrecken und gut ausdrücken.

2 Zwiebel schälen, kleinwürfelig schneiden, in 1 EL von der Butter anschwitzen, Curry einrühren und kurz mitrösten. Suppe zugießen und aufkochen. Crème fraîche einrühren, Sauce ca. 1 Minute köcheln, dabei öfter umrühren, dann beiseite stellen.

3 Lachsfilet nach Gräten abtasten und diese auszupfen. Fisch in 4 gleich große Stücke schneiden und mit Salz und Pfeffer würzen. Öl erhitzen, Lachsstücke darin beidseitig braten (max. 2 Minuten) – gegen Ende der Garzeit mit wenig Zitronensaft beträufeln.

4 Parallel dazu Sauce aufkochen und mit einem Stabmixer aufschlagen. Übrige Butter aufschäumen, Spinat darin schwenken und mit wenig Salz, Pfeffer und Muskatnuss würzen. Lachsfilets mit Spinat, Sauce und Reis anrichten.

Gemischter Reis
4 Portionen, Zubereitung ca. 25 Minuten

Reis in Salzwasser kochen, abseihen und abtropfen lassen. Reis in aufgeschäumter Butter erwärmen, dabei immer wieder mit einer Gabel umrühren.

---

350 g Frischlachsfilet (ohne Haut und Gräten)
3 EL Öl

Sauce und Garnitur:
500 g frischer Blattspinat
½ kleine Zwiebel
2 EL Butter
1 TL Curry
100 ml klare Gemüsesuppe
150 g Crème fraîche

Salz, Pfeffer, Muskat, Zitronensaft

Nährwert pro Portion
323 kcal; 21 g EW; 25 g Fett; 4 g KH; 2 BE; 86 mg Chol.

150 g Langkorn-Wildreismischung
1 EL Butter

Salz

Nährwert pro Portion
149 kcal; 2,8 g EW; 2 g Fett; 29 g KH; 2,4 BE; 6 mg Chol.

Aromaküche

Schweinsfilet mit Senfsauce
4 Portionen, Zubereitung ca. 30 Minuten

500 g Schweinsfilet
4 EL Öl
80 ml Weißwein
200 ml Bratensaft
1 TL Dijon-Senf

Salz, Pfeffer

Nährwert pro Portion
245 kcal; 24 g EW; 13 g Fett; 1 g KH; 0 BE; 88 mg Chol.

1 Backrohr auf 50 °C vorheizen. Filet mit Salz und Pfeffer würzen und in heißem Öl bei starker Hitze rundum anbraten. Hitze reduzieren, Fleisch zugedeckt fertig braten (dauert ca. 9 Minuten) – dabei 2–3-mal wenden. Fleisch aus der Pfanne heben und im Rohr zugedeckt warm stellen.

2 Bratrückstand mit Wein ablöschen, Flüssigkeit fast zur Gänze einkochen. Bratensaft zugießen und aufkochen, Dijon-Senf einrühren. Sauce kurz erhitzen.

3 Schweinsfilet in Scheiben schneiden und mit der Sauce und den Beilagen anrichten.

Aromaküche

Erbsenschoten-Spargel-Gemüse

4 Portionen, Zubereitung ca. 30 Min.

Spargel schälen, Erbsenschoten putzen und eventuell vorhandene Fäden ziehen. Leicht gesalzenes Wasser aufkochen, Spargel und Erbsenschoten darin nacheinander bissfest kochen. Spargel in aufgeschäumter Butter schwenken, Erbsenschoten untermischen und ebenfalls erwärmen. Mit Salz und Pfeffer würzen.

12 Stangen weißer Spargel
100 g Erbsenschoten
1 EL Butter

Salz, Pfeffer

Nährwert pro Portion
71 kcal / 294 kJ; 3 g Fett;
6 g KH; 0,2 BE; 9 mg Chol.

Erdäpfelkugeln mit Kresse

4 Portionen, Zubereitung ca. 35 Min.

Erdäpfel schälen, kleine Kugeln daraus ausstechen, in Salzwasser bissfest kochen, abseihen und gut abtropfen lassen. Kresseblättchen von den Stielen schneiden. Butter bis zum Aufschäumen erhitzen, Erdäpfel darin kurz braten, dabei immer wieder schwenken. Kresse untermischen, Erdäpfel salzen.

600 g speckige Erdäpfel
½ Pkg. Gartenkresse
1 EL Butter

Salz

Nährwert pro Portion
137 kcal; 3 g EW; 3 g Fett;
22 g KH; 1,9 BE; 9 mg Chol.

Aromaküche

Erdbeer-Blätterteigherzen
4 Portionen, Zubereitung ca. 45 Minuten (zum Kühlen ca. 2 Stunden)

1 Backrohr auf 200 °C vorheizen. Backblech mit Backpapier belegen.

2 Teig ca. 5 mm dick ausrollen. 8 Herzen (Ø 6–7 cm) ausstechen, auf das Backblech legen und mit verquirltem Ei bestreichen. Herzen im Rohr 5 Minuten anbacken, Hitze auf 180 °C reduzieren. Herzen 10 Minuten fertig backen, aus dem Rohr nehmen und auskühlen lassen.

3 Vier schöne kleine Erdbeeren für die Garnitur beiseite legen, übrige Früchte in Stücke schneiden, mit Zitronensaft und Zucker vermischen und mit einem Stabmixer fein pürieren. Obers schlagen, Erdbeermark unterheben.

4 Herzen durchschneiden und die Deckel abheben. Erdbeercreme auf den Böden verteilen, Deckel aufsetzen und behutsam andrücken.

5 Die Garnitur-Erdbeeren in je 3 Scheiben oder in beliebige Stücke schneiden. Die Herzen mit Staubzucker bestreuen, mit Minzeblättern und Erdbeeren garniert servieren.

---

150 g Blätterteig (aus dem Kühlregal oder TK)
1 Ei

Fülle und Garnitur:
100 g Erdbeeren
1 TL Zitronensaft
1 EL Staubzucker
125 ml Schlagobers

Minzeblätter, Staubzucker

Nährwert pro Portion
335 kcal; 4,4 g EW; 25 g Fett; 21 g KH; 1,8 BE; 133 mg Chol.

Aus Omas Küche

Wiener Erdäpfelsuppe
Gekochter Schinken mit Apfel-Weinkraut
Buchteln mit Marmeladefülle

Ofenfrische Buchteln, Erdäpfelsuppe, gekochter Schinken. Wer kann da schon widerstehen! Verwöhnen Sie sich und Ihre Liebsten mit herzhaften Genüssen und den Erinnerungen an unbeschwerte Kindertage.

Zeitplan für stressfreie Kochfreuden:

2 ½ Stunden vorher:
- Germteig für die Buchteln zubereiten.

2 Stunden vorher:
- Kraut marinieren und ziehen lassen.

1 ½ Stunden vorher:
- Selchfleisch kochen; im Kochfond warm halten.
- Erdäpfelsuppe zubereiten.
- Knödelmasse zubereiten, zugedeckt stehen lassen.
- Weinkraut zubereiten.

1 Stunde vorher:
- Buchteln formen, in die Backform geben und nochmals gehen lassen. Anschließend backen (vor dem Anrichten sollen sie ca. 20 Minuten abkühlen).
- Knödel formen.

Frisch zubereiten:
- Knödel kochen, bis zum Anrichten im Kochwasser lassen.

Getränketipps:

Erdäpfelsuppe: Zur traditionellen Suppe wird ein ebensolcher Wein gut passen, ein klassischer Grüner Veltliner bietet sich hier geradezu an.

Gekochter Schinken mit Apfel-Weinkraut: Hier lässt sich das „Wein-und-Sauce-System" gut anwenden. Also trinke man dazu den Weißwein, der auch im Weinkraut landet – etwa einen guten Veltliner.

Buchteln: Damit die Buchteln so schmecken wie bei Oma wäre ein Häferkaffee das Gebot der Stunde. Mit einer Auslese vom Riesling ließe sich der flaumig-fruchtigen Genuss allerdings noch steigern.

Aus Omas Küche

Wiener Erdäpfelsuppe
5 Portionen, Zubereitung ca. 45 Minuten

1. Champignons putzen, kurz waschen und in gleiche Stücke schneiden. Erdäpfel, Karotten, Gelbe Rüben, Sellerie und Zwiebel schälen. Zwiebel und Speck kleinwürfelig, übriges Gemüse in ca. 1 cm große Würfel schneiden. Erdäpfelwürfel in kaltes Wasser legen.

2. Zwiebel und Speck in ca. 3 EL Öl hell anschwitzen, Wurzelgemüse und Champignons zugeben und kurz mitrösten. Mehl einrühren und ebenfalls kurz mitrösten. Suppe zugießen, gut verrühren und aufkochen. Suppe mit Salz, Pfeffer, Majoran, Kümmel und einigen Tropfen Zitronensaft würzen. Hitze reduzieren und die Suppe ca. 10 Minuten köcheln.

3. Erdäpfel zugeben, die Suppe nochmals ca. 15 Minuten köcheln und vom Herd nehmen. Sauerrahm glatt rühren und in die Suppe gießen. Suppe kurz erwärmen, aber nicht mehr kochen (der Sauerrahm würde ausflocken). Gehackte Petersilie untermischen, Erdäpfelsuppe in Teller schöpfen und rasch servieren.

500 g Erdäpfel (speckig)
150 g Karotten
150 g Gelbe Rüben
100 g Knollensellerie
1 kleine Zwiebel
80 g Frühstücksspeck
100 g Champignons
2 gestr. EL glattes Mehl
1 l klare Suppe
250 g Sauerrahm
1 TL Petersilie (gehackt)

Salz, Pfeffer, Kümmel, Majoran, Zitronensaft, Öl

Nährwert pro Portion
390 kcal; 9 EW; 24,4 g Fett; 26,2 g KH; 2,2 BE; 45 g Chol.

Aus Omas Küche

Gekochter Schinken mit Apfel-Weinkraut
4 Portionen, Zubereitung ca. 1 ¼ Stunden (zum Marinieren ca. 1 Stunde)

800 g Selchfleisch (Teilsames)
500 ml Weißwein
500 ml Wasser

Apfel-Weinkraut:
500 g Weißkraut
1 TL Zitronensaft
200 ml Weißwein
1 kleine Zwiebel
3 EL Öl
1 EL Kristallzucker
1 kleiner Apfel

Salz, Pfeffer

Nährwert pro Portion
693 kcal; 40,6 g EW; 39 g Fett; 18 g KH; 1 BE; 120 mg Chol.

1. Vom Kraut den Strunk ausschneiden, Kraut in feine Streifen schneiden, mit 1 gestr. EL Salz, Zitronensaft und der Hälfte vom Wein vermischen und ca. 1 Stunde ziehen lassen.

2. Für das Fleisch Wein und Wasser aufkochen, Fleisch einlegen und ca. 50 Minuten schwach wallend kochen.

3. Zwiebel schälen, kleinwürfelig schneiden und in Öl anschwitzen, Zucker einrühren und kurz mitrösten. Übrigen Wein zugießen, Kraut samt Marinade untermischen, zudecken und bei schwacher Hitze ca. 25 Minuten dünsten.

4. Apfel schälen, vierteln, entkernen und in kleine Stücke schneiden, gegen Ende der Garzeit in das Kraut rühren. Kraut mit Salz und Pfeffer würzen.

5. Selchfleisch aus dem Kochfond heben, in Scheiben schneiden, mit Kraut und Knödeln anrichten, mit Kochfond beträufelt servieren.

---

1 Jungzwiebel
40 g Butter
1 EL Petersilie (gehackt)
125 g Semmelwürfel (getrocknet)
125 ml Milch
2 Eier
40 g griffiges Mehl
4 EL frisch gerissener Kren
Salz, Pfeffer, Muskatnuss

Nährwert pro Portion
133 kcal; 4,5 g EW; 7 g Fett; 14 g KH; 1,1 BE; 73 mg Chol.

Semmel-Krenknödel
8 Stück, Zubereitung ca. 50 Minuten (zum Rasten der Masse 30 Minuten)

Jungzwiebel putzen, waschen, der Länge nach halbieren, quer in ca. 1 cm breite Scheiben schneiden. Zwiebel in Butter anschwitzen, vom Herd nehmen, Petersilie einrühren. Mischung zu den Semmelwürfeln geben. Milch mit den Eiern, Salz, Pfeffer und Muskatnuss versprudeln und über die Semmelwürfel gießen. Mehl und Kren einrühren. Masse gut durchmischen und ca. 30 Minuten ziehen lassen. Aus der Masse mit befeuchteten Händen 8 Knödel formen und in kochendes Salzwasser legen. Hitze reduzieren und die Knödel in schwach wallendem Wasser ca. 12 Minuten köcheln.

Aus Omas Küche

Buchteln mit Marmeladefülle
25 Stück, Zubereitung ca. 1 ¼ Stunden (zum Rasten 1 ¾ Stunden)

1. Milch lippenwarm (ca. 30 °C) erwärmen. Germ in 80 ml der Milch auflösen und mit 90 g vom Mehl zu einem dickflüssigen Brei (Dampfl) rühren. Mit Mehl bestreuen, mit einem Tuch zudecken und an einem warmen Ort (28–30°C) aufgehen lassen, das Volumen muss sich deutlich vergrößert haben und die Oberfläche Risse zeigen (dauert ca. 15 Minuten).

2. Dotter, Kristall-, Vanillezucker, abgeriebene Zitronenschale und Salz gut schaumig schlagen. Restliche Milch einrühren, mit übrigem Mehl, Butter und dem Dampfl zu einem glatten Teig (Knethaken) abschlagen.

3. Teig mit einem Tuch zudecken und bei Zimmertemperatur ca. 1 Stunde rasten lassen; er muss gut aufgehen.

4. Form (38 x 22 cm) mit Butter ausstreichen. Teig kurz durchkneten, auf einer bemehlten Arbeitsfläche ca. ½ cm dick ausrollen und 25 Scheiben (Ø 9 cm) ausstechen. In die Mitte jeder Scheibe 1 TL Marmelade setzen, den Teig über die Fülle zusammennehmen und gut zusammendrücken. Buchteln in die Butter tauchen, mit dem Verschluss nach unten in die Form setzen (dazwischen etwas Platz lassen) und an einem warmen Ort ca. 30 Minuten aufgehen lassen.

5. Das Backrohr auf 170 °C vorheizen. Buchteln im Rohr (mittlere Schiene / Gitterrost) ca. 20 Minuten backen. Vor dem Servieren mit Staubzucker bestreuen.

---

300 ml Milch
1 Pkg. Germ (42 g)
500 g glattes Mehl
4 Dotter
60 g Kristallzucker
1 Pkg. Vanillezucker
Schale von 1 Zitrone (unbehandelt)
2 Prisen Salz
80 g weiche Butter
300 g Marillenmarmelade
150 g Butter (zerlassen)

Mehl, zerlassene Butter, Staubzucker

Nährwert pro Portion
212 kcal; 3 g EW; 9 g Fett; 30 g KH; 2,5 BE; 60 mg Chol.

Kinder, Kinder!

Tennis-Suppe mit grünen Bällchen
Gebratene Nudeln mit Hühnerfleisch, Sprossen und Gemüse
Erdbeer-Törtchen

Versuchen Sie niemals, Kinder mit gesunden Argumenten zum Essen zu überreden. Sprüche wie „Das ist ja soo gesund" quittieren die lieben Kleinen allzu gerne mit sturer Verweigerung. Servieren Sie ihren kleinen Lieblingen einfach Essen, das schmeckt, dass es außerdem gesund ist, sollte selbstverständlich sein.

Zeitplan für stressfreie Kochfreuden:
Mindestens 3 Stunden vorher:
- Erdbeergelees zubereiten.
- Teigböden vorbacken.

1 Stunde vorher:
- Suppe bis Punkt 3 zubereiten.
- Spaghetti kochen, abseihen und abschrecken.
- Gemüse und Fleisch schneiden.
- Erdbeer-Törtchen fertig stellen.

Frisch zubereiten:
- Suppe fertig stellen.
- Nudelgericht im Wok zubereiten.

Getränketipp:
Der Wein bleibt im Keller! Viel besser kommen bei den Nachwuchs-Gourmets frische Fruchtsäfte an.

Kinder, Kinder!

Tennis-Suppe mit grünen Bällchen
4 Portionen, Zubereitung ca. 30 Minuten

1. Für die Einlage Teigwaren in Salzwasser bissfest kochen, abseihen, kalt abschrecken und abtropfen lassen.

2. Strünke aus den Paradeisern schneiden. Paradeiser ca. 10 Sekunden in kochendes Wasser legen, herausheben, kalt abschrecken und die Haut abziehen. Paradeiser vierteln, entkernen und in kleine Stücke schneiden.

3. Zwiebel und Knoblauch schälen, fein hacken und in Öl (Topf mit dickerem Boden) unter Rühren goldgelb braten. Mehl einrühren und kurz mitrösten. Paradeiser und Thymian untermischen, salzen und dick einkochen. Basilikumblätter abzupfen, in feine Streifen schneiden und in die Sauce rühren. Sauce durch ein feines Sieb passieren.

4. Gemüsesuppe aufkochen, Erbsen zugeben und ca. 2 Minuten köcheln. Teigwaren untermischen und die Suppe vom Herd nehmen. Paradeissauce in eine vorgewärmte Suppenschüssel gießen, Gemüsesuppe zuerst löffelweise, dann schöpferweise mit der Paradeissauce vermischen. Suppe anrichten.

500 g reife Paradeiser
1 kleine Zwiebel
2 Knoblauchzehen
2 EL Olivenöl
1 EL glattes Mehl
½ TL Thymian
½ Bund Basilikum
700 ml klare Gemüsesuppe

Einlage:
150 g Teigwaren für die Suppe (Buchstaben, Figuren oder Tennisschläger)
100 g Erbsen (tiefgekühlt)

Salz

Nährwert pro Portion
300 kcal; 8 g EW; 7,3 g Fett; 40,3 g KH; 3,3 BE; 51 mg Chol.

Kinder, Kinder!

Gebratene Nudeln mit Hühnerfleisch, Sprossen und Gemüse

4 Portionen, Zubereitung ca. 30 Minuten

1. Spaghetti in reichlich Salzwasser bissfest kochen, abseihen, kalt abschrecken und abtropfen lassen.

2. Während die Nudeln kochen, Hühnerfleisch in dünne Streifen schneiden. Gemüse putzen, waschen bzw. schälen. Knoblauch kleinwürfelig, Karotten in dünne Stifte, Paprika in feine Streifen, Zucchini in dünne Scheiben und Jungzwiebeln in dünne Ringe schneiden. Sojasprossen putzen, kalt abspülen und abtropfen lassen.

3. Für die Saucenmischung 2 EL Sojasauce mit passierten Paradeisern, 2 EL kaltem Wasser und der Speisestärke glatt rühren.

4. In einem Wok oder in einer beschichteten Pfanne 1 EL Öl erhitzen, Fleisch darin unter öfterem Rühren anbraten. Curry darüber streuen und mit 1 EL Sojasauce ablöschen. Fleisch unter Rühren weiterbraten, bis die entstandene Flüssigkeit verdampft ist (dann sollte auch das Fleisch gar sein). Fleisch aus der Pfanne nehmen und beiseite stellen.

5. Wok bzw. Pfanne mit Küchenpapier auswischen und 1 EL Öl darin erhitzen. Knoblauch, Karotten und Paprika zugeben, salzen und unter öfterem Rühren ca. 4 Minuten braten. Zucchini und Sprossen zugeben und 2 Minuten mitbraten. Zuletzt Nudeln und Fleisch zugeben und weiterbraten, bis die Nudeln gut heiß sind.

6. Saucenmischung unter die Gemüsenudeln rühren und unter weiterem Rühren erhitzen, bis die Sauce bindet. Nudeln auf einer vorgewärmten Platte anrichten und mit den Jungzwiebelringen bestreut servieren.

---

300 g Spaghetti
250 g Hühnerbrust (ohne Haut und Knochen)
2 Knoblauchzehen
100 g Karotten
2 rote Paprika
200 g Zucchini
2 Jungzwiebeln
50 g Sojasprossen
3 EL Sojasauce
4 EL passierte Paradeiser (Fertigprodukt)
1 gestr. TL Speisestärke
2 EL Öl
½ TL Curry

Salz

Nährwert pro Portion
443 kcal; 26,1 g EW; 8,4 g Fett; 62,4 g KH; 5,2 BE; 111 mg Chol.

Kinder, Kinder!

Erdbeer-Törtchen
12 Stück, Zubereitung ca. 45 Minuten (zum Kühlen ca. 2 Stunden)

½ Menge Törtchen-Teig (siehe Rezept)

Fülle:
250 g Erdbeeren (evtl. TK – siehe Tipp)
2 gestr. EL Kristallzucker
1 gestr. TL Agar Agar Pulver
150 ml Orangensaft (frisch gepresst)
½ Pkg. Vanillezucker

Garnitur:
50 ml Schlagobers

Butter, Mehl, Minzeblätter

Nährwert pro Portion
167 kcal; 1 g EW; 9,4 g Fett; 18 g KH; 1,5 BE; 37 mg Chol.

1. Für die Fülle 12 Schälchen (Inhalt ca. 35 ml, Ø 6 cm) vorbereiten.

2. Erdbeeren mit Zucker fein pürieren und durch ein Sieb streichen. Agar Agar Pulver in 2 EL kaltem Wasser auflösen. Erdbeerpüree mit Orangensaft, Vanillezucker und Agar Agar vermischen, unter Rühren aufkochen und bei geringer Hitze ca. 1 Minute köcheln. Mischung in die Schälchen füllen und zum Festwerden ca. 2 Stunden in den Kühlschrank stellen.

3. Backrohr auf 200 °C vorheizen. 12 Tartelette-Förmchen (Ø 8 cm) dünn mit Butter ausstreichen. Teig auf einer leicht bemehlten Arbeitsfläche 2–3 mm dick ausrollen, Scheiben (Ø 10 cm) ausstechen und die Förmchen damit auslegen. Überstehenden Teig entfernen. Damit sich der Teig während des Backens nicht wölbt, Teigböden mit Backpapierscheiben belegen und mit getrockneten Hülsenfrüchten (Bohnen, Linsen) beschweren.

4. Törtchen im Rohr (mittlere Schiene / Gitterrost) ca. 15 Minuten backen. Hülsenfrüchte und Papier entfernen, Törtchen behutsam aus der Form lösen und auf einem Kuchengitter auskühlen lassen.

5. Für die Garnitur Obers schlagen und in einen Dressiersack (mit Sterntülle) füllen. Erdbeergelee mit der Spitze eines kleinen Messers vom Rand der Schälchen lösen und behutsam in die ausgekühlten Teig-Törtchen stürzen. Törtchen mit einem Tupfer Obers und Minzeblättern garnieren.

Kinder, Kinder!

Törtchen-Teig

24 Stück*, Zubereitung ca. 12 Minuten (zum Kühlen 1 Stunde)

Mehl auf eine Arbeitsfläche geben, Staubzucker darüber sieben. Eine kleine Vertiefung in das Mehl drücken, Ei hineinschlagen. Kalte Butter in kleine Stücke schneiden und über das Mehl streuen. Alle Zutaten mit einem großen Messer bröselig hacken, dann mit den Händen rasch zu einem glatten, geschmeidigen Teig kneten. Teig in ein Tiefkühlsackerl geben und ca. 1 Stunde kühl stellen.

*Man benötigt für die 12 Törtchen nur die Hälfte des Teiges – übrigen Teig gut verschlossen tiefkühlen. Bei Bedarf im Kühlschrank auftauen lassen.

Tipps:
TK-Erdbeeren
Wenn man tiefgekühlte Erdbeeren verwendet, Früchte auftauen lassen, den entstehenden Saft mitverwenden.

Törtchen
Die Teig-Törtchen kann man schon einige Tage vor dem Fest backen – sie halten in einer luftdicht verschlossenen Dose ca. 2 Wochen.

300 g glattes Mehl
100 g Staubzucker
1 Ei
200 g Butter

Nährwert pro Portion
125 kcal; 1,7 g EW; 7,3 g Fett; 13,1 g KH; 1 BE; 31 mg Chol.

Bella Italia!

Frühlingssalat mit Zitronen-Olivenöl-Dressing
Pizza mit Prosciutto
Pistazienstanitzel mit Kirschengelee und Sauerrahm

Dass die Pizza in einer der lebenslustigsten Städte Italiens, in Neapel, erfunden wurde, kann kein Zufall sein. Freude an schlichten Genüssen und hochwertige Produkte – das ist das offene Geheimnis des Erfolges der italienischen Küche.

Zeitplan für stressfreie Kochfreuden:
2 Stunden vorher:
- Kirschengelee und Stanitzel zubereiten.

1 Stunde vorher:
- Salat waschen, putzen, das Dressing zubereiten.
- Teig und Belag für die Pizza vorbereiten.

Frisch zubereiten:
- Pizza belegen und backen.
- Salat marinieren.

Getränketipps:
Salat: Der Salat kommt ganz gut ohne Wein zurecht, möchte man sich und seinen Gästen einen Aperitif gönnen, passt auf jeden Fall ein Gläschen Prosecco extra brut oder brut.

Pizza: Nahe liegend gilt der erste Gedanke einem unkomplizierten Chianti der Mittelklasse, aber auch weiter südlich wachsen gute „Pizza-Weine", man denke an einen Primitivo oder an einen Negroamaro aus Apulien.

Kirschenstanitzel: Vermeiden Sie jede Ablenkung vom Wesentlichen – und freuen Sie sich auf einen duftenden Espresso nach dem Dessert!

Bella Italia!

Frühlingssalat mit Zitronen-Olivenöl-Dressing
4 Portionen, Zubereitung ca. ½ Stunde

1. Spargel und Kohlrabi schälen, Spargel der Länge nach in dünne Streifen, Kohlrabi in dünne Scheiben schneiden (mit einer Schneidemaschine oder einem Hobel). Spargel und Kohlrabi mit der Hälfte des Dressings marinieren und ca. 10 Minuten ziehen lassen.

2. Blattsalate und Radieschen putzen und waschen. Radieschen in dünne Scheiben schneiden. Salat mit dem restlichen Dressing marinieren, in Schüsseln anrichten, mit Schnittlauch, Spargel, Kohlrabi und Radieschen bestreuen.

Zitronen-Olivenöl-Dressing (siehe Rezept)
2 EL Olivenöl
1 junger Kohlrabi
8 Stangen weißer Spargel
250 g gemischte Blattsalate
8 Radieschen
2 EL Schnittlauch (in 1 cm lange Stifte geschnitten)
Grobes Meersalz

Nährwert pro Portion
376 kcal; 9,3 g EW; 23 g Fett; 31 g KH; 2 BE; 0 mg Chol.

Zitronen-Olivenöl-Dressing
4 Portionen, Zubereitung ca. 5 Minuten

Zitronensaft mit Olivenöl, Salz, Pfeffer und 1 Prise Zucker verrühren, Wasser zugeben.

Saft von 1 Zitrone
6 EL Olivenöl
2 EL Wasser

Salz, weißer Pfeffer, Zucker

Nährwert pro Portion
147 kcal; 0 g EW; 15 g Fett; 3 g KH; ,BE; 0 mg Chol.

Bella Italia!

Pizza mit Prosciutto
1 Pizza, Zubereitung 40 Minuten

Ein Viertel vom Pizzateig (siehe Grundrezept)
150 g Pizzasauce (siehe Rezept)
4 Artischocken (eingelegt)
80 g Mozzarella (in Scheiben)
1 Paradeiser (in Scheiben)
4 Scheiben Prosciutto
Parmesan

Evtl. kalt gepresstes Olivenöl

Nährwert pro Portion
1.234 kcal; 57 g EW; 61 g Fett; 112 g KH; 11,2 BE; 88 mg Chol.

1. Backrohr auf 250 °C vorheizen.
Pizzateig ca. 3 mm dick rund ausrollen.

2. Pizza mit Pizzasauce bestreichen, mit halbierten Artischocken, Paradeisern und Mozzarella belegen. Ca. 10 Minuten backen, aus dem Rohr nehmen und mit Prosciutto und Parmesan belegen. Eventuell mit etwas Olivenöl beträufeln.

1 Pkg. Germ (42 g)
500 g glattes Mehl
1 TL Salz
5 EL Olivenöl
250 ml Wasser (lauwarm)
1 Prise Zucker, Mehl

Nährwert Gesamt
2.274 kcal; 60 g EW; 56 g Fett; 379 g KH

Pizza-Teig Grundrezept
4 Pizzas, Zubereitung 15 Minuten

Germ und Zucker in etwas vom lauwarmen Wasser auflösen, 2 EL Mehl untermischen.
Restliches Mehl, aufgelöste Germ, Olivenöl, restliches Wasser und Salz zu einem seidigen glatten Teig verkneten.

2 Dosen geschälte Tomaten (je 400 g Füllgewicht)
2 Zwiebeln (fein geschnitten)
3 Knoblauchzehen (fein geschnitten)
2 EL Olivenöl
Salz, Pfeffer, Oregano, Basilikum

Pizzasauce
Für 4–6 Pizzas, Zubereitung 20 Minuten

Tomaten in einem Sieb abtropfen lassen.
Zwiebeln in Olivenöl anschwitzen, Knoblauch, Oregano, Basilikum und Tomaten zugeben.
10 Minuten bei geringer Hitze kochen, mit Salz und Pfeffer würzen.

Bella Italia!

Pistazienstanitzel mit Kirschengelee und Sauerrahm

4 Portionen (8 Stanitzel), Zubereitung ca. 50 Minuten (zum Auskühlen des Gelees 1 Stunden)

1 Für das Gelee Wein mit 100 ml Orangensaft und Zucker bei mittlerer Hitze 5 Minuten köcheln. Puddingpulver mit übrigem Orangensaft verrühren, in die Sauce gießen und kurz köcheln. Kirschen untermischen, ca. 1 Minute köcheln, in eine Schüssel füllen und auskühlen lassen (ca. 1 Stunde).

2 Backrohr auf 170 °C vorheizen. Backblech mit Backpapier belegen. Aus festem Karton eine Scheibe (Ø 10 cm) ausschneiden – die Öffnung dient als Schablone.

3 Eiklar mit Zucker, Mehl und Butter verrühren. Schablone auf das Backblech legen und die Masse dünn in die Öffnung streichen. Schablone abheben und 3 weitere Teigscheiben auf das Backpapier streichen.

4 Teigscheiben mit Pistazien bestreuen und im Rohr (mittlere Schiene) 7–8 Minuten goldbraun backen. Aus dem Rohr nehmen, sofort zu Stanitzeln einrollen und auskühlen lassen (siehe Tipp). Aus der übrigen Masse 4 weitere Stanitzel zubereiten.

5 Zum Anrichten Sauerrahm glatt rühren. Kirschengelee in die Pistazienstanitzel füllen, mit Sauerrahm und Pistazien garnieren.

Tipp:
Perfekte Stanitzel
Die Teigblätter sind nur in heißem Zustand formbar – sobald sie abkühlen, werden sie spröde. Man muss daher rasch arbeiten, am besten nimmt man das Backblech nicht ganz aus dem Rohr, sondern stellt es auf die geöffnete Backrohrtür. Die Stanitzel auf der „Naht" liegend auskühlen lassen, damit sie nicht aufgehen.

Servieren
Wenn Sie keine passende Stanitzel-Halterung haben, können Sie sie auch liegend anrichten.
Alternative: Die Teigblätter heiß über eine Tasse drücken, sodass Schüsserln entstehen.

Pistazienstanitzel:
1 Eiklar
50 g Staubzucker
50 g glattes Mehl
50 g weiche Butter
15 g Pistazien (gehackt)

Kirschengelee:
80 ml Rotwein
110 ml Orangensaft
70 g Gelierzucker
1 TL Vanillepudding-Pulver
250 g Kirschen (entkernt)

Garnitur:
50 ml Sauerrahm
10 g Pistazien (gehackt)

Nährwert pro Portion
388 kcal; 4,4 g EW; 16 g Fett; 52 g KH; 4,2 BE; 38 mg Chol.

Maidüfterl

Erbsensuppe mit Topfennockerln
Fischspieße mit Kirschparadeisern und Estragonsauce
Hühnerbrust auf Oliven-Paradeis-Sauce
Rhabarber-Tartelettes

Der Mai ist der Monat für die schönsten Dinge des Lebens. Die Liebe, die pralle Lebensfreude, den unbeschwerten Genuss. Hochgenuss ohne Reue birgt dieses Menü und es ist so schnell zubereitet, dass noch viel Zeit für die schönste Sache der Welt bleibt.

Zeitplan für stressfreie Kochfreuden:
4 Stunden vorher:
- Rhabarber-Tartelettes zubereiten.
- Nockerlteig (Suppeneinlage) zubereiten.

2 Stunden vorher:
- Basis für die Estragonsauce zubereiten.
- Fischspieße und Hühnerfilet bratfertig vorbereiten.
- Beilagen zur Hühnerbrust so weit wie möglich vorbereiten (Erdäpfelstreifen wässern, Gemüse vorkochen).

Kurz vorher:
- Suppe zubereiten, Topfennockerln kochen und bis zum Anrichten im Kochwasser ziehen lassen.

Frisch zubereiten:
- Nudeln kochen, Fischspieße braten, Estragonsauce fertig stellen.
- Hühnerfilet braten, gleichzeitig Erdäpfelstroh backen und Gemüse fertig stellen.

Getränketipps:
Fischspieße: Die Auswahl an Weißweinen, die dazu passen, reicht von jungem österreichischem Grünen Veltliner und Weißburgunder bis zu italienischem Soave; vor allem sollte der Wein nicht zu viel Säure aufweisen. Dann kann er schon zur Suppe geöffnet werden.

Hühnerbrust auf Oliven-Paradeis-Sauce: In Anbetracht der aromatischen Sauce darf der Wein Muskeln zeigen: Wählen Sie zum Beispiel reifen Grünen Veltliner Spätlese oder Chardonnay im kleinen Holzfass ausgebaut.

Rhabarber-Tartelettes: Um den zarten Geschmack dieses Desserts nicht zu übertönen, sollte man hier eher zu einem Schaumwein wie Frizzante, Sekt oder Prosecco greifen.

Maidüfterl

Erbsensuppe mit Topfennockerln

4 Portionen, Zubereitung ca. 35 Minuten (zum Kühlen 20 Minuten)

1. Für die Nockerln weiche Butter cremig rühren, Topfen, Ei und Grieß untermischen. Masse mit Salz, Pfeffer und Muskatnuss würzen, mit Frischhaltefolie zudecken und ca. 20 Minuten kühlen.

2. Erbsen in 2 TL Butter anschwitzen, mit Suppe und Obers aufgießen und bei schwacher Hitze ca. 10 Minuten köcheln. Suppe fein pürieren, mit Salz, Pfeffer und Zitronensaft abschmecken.

3. Reichlich leicht gesalzenes Wasser aufkochen. Aus der Topfenmasse 12 Nockerln formen, ins kochende Wasser legen und bei mittlerer Hitze ca. 12 Minuten köcheln. Topf vom Herd nehmen, die Nockerln bis zum Anrichten im Kochwasser ziehen lassen.

4. Schinken in gleich große Stücke schneiden, in 1 EL Butter knusprig braten, auf Küchenpapier abtropfen lassen. Nockerln mit einem Siebschöpfer aus dem Kochwasser heben und abtropfen lassen. Suppe mit Nockerln und Schinken anrichten.

300 g TK-Erbsen
3 TL Butter
350 ml klare Suppe
350 ml Kaffeeobers
40 g Press-Schinken

Topfennockerln:
10 g Butter
50 g Topfen
1 Ei
50 g feiner Weizengrieß

Salz, Pfeffer, Muskatnuss, Zitronensaft

Nährwert pro Portion
299 kcal; 13,3 g EW; 18 g Fett; 22 g KH; 1,6 BE; 117 mg Chol.

Maidüfterl

Fischspieße mit Kirschparadeisern und Estragonsauce

4 Portionen, Zubereitung ca. 35 Minuten

1. Kirschparadeiser waschen und trockentupfen. Heilbuttfilets mit Küchenpapier trockentupfen und quer in ca. 2 cm breite Streifen schneiden. Filetstreifen falten und abwechselnd mit den Kirschparadeisern auf 4 Spieße stecken.

2. Schalotte schälen, kleinwürfelig schneiden, mit Wein aufkochen. Flüssigkeit fast zur Gänze einkochen. Suppe zugießen und aufkochen, Crème fraîche einrühren und cremig einkochen.

3. In einer Pfanne Öl erhitzen. Fischspieße salzen, pfeffern und beidseitig braten (dauert ca. 1 Minute).

4. Estragonblättchen abzupfen und in die Sauce rühren. Sauce mit Salz, Pfeffer und Zitronensaft würzen und mit einem Stabmixer schaumig aufschlagen. Fischspieße kurz auf Küchenpapier abtropfen lassen, mit der Sauce und den grünen Nudeln anrichten.

400 g Heilbuttfilets (ohne Haut)
8 kleine Kirschparadeiser
3 EL Öl

Estragonsauce:
1 Schalotte
125 ml Weißwein
150 ml klare Suppe
125 g Crème fraîche
30 g frischer Estragon

Salz, Pfeffer, Zitronensaft

Nährwert pro Portion
326 kcal; 20,7 g EW; 23 g Fett; 4 g KH; 0 BE; 71 mg Chol.

Grüne Nudeln

4 Portionen, Zubereitung ca. 15 Min

Nudeln in Salzwasser bissfest kochen, abseihen, kurz mit heißem Wasser spülen und abtropfen lassen. Nudeln in aufgeschäumter Butter schwenken, salzen und pfeffern.

150 g grüne Nudeln (Tagliolini)
1 EL Butter

Salz, Pfeffer

Nährwert pro Portion
146 kcal; 4,9 g EW; 3 g Fett; 26 g KH; 2 BE; 7 mg Chol.

Maidüfterl

Hühnerbrust auf Oliven-Paradeis-Sauce
4 Portionen, Zubereitung ca. 35 Minuten

4 Hühnerbrustfilets (à ca. 150 g; ausgelöst, mit Flügerlknochen und Haut)
6 EL Öl

Sauce:
60 g getrocknete Paradeiser (in Öl eingelegt)
50 g schwarze Oliven (entkernt)
2 Knoblauchzehen
250 ml Bratensaft
1 TL Speisestärke
1 EL frisches Basilikum (fein gehackt)

Salz, Pfeffer

Nährwert pro Portion
469 kcal; 35 g EW; 37 g Fett; 4 g KH; 0,2 BE; 122 mg Chol.

1 Backrohr auf ca. 80 °C vorheizen. Paradeiser abtropfen lassen. Paradeiser und Oliven in kleine Stücke schneiden.

2 Hühnerfilets salzen, pfeffern, im Öl bei milder Hitze beidseitig braten (je nach Dicke ca. 4 Minuten, Hautseite zuerst) – dabei immer wieder mit Bratfett übergießen. Fleisch aus der Pfanne heben und im Rohr warm stellen.

3 Im Bratrückstand Paradeiser und Oliven anschwitzen, mit zerdrücktem Knoblauch würzen. Bratensaft zugießen und aufkochen. Stärke mit 1 TL kaltem Wasser anrühren, in die Sauce gießen und unter Rühren ca. ½ Minute köcheln. Basilikum einrühren. Hühnerfilets mit der Sauce und den Beilagen anrichten.

200 g Karotten
2 kleine Bund Jungzwiebeln
1 EL Butter, 125 ml klare Suppe

Salz, Pfeffer

Nährwert pro Portion
58 kcal; 0,3 g EW; 3 g Fett; 6 g KH; 0 BE; 7 mg Chol.

Karotten-Jungzwiebelgemüse
4 Portionen, Zubereitung ca. 20 Minuten

Karotten putzen, schälen, in Würfel schneiden und in Salzwasser bissfest kochen. Kalt abschrecken und abtropfen lassen. Jungzwiebeln putzen, waschen, dunkle Enden wegschneiden. Zwiebeln in Butter anschwitzen, mit Suppe aufgießen, aufkochen, zugedeckt bei schwacher Hitze ca. 6 Minuten weich dünsten. Gegen Ende der Garzeit Karotten zugeben, Gemüse mit Salz und Pfeffer würzen.

200 g speckige Erdäpfel

Salz, Öl

Nährwert pro Portion
100 kcal; 1 g EW; 7 g Fett; 7 g KH; 0,6 BE; 0 mg Chol.

Gebackene Erdäpfelstreifen
4 Portionen, Zubereitung ca. 15 Minuten

Erdäpfel schälen, mit einem Sparschäler dünne Streifen abheben. Erdäpfelstreifen kurz wässern, trockentupfen und in ca. 3 Finger hoch heißem Öl goldgelb backen. Erdäpfelstreifen mit einem Siebschöpfer herausheben und auf Küchenpapier abtropfen lassen, vor dem Anrichten salzen.

Maidüfterl

Rhabarber-Tartelettes
4 Stück, Zubereitung ca. 1 Stunde (zum Kühlen ca. 1½ Stunden)

1 Für den Mürbteig Mehl mit Butter verbröseln, mit Zucker, 1 Prise Salz und Dotter rasch verkneten. Teig in Frischhaltefolie wickeln und ca. 30 Minuten kühl rasten lassen.

2 Backrohr auf 170 °C vorheizen. 4 Tartelette-Förmchen (Ø 10 cm, Höhe 2 cm) vorbereiten. Teig auf einer leicht bemehlten Arbeitsfläche ausrollen, 4 Scheiben (Ø 14 cm) ausschneiden und die Förmchen damit auslegen, Teig leicht über die Kanten ziehen. Böden mit einer Gabel mehrmals einstechen, mit Backpapier belegen und mit getrockneten Hülsenfrüchten (Bohnen, Linsen) beschweren. Teigböden ca. 15 Minuten (mittlere Schiene/Gitterrost) hellbraun backen. Hülsenfrüchte und Papier entfernen.

3 Von den Rhabarberstangen trockene Enden wegschneiden, die Haut eventuell abziehen. Stangen in kurze schräge Stücke schneiden. Orangensaft mit Zucker aufkochen. Rhabarberstücke einlegen, aufkochen und ca. 6 Minuten ziehen lassen. Rhabarber aus dem Fond heben und auf Küchenpapier abtropfen lassen.

4 Topfen mit Puddingpulver, Vanillezucker, Staubzucker, 1 kleinen Prise Salz und den Dottern verrühren. Creme in die Törtchen füllen, die Törtchen im Rohr (170 °C; mittlere Schiene / Gitterrost) ca. 20 Minuten backen, aus dem Rohr nehmen und auskühlen lassen.

5 Tortengelee nach Anleitung zubereiten. Marmelade erwärmen. Törtchen behutsam aus den Backformen nehmen, mit Marmelade bestreichen, mit Rhabarberstücken belegen und mit Gelee überziehen. Törtchen mit Mandeln bestreuen und vor dem Servieren ca. 20 Minuten kühlen.

Mürbteig:
150 g glattes Mehl
100 g Butter
50 g Staubzucker
1 Dotter

Fülle:
250 g Topfen (20 % Fett)
1 Pkg. Vanillepudding-Pulver (40 g)
½ Pkg. Vanillezucker
30 g Staubzucker
3 Dotter

Garnitur:
300 g Rhabarber
100 ml Orangensaft
20 g Kristallzucker
1 Pkg. Tortengelee
1 EL Marillenmarmelade
1 EL Mandelblättchen (geröstet)

Salz, Mehl

Nährwert pro Portion
740 kcal; 14 g EW; 29 g Fett; 83 g KH; 6,6 BE; 314 mg Chol.

Zu Ehren des Spargels

Spargel-Vanillesuppe mit Limetten-Obers
Spargel mit Lachsforelle und Sauce hollandaise
Karamellisierte Topfentörtchen mit Erdbeeren

Die Lust ist groß, die Zeit ist kurz. Gegen exzessiven Spargelgenuss gibt's nichts einzuwenden, hat sich doch das exquisite Frühlingsgemüse längst einen Logenplatz in den Herzen der Feinschmecker gesichert.

Zeitplan für stressfreie Kochfreuden:
4 Stunden vorher:
- Spargel-Vanillesuppe bis Punkt 3 vorbereiten.
- Spargel (Hauptgericht) kochen, kalt abschrecken; etwas vom Kochfond aufheben.
- Topfentörtchen zubereiten und kalt stellen.
- Karamellsauce zubereiten.

Mindestens 1 Stunde vorher:
- Erdäpfel kochen, Bärlauch gut waschen.
- Lachsforellenfilets bratfertig vorbereiten, ungewürzt kühl stellen.

Frisch zubereiten:
- Suppe fertig stellen.
- Sauce hollandaise zubereiten, Spargel in wenig Kochfond erwärmen.
- Fischfilets braten. Erdäpfel in Butter und Bärlauch schwenken.
- Törtchen gratinieren.

Getränketipps:
Spargel-Vanillesuppe: Der Hauch von Exotik, den diese frühlingshafte Suppe trägt, wird von einem klassisch ausgebauten Chardonnay dezent unterstützt.

Spargel mit Lachsforelle: Junges, knackiges Gemüse fühlt sich in ebensolcher Gesellschaft am wohlsten. Ein Grüner Veltliner mit nicht allzu viel Säure wird auch gut mit der molligen Sauce hollandaise und den würzigen Bärlaucherdäpfeln harmonieren. Zum Spargel ist der Veltliner immer eine gute Wahl, Weißburgunder wäre auch ein guter Tipp.

Karamellisierte Topfentörtchen: Eine Beerenausle wird das Topfentörtchen mit seinen karamelligen Aromen auf das Feinste begleiten.

Zu Ehren des Spargels

Spargel-Vanillesuppe mit Limetten-Obers
4 Portionen, Zubereitung ca. 1 Stunde

1. Weißen Spargel unter dem Kopf beginnend, grünen Spargel im unteren Drittel schälen, trockene Enden wegschneiden.

2. Suppe aufkochen, zuerst weißen, dann grünen Spargel darin bissfest kochen, herausheben, kalt abschrecken und gut abtropfen lassen.

3. Für die Einlage grünen Spargel in gleich lange Stücke schneiden, vom weißen Spargel die Spitzen abschneiden. Restlichen weißen Spargel in kleine Stücke schneiden, gemeinsam mit der Vanilleschote in die Suppe geben. Spargelstücke sehr weich kochen (ca. 5 Minuten).

4. Sauerrahm mit Mehl vermischen, gemeinsam mit dem Obers in die Suppe (sollte nun ca. 500 ml sein) rühren und ca. 5 Minuten köcheln. Vanilleschote aus der Suppe nehmen, Suppe mit einem Stabmixer fein pürieren, durch ein Sieb passieren, mit Salz, Pfeffer und Muskatnuss würzen.

5. Die reservierten weißen und grünen Spargelstücke in die Suppe geben und erwärmen, Koriander untermischen. Obers mit abgeriebener Limettenschale dickcremig schlagen. Suppe in vorgewärmten Tellern anrichten, mit dem Obers garnieren.

500 g weißer Spargel
100 g grüner Spargel
1 l klare Gemüsesuppe
1 Vanilleschote
250 g Sauerrahm
1 gestr. EL glattes Mehl
60 ml Schlagobers
1 EL frischer Koriander
  (grob geschnitten)
Saft von 1 Limette

Für das Limetten-Obers:
40 ml Schlagobers
Schale von 1 Limette

Salz, Pfeffer, Muskatnuss

Nährwert pro Portion
230 kcal; 5,8 g EW; 17 g Fett; 12 g KH; 0,6 BE; 59 mg Chol.

Zu Ehren des Spargels

Spargel mit Lachsforelle und Sauce hollandaise

4 Portionen, Zubereitung ca. 50 Minuten

12 Stangen Solospargel
400 g Lachsforellenfilet (ohne Haut)
60 g Butter
3 EL Olivenöl
Zitronensaft

Sauce hollandaise:
250 g Butter
2 Dotter
3 EL Weißwein
Zitronensaft

Salz, weißer Pfeffer, Zucker, 1 Scheibe Weißbrot, Cayennepfeffer, Basilikumblätter

Nährwert pro Portion
840 kcal; 23 g EW; 82 g Fett; 4,5 g KH; 0,2 BE; 340 mg Chol.

1 Spargel schälen (siehe Tipp rechts). Lachsforelle in 4 gleich große Stücke schneiden.

2 Für die Sauce Butter in einem kleinen Gefäß bis zum Aufschäumen erhitzen, abseihen und zur Seite stellen. Dotter mit Wein in einem Schneekessel verrühren, über Wasserdampf dickcremig aufschlagen. Mischung vom Dampf nehmen, die flüssige Butter nach und nach einrühren. Sauce mit Salz, Pfeffer, 1 Prise Cayennepfeffer und Zitronensaft abschmecken.

3 Spargel kochen (siehe Tipp rechts).

4 Forellenfilets beidseitig mit wenig Salz, Pfeffer und Zitronensaft würzen. In einer Pfanne Butter und Olivenöl bis zum Aufschäumen erhitzen, Fischfilets einlegen und darin beidseitig bei mäßiger Hitze ca. 3 Minuten braten.

5 Spargel aus dem Kochwasser heben, abtropfen lassen und jeweils 3 Stück auf vorgewärmte Teller legen. Mit Lachsforellenfilets, Bärlauch-Heurigen und Sauce hollandaise anrichten, mit Basilikumblättern garnieren.

Zu Ehren des Spargels

Bärlauch-Heurige

4 Portionen, Zubereitung ca. 30 Minuten

Erdäpfel gut waschen und ungeschält in Salzwasser weich kochen. Bärlauchblätter waschen, abtropfen lassen und in feine Streifen schneiden. Erdäpfel abseihen und zugedeckt ausdampfen lassen. Butter bis zum Aufschäumen erhitzen, Erdäpfel zugeben, mit Bärlauch bestreuen und kurz schwenken, mit Salz und Pfeffer würzen.

600 g kleine heurige Erdäpfel
60 g frischer Bärlauch
50 g Butter
Salz, Pfeffer

Nährwert pro Portion
203 kcal; 3,6 g EW; 10 g Fett; 22,5 g KH; 1,8 BE; 30 mg Chol.

Tipps:

Schälen
Weißen Spargel knapp unterhalb des Kopfes beginnend, grünen Spargel im unteren Drittel schälen. Holzige Enden großzügig wegschneiden.

Kochen
Reichlich Wasser mit je 1 TL Salz und Zucker aufkochen, 1 Scheibe Weißbrot zugeben.
Spargel darin bissfest kochen; das dauert je nach Dicke der Stangen ca. 10 Minuten. Weißen und grünen Spargel immer getrennt kochen, gart man sie im selben Fond, macht man das nacheinander und kocht immer zuerst den vom Geschmack zarteren weißen Spargel.

Apropos Weißbrot:
Es hat im Kochwasser die Aufgabe, Bitterstoffe zu binden. Fehlen diese, kann man auf das Weißbrot – und auch auf den Zucker – verzichten. Ob und wie bitter der Spargel ist, stellt man einfach fest, indem man ein Stück vom rohen Spargel kostet.

Zu Ehren des Spargels

Karamellisierte Topfentörtchen
4 Portionen, Zubereitung ca. 40 Minuten (1 Stunde tiefkühlen oder 3 Stunden kühlen)

1. Förmchen (Inhalt 150 ml) vorbereiten. Topfen in einem Tuch gut ausdrücken. Topfen mit Salz, Sauerrahm, Zitronensaft und abgeriebener Zitronenschale verrühren. Gelatine in kaltem Wasser einweichen.

2. Eier mit Zucker und Vanillezucker über Wasserdampf schaumig aufschlagen. Eischaum vom Dampf nehmen, Gelatine ausdrücken und in der Masse auflösen. Schüssel in kaltes Wasser stellen und den Eischaum weiter rühren, bis er abgekühlt ist.

3. Topfenmischung zügig in den Eischaum rühren. Masse in die Förmchen füllen und 1 Stunde tiefkühlen oder für 3 Stunden in den Kühlschrank stellen.

4. Für die Garnitur Erdbeeren putzen und vierteln. Backrohr auf Grillstellung vorheizen. Förmchen kurz in heißes Wasser tauchen, Törtchen auf Teller stürzen, dick mit Staubzucker bestreuen und nacheinander im Rohr goldbraun überbacken (dauert 1–2 Minuten; siehe Tipp). Törtchen mit Karamellsauce und Erdbeeren garnieren.

300 g Topfen (20% Fett)
1 kleine Prise Salz
125 g Sauerrahm
Saft und Schale von ½ kleinen Zitrone (unbehandelt)
2½ Blatt Gelatine
2 Eier
80 g Kristallzucker
1 Pkg. Vanillezucker

Garnitur:
12 Erdbeeren

Staubzucker

Nährwert pro Portion
300 kcal; 13,7 g EW; 10,4 g Fett; 35,1 g KH; 3 BE; 153 mg Chol.

Karamellsauce
4 Portionen, Zubereitung ca. 15 Minuten

Einen mittelgroßen Topf erhitzen. Kristallzucker nach und nach einfüllen und unter Rühren hellbraun schmelzen. Parallel dazu Wasser erhitzen. Den karamellisierten Zucker rasch mit dem heißen Wasser aufgießen und unter Rühren kochen, bis sich der Karamell aufgelöst hat. Weinbrand einrühren.

200 g Kristallzucker
100 ml Wasser
4 EL Weinbrand

Nährwert pro Portion
225 kcal; 0 g EW; 0 g Fett; 50 g KH; 4 BE; 0 mg Chol.

Tipps:
Karamell-Kruste
Für eine schöne Karamell-Schicht ist es wichtig, Förmchen mit geradem Boden zu verwenden; von kuppelförmigen Törtchen rutscht die Zuckerschicht beim Überbacken herunter. Ohne Kruste schmeckt auch: Törtchen ohne Kruste „nur" mit Karamellsauce anrichten. Lötlampe – schnelle Alternative zum Grill: Die angerichteten und dick mit Zucker bestreuten Törtchen auf eine feuerfeste Unterlage (Herd) stellen und aus kurzer Entfernung mit einer Lötlampe bräunen.

Konsistenz
Die Törtchen zerfließen ein wenig, in der Mitte sollten sie aber noch halbfest sein. Der Zucker sollte hellbraun karamellisiert sein.

Für Verliebte

Kokossuppe mit Zitronengras und Hühnerspieß
Rindslungenbraten mit Erdäpfel-Basilikum-Creme
Jogurt-Grießauflauf mit Pfirsichsauce und Heidelbeeren

Riechen, schnuppern, rühren, schneiden, kosten, genießen. Kochen und Essen ist ein Erlebnis für alle Sinne, das erst in vertrauter Gesellschaft so richtiges Vergnügen bereitet. Dieses Menü ist für Verliebte und solche, die es noch werden wollen.

Zeitplan für stressfreie Kochfreuden:
4 Stunden vorher:
- Jogurt-Grießaufläufe bis Punkt 4 zubereiten.
- Pfirsichsauce zubereiten.

Mindestens 1 Stunde vorher:
- Hühnerspießchen bratfertig vorbereiten.
- Suppe zubereiten und beiseite stellen.
- Erdäpfel kochen und durch eine Presse drücken.
- Gemüse für die Ratatouille vorbereiten; Melanzani und Zwiebel braten.

Frisch zubereiten:
- Hühnerspießchen braten. Suppe erwärmen.
- Aufläufe fertig stellen und backen.
- Steaks braten; Erdäpfel-Basilikum-Creme fertig stellen
- Ratatouille fertig stellen.

Getränketipps:
Kokossuppe: Ein Weißwein mit exotischen Anklängen ist hier gefragt. Diese hat zum Beispiel ein Elsässer Gewürztraminer.

Rindslungenbraten: Eine erstklassige Rotweincuvée wird zu diesem exquisiten Gericht die würdige Begleitung abgeben und für entspannte Stimmung sorgen.

Jogurt-Grießauflauf: Ein leichtes, erfrischendes Gericht, das durch einen prickelnden halbsüßen Moscato noch an Charme gewinnen wird.

Für Verliebte

Kokossuppe
mit Zitronengras und Hühnerspieß
4 Portionen, Zubereitung ca. 30 Minuten

1 Paprika in 4 gleich große Stücke schneiden. Hühnerfilets längs halbieren, längs einschneiden, salzen und pfeffern. Auf jede Stange Zitronengras ein Stück Filet und ein Stück Paprika stecken. Champignons putzen, waschen, trockentupfen und in ca. ½ cm dicke Scheiben schneiden. Hühnersuppe mit Kokosmilch vermischen und aufkochen.

2 Inzwischen in einer Pfanne Öl erhitzen und die Hühnerspieße darin beidseitig braten. Spieße auf Küchenpapier abtropfen lassen. Pfanne säubern, Butter bis zum Aufschäumen erhitzen, die Champignonscheiben darin beidseitig braten.

3 Suppe mit Salz, Pfeffer und Zitronensaft würzen, mit einem Stabmixer aufschlagen und mit den Champignons und den Hühnerspießen in vorgewärmten Tellern anrichten. Mit Kräuterblättchen garniert rasch servieren.

Hühnerfond
500 ml, Zubereitung ca. 2 Stunden

Fleischabschnitte in Stücke schneiden. Zwiebel schälen und in ca. 1 cm große Stücke schneiden. Zitronengras in ca. 1 cm lange Stücke schneiden. Alle Zutaten (außer Salz) in einen Topf geben. Ca. 2 l kaltes Wasser zugießen (Zutaten müssen gut bedeckt sein), aufkochen und bei schwacher Hitze ca. 1 ½ Stunden offen köcheln. Aufsteigenden Schaum immer wieder mit einem Gitterlöffel entfernen. Hühnerfond durch ein feines Sieb gießen und auf ca. 500 ml einkochen. Fond mit wenig Salz würzen.

Hühnersuppe:
500 ml klarer Hühnerfond
400 ml Kokosmilch (2 kleine Dosen)
Saft von ½ kleinen Zitrone

Einlage:
¼ roter Paprika
2 Hühnerfilets (ohne Haut)
4 dünne Stangen Zitronengras (oder Holzspieße)
200 g Champignons
3 EL Olivenöl
1 EL Butter

Salz, Pfeffer, Kräuterblättchen (z.B. Koriander oder Thymian)

Nährwert pro Portion
234 kcal; 13 g EW; 12 g Fett; 7 g KH; 0,5 BE; 67 mg Chol.

150 g klein gehackte Hühnerknochen (auch Fleischabschnitte und Haut)
1 kleine Zwiebel
2 kleine Stangen Zitronengras
Petersilstiele
1 Lorbeerblatt
5 Pfefferkörner
2 Wacholderbeeren
1 Knoblauchzehe

Salz

Nährwert pro Portion
27 kcal; 0,8 g EW; 2 g Fett; 0 g KH; 0 BE; 0 mg Chol.

Für Verliebte

Rindslungenbraten mit Erdäpfel-Basilikum-Creme

4 Portionen, Zubereitung ca. 45 Minuten

1 Erdäpfel in der Schale weich dämpfen. Abkühlen lassen, schälen, durch eine Erdäpfelpresse drücken oder fein reiben. Knoblauch schälen und fein hacken. Basilikum in feine Streifen schneiden.

2 Suppe erhitzen, mit Muskatnuss und abgeriebener Zitronenschale würzen. Erdäpfel, Knoblauch, Olivenöl, Zitronensaft, etwas Salz und Pfeffer in die Suppe geben und mit dem Handmixer (Schneebesen) kurz zu einer glatten Creme rühren. Basilikum untermischen.

3 Fleisch in dünne Scheiben schneiden. In einer gusseisernen oder beschichteten Pfanne Öl erhitzen. Fleischscheiben auf beiden Seiten kurz braten, herausnehmen und mit Salz und Pfeffer würzen. Bratrückstand mit wenig Wasser oder klarer Suppe ablöschen, aufkochen und durch ein Sieb gießen. Fleisch mit Saft, Erdäpfel-Creme und Ratatouille servieren.

600 g Rindslungenbraten
1 EL Olivenöl

Erdäpfel-Basilikum-Creme:
300 g Erdäpfel
2 Knoblauchzehen
1 Bund Basilikum
200 ml klare Gemüsesuppe
Schale von ¼ Zitrone (unbehandelt)
2 TL Olivenöl
2 EL Zitronensaft

Salz, Pfeffer, Muskatnuss

Nährwert pro Portion
286 kcal; 34 g EW; 11 g Fett; 12 g KH; 0,8 BE; 105 mg Chol.

Ratatouille

4 Portionen, Zubereitung ca. 1 Stunde

Backrohr auf 220 °C vorheizen. Backblech mit Backpapier belegen. Melanzani in 1 cm dicke Scheiben schneiden, nebeneinander auf das Blech legen und leicht salzen. Melanzani 20 Minuten backen – nach 10 Minuten umdrehen.
Inzwischen Zwiebel und Knoblauch schälen. Zwiebel in dünne Ringe schneiden, Knoblauch fein hacken. Paprika in breite Streifen schneiden. Paradeiser kurz in kochendes Wasser legen, abschrecken, abziehen und in Spalten schneiden. Kräuter fein hacken. Melanzani in Stücke schneiden. Olivenöl in einer beschichteten oder gusseisernen Pfanne erhitzen. Zwiebeln darin bei milder Hitze in ca. 20 Minuten goldbraun braten – dabei ab und zu umrühren.
Paprika und Knoblauch dazugeben, leicht salzen, unter Rühren 3 Minuten anbraten. Melanzani dazugeben, unter Rühren 3 Minuten braten. Paradeiser und Kräuter untermischen, salzen und pfeffern. Ratatouille zudecken und bei milder Hitze 20 Minuten köcheln.

300 g Melanzani
1 Zwiebel
3 Knoblauchzehen
2 Paprika (gelb, rot)
600 g Paradeiser
4 kl. Zweige Thymian
6 kl. Zweige Oregano
1 EL Olivenöl

Salz, Pfeffer

Nährwert pro Portion
88 kcal; 4 g EW; 3 g Fett; 10 g KH; 0,1 BE; 0 mg Chol.

Für Verliebte

Jogurt-Grießauflauf mit Pfirsichsauce und Heidelbeeren
4 Portionen, Zubereitung ca. 50 Minuten

400 ml fettarme Milch
120 g Grieß
20 g Zucker
2 Pkg. Vanillezucker
½ TL Zimt
2 Eier
200 g fettarmes Jogurt
4 EL Zitronensaft
Schale von 1 Zitrone (unbehandelt)
4 Eiklar

Butter, Staubzucker

Nährwert pro Portion
274 kcal; 14 g EW; 6 g Fett; 39 g KH; 2,6 BE; 128 mg Chol.

1. Backrohr auf 200 °C vorheizen. Auflaufförmchen (Inhalt ca. 150 ml, eventuell beschichtet) leicht mit Butter ausstreichen und kühl stellen.

2. Milch aufkochen, Grieß, Zucker, Vanillezucker und Zimt einrühren und unter Rühren zu einem dicken Brei kochen, vom Herd nehmen.

3. Eier, Jogurt, Zitronensaft und abgeriebene Zitronenschale unterrühren. Masse abkühlen lassen.

4. Eiklar zu steifem Schnee schlagen und unter die Grießmasse heben.

5. Masse in die Förmchen füllen, gleichmäßig verteilen und ca. 25 Minuten (mittlere Schiene / Gitterrost) backen. Die letzten Minuten eventuell mit Alufolie abdecken.

6. Aufläufe auf Teller stürzen, mit Staubzucker bestreuen und mit der Sauce anrichten.

400 g Pfirsiche
2 Orangen
1 EL Zucker
1 TL Zitronensaft
100 g Heidelbeeren

Nährwert pro Portion
79 kcal; 1 g EW; 0 g Fett; 17 g KH; 0,2 BE; 0 mg Chol.

Pfirsichsauce
4 Portionen, Zubereitung ca. 20 Minuten

Pfirsiche kurz in kochendes Wasser legen, kalt abschrecken und die Haut abziehen. Fruchtfleisch in Stücke schneiden. Orangen auspressen. Pfirsiche, Orangensaft, Zucker und Zitronensaft pürieren. Aufläufe mit der Pfirsichsauce umgießen. Die Beeren in die Sauce setzen.

Beschwingt ohne Fleisch

Radieschensuppe mit Rucolanockerln
Gefüllte Salatblätter mit Paradeisschaum
Müslitörtchen auf Kiwi-Beerensalat

Da man Vitamine ja nicht sehen kann, haben wir sie einfach unwiderstehlich verlockend verpackt. Wenn etwa so gut schmeckt, erübrigt sich jeder Kommentar, wie viel Gesundes in Radieschensuppe bis Müslitörtchen steckt.

Zeitplan für stressfreie Kochfreuden:
4 Stunden vorher:
- Müslitörtchen zubereiten und kalt stellen.
- Die Masse für die Rucolanockerln zubereiten.

1 Stunde vorher:
- Kiwi-Beerensalat zubereiten.
- Gefüllte Salatblätter zubereiten.
- Spargel kochen, Basilikum-Vinaigrette zubereiten.
- Paradeisschaum zubereiten, vor dem Anrichten kurz aufschlagen.

Frisch zubereiten:
- Radieschensuppe zubereiten, Rucolanockerln kochen.
- Spargel marinieren.

Getränketipps:
Gefüllte Salatblätter: Um die zarten Aromen der Salatröllchen nicht zu irritieren, greife man zu einem jungen, duftigen Welschriesling aus der Südsteiermark oder zu einem zarten Riesling-Sylvaner. Der passt übrigens auch zur Radieschensuppe.

Müslitörtchen: Jogurt und Kiwi sind nicht ganz unproblematisch was die Weinbegleitung angeht, am ehesten wird noch ein Gläschen Sekt-Orange entsprechen.

Beschwingt ohne Fleisch

Radieschensuppe mit Rucolanockerln
4 Portionen, Zubereitung ca. 1 Stunde

1. Für die Nockerln Rucola in Salzwasser kurz überkochen, abseihen, abschrecken und gut ausdrücken. Rucola fein hacken. Gervais mit Ei und Rucola verrühren, Grieß untermischen. Die Masse mit Salz und Pfeffer würzen, zudecken und für ca. 30 Minuten kühl stellen.

2. Inzwischen Schalotten schälen, kleinwürfelig schneiden. Radieschen putzen, waschen und grob raspeln. Zwiebeln und die Hälfte der Radieschen in Butter anschwitzen, mit Wein und Suppe aufgießen und aufkochen. Crème fraîche einrühren, Suppe mit Salz, Pfeffer und Muskatnuss würzen und bei schwacher Hitze ca. 5 Minuten köcheln.

3. Salzwasser aufkochen. Aus der Nockerlmasse mit einem kleinen Löffel Nockerln ausstechen, ins kochende Wasser legen und unter dem Siedepunkt ca. 8 Minuten gar ziehen lassen.

4. Putenbrust in kleine Stücke schneiden, in 2 EL Öl kurz knusprig braten, aus der Pfanne heben und auf Küchenpapier gut abtropfen lassen.

5. Suppe mit einem Stabmixer fein pürieren. Restliche Radieschen gut ausdrücken, in die Suppe geben und nochmals aufkochen. Suppe eventuell nachwürzen, in vorgewärmte Teller schöpfen, mit den Nockerln und den Putenwürfeln als Einlage servieren.

50 g Schalotten
500 g Radieschen
1 EL Butter
100 ml Weißwein
600 ml klare Suppe
150 g Crème fraîche
100 g Putenbrust (frisch)
2 EL Öl

Rucolanockerln:
20 g Rucola
100 g Gervais
1 Ei
120 g feiner Weizengrieß

Salz, Pfeffer, Muskatnuss

Nährwert pro Portion
503 kcal; 16 g EW; 31,4 g Fett; 27,6 g KH; 2,3 BE; 156 mg Chol.

Beschwingt ohne Fleisch

Gefüllte Salatblätter mit Paradeisschaum
4 Portionen (à 2 Stücke), Zubereitung ca. 30 Minuten (zum Kühlen ca. 30 Minuten)

4 große Blätter Eisbergsalat

Fülle:
100 g Lauch
200 g Frischkäse
50 g Mandelstifte (grob gehackt)
1 EL Petersil (fein gehackt)
Schale von ½ Zitrone (unbehandelt)

Sauce:
250 g Sauerrahm
50 ml Paradeissaft (Fertigprodukt)
1 Knoblauchzehe

Salz, Pfeffer

Nährwert pro Portion
213 kcal; 10,5 g EW; 15,7 g Fett; 6,7 g KH; 0,5 BE; 32 mg Chol.

1. Lauch putzen, der Länge nach halbieren, waschen und in kleine Stücke schneiden. Lauch in Salzwasser kurz überkochen, abseihen, abschrecken und gut abtropfen lassen. Frischkäse mit Lauch, Mandeln, Petersil vermischen, mit Salz, Pfeffer und geriebener Zitronenschale würzen.

2. Salatblätter in kochendem Wasser einige Sekunden überbrühen, herausheben und in kaltem Wasser abschrecken. Salatblätter auf einem Küchentuch trockentupfen, halbieren und die dicken Mittelrippen ausschneiden.

3. Jedes Salatblatt am unteren Rand mit der Gemüsefülle bestreichen, die Seiten zur Mitte einschlagen und über die Fülle einrollen. Salatröllchen für ca. 30 Minuten kühl stellen.

4. Für die Sauce den Sauerrahm mit Paradeissaft, zerdrücktem Knoblauch sowie Salz und Pfeffer vermischen und mit einem Stabmixer cremig aufschlagen. Salatröllchen mit dem Paradeisschaum und dem Spargelgemüse (siehe Rezept) anrichten. Dazu passen weiters in der Schale gekochte heurige Erdäpfel.

Spargel mit Basilikum-Vinaigrette
4 Portionen, Zubereitung ca. 30 Minuten

12 Stangen weißer Spargel (ca. 500 g)
1 Scheibe Weißbrot
4 EL milder Weinessig
1 EL frisches, gehacktes Basilikum
6 EL Olivenöl

Salz, Pfeffer, Zucker

Nährwert pro Portion
153 kcal; 2 g EW; 15 g Fett; 2,7 g KH; 0,2 BE; 0 mg Chol.

Spargel knapp unterhalb des Kopfes beginnend dünn schälen, holzige Enden wegschneiden. Wasser mit je 1 TL Salz und Zucker aufkochen, Weißbrot zugeben. Spargel darin bissfest kochen (dauert je nach Dicke der Stangen ca. 10 Minuten). Spargel herausheben, in kaltem Wasser abschrecken und gut abtropfen lassen. Inzwischen für die Marinade Essig mit Salz, Pfeffer und Basilikum vermischen. Olivenöl unter Rühren zugießen. Spargel mit der Marinade übergießen und kurz ziehen lassen.

Beschwingt ohne Fleisch

Müslitörtchen auf Kiwi-Beerensalat
5 Portionen, Zubereitung ca. 40 Minuten (zum Kühlen ca. 4 Stunden)

500 g Jogurt
100 ml Orangensaft
2 EL Honig
150 g Müslimischung
4 Blatt Gelatine
125 ml Schlagobers

Minzeblätter

Nährwert pro Portion
289 kcal; 6,8 g EW; 15 g Fett;
29 g KH; 2,3 BE; 40 mg Chol.

1 Jogurt mit Orangensaft und Honig glatt rühren. Müslimischung untermischen und ca. 30 Minuten ziehen lassen. Auflaufförmchen (Inhalt 150 ml) mit kaltem Wasser ausspülen.

2 Gelatine in kaltem Wasser einweichen. Obers schlagen und kalt stellen. Ein wenig von der Müslimasse über Wasserdampf erwärmen. Gelatine gut ausdrücken und darin auflösen. Mit der restlichen Masse zügig verrühren.

3 Ein Drittel vom Obers in die Müslimasse rühren, restliches Obers behutsam unterheben. Masse in die Förmchen füllen, mit Frischhaltefolie zudecken und zum Festwerden für ca. 4 Stunden kalt stellen.

4 Zum Anrichten die Folie von den Förmchen entfernen. Förmchen kurz in heißes Wasser tauchen und die Törtchen auf Teller stürzen. Die Müslitörtchen mit dem Kiwi-Beerensalat (siehe Rezept) anrichten.

Beschwingt ohne Fleisch

Kiwi-Beerensalat

5 Portionen, Zubereitung ca. 20 Minuten (zum Marinieren 30 Minuten)

50 ml vom Orangensaft mit Speisestärke glatt rühren. Übrigen Orangensaft aufkochen, Stärkemischung einrühren und die Sauce ca. 1 Minute bei schwacher Hitze köcheln. Sauce vom Herd nehmen und auskühlen lassen, sie soll sirupartige Konsistenz haben – falls nötig, mit Orangensaft verdünnen. Heidelbeeren verlesen. Kiwis schälen, der Länge nach halbieren und quer in Scheiben schneiden. Früchte mit der Marinade vermischen und ca. 30 Minuten ziehen lassen. Fruchtsalat mit Zitronensaft oder Zucker abschmecken.

300 ml Orangensaft
1 gestr. EL Speisestärke,
125 g Heidelbeeren
2 Kiwis

Zitronensaft, Zucker

Nährwert pro Portion
149 kcal; 0,8 g EW; 4,6 g Fett; 24,1 g KH; 2 BE; 12 mg Chol.

Sommer

Sommer

Jetzt ist wahrlich die schönste Zeit zum Untertauchen – im Pool oder unter dem Sonnenschirm. Wir genießen schöne Stunden beim Grillen auf der Terrasse oder beim Picknick auf der Wiese. Die Düfte des Sommers vereinen sich mit denen aus der Küche, gartenfrische Kräuter, Beeren und sonnengereiftes Gemüse sind in Hülle und Fülle vorhanden. Gönnen Sie sich eine fruchtige Bowle! Ihre erfrischende Wirkung lässt sich steigern, wenn Sie statt Hochprozentigem Hochfruchtiges in die Bowleschüssel gießen. Die ganze Pracht des Sommers steckt in farbenfrohen Blüten, viele von ihnen schmücken nicht nur, sie schmecken auch.

Die schönsten Anlässe zum Feiern im Sommer:
Schulschluss
Schönes Wetter

Power-Früchte der Saison: Beeren
Frische Sommerbeeren schmecken nicht nur unwiderstehlich fein, sie sind gesund und außerdem ein wahrer Jungbrunnen: Sie stärken das Immunsystem, die Nerven, das Bindegewebe, Knochen, Haare und Haut, sie schützen vor freien Radikalen und wirken entzündungshemmend. Und sie enthalten so wenige Kalorien, dass man sich mit gutem Gewissen daran satt essen kann!

Sommer

Erdbeer-Marmelade mit Bitterschokolade
3 Gläser (à 250 ml), Zubereitung ca. 25 Minuten

> 1 Vanilleschote
> 500 g kleine Erdbeeren
> 420 g Gelierzucker
> 6 g Zitronensäure
> 100 g Bitterschokolade
> (grob gehackt)
> 1½ EL weißer Rum

Einsiedegläser heiß auswaschen, verkehrt auf ein sauberes Tuch stellen und abtropfen lassen. Vanilleschote der Länge nach aufschneiden und das Mark herauskratzen. Erdbeeren putzen, waschen, trockentupfen und längs halbieren. Erdbeeren mit Vanilleschote und -mark, Gelierzucker und Zitronensäure verrühren und langsam aufkochen.
Vanilleschote entfernen, die Früchte ca. 10 Sekunden mit einem Stabmixer pürieren. Mischung noch ca. 1 Minute köcheln, dann die Schokolade einrühren und auflösen.
Marmelade in die Gläser füllen. Rum in die Deckelunterseite gießen, entzünden und die Gläser verschließen. Kühl und dunkel gelagert ist die Marmelade mindestens 1 Monat haltbar.

Frischmacher: Jogurt & Co.
Gesäuerte Milchprodukte wie Jogurt, Butter- und Sauermilch sind bekömmlich und erfrischen an heißen Sommertagen. Drinks können Sie ganz einfach selbst herstellen, indem Sie Jogurt oder Buttermilch mit Fruchtsaft oder mit frischen Früchten und Wasser mixen. Pikante Varianten sind die mit frischen Kräutern und Gemüse. Wichtig: Immer kühl servieren!

Das Auge isst mit: Blütenpracht am Teller
Die besten Blüten zum Vernaschen: Rosen, Tagetes, Taglilie, Lavendel. Die gelben bis hellroten Blüten der Kapuzinerkresse haben mild-pfeffriges Aroma und sind eine besonders attraktive Dekoration, so wie die blauen Borretschblüten und die zarten Blüten des Gänseblümchens. Die gelb-orangen Blütenblätter der Ringelblume färben wie Safran. Süßlich schmecken die zarten Blüten des Phlox, etwas herb bis bitter die des Löwenzahnes. Aus den Knospen lässt sich Kapernersatz herstellen:
1 Tasse Löwenzahnknospen mit 1 EL Salz 3–12 Stunden in Wasser ziehen lassen, anschließend abseihen und in ein Schraubglas füllen. Je 125 ml Weißwein und Weißweinessig erhitzen, über die Knospen gießen. Glas verschließen und die Knospen mindestens 1 Tag ziehen lassen.

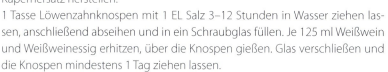

Gartenfrisch

Salat mit Schafkäse und Spargel
Steinbutt mit Fenchel-Selleriegemüse und Grapefruit
Ministeaks mit Schalotten und Balsamsauce
Strudelblätter mit Kirschobers-Creme

Wenn draußen die Sonne vom Himmel lacht, sollte man die Arbeit in der Küche nach Möglichkeit auf ein Minimum reduzieren. Mit diesem Menü gelingt das perfekt, es besteht aus vier köstlichen Gängen, die mit verblüffend wenig Aufwand und in kurzer Zeit fertig sind!

Zeitplan für stressfreie Kochfreuden:
2 Stunden vorher:
- Strudelblätter (Dessert) backen.
- Salat marinierfertig vorbereiten, Marinade getrennt anrühren.
- Gemüse zum Fisch bis Punkt 2 vorbereiten.
- Fisch und Fleisch bratfertig vorbereiten.

Kurz vorher:
- Schalotten und Balsamsauce zubereiten. Zucchinischeiben und Ricottacreme vorbereiten.

Frisch zubereiten:
- Salat marinieren.
- Steinbutt braten, Sauce fertig stellen.
- Steaks braten, gleichzeitig Zucchinischeiben im Rohr überbacken.
- Kirschobers-Creme zubereiten.

Getränketipps:
Salat mit Schafkäse: Ein leichter, frischer Muskateller ist ein beliebter Aperitif und passt auch zu diesem Salat ausgezeichnet.

Steinbutt: Der Steinbutt wird in Gesellschaft eines cremigen Chardonnays, der durchaus einige Zeit im Barrique verbracht hat, zur Höchstform auflaufen.

Steaks: Entkorken Sie dazu eine gereifte Cabernet-Cuvée, einen heimischen Blaufränkisch aus der Oberliga oder einen runden, fruchtigen Syrah.

Strudelblätter mit Kirschobers: Verwöhnen Sie zu diesem luftigen Dessert Ihre Gäste mit feinen Perlen: Ein halbsüßer Schaumwein belebt und passt exzellent zum Kirschobers.

Gartenfrisch

Salat mit Schafkäse und Spargel

4 Portionen, Zubereitung ca. 35 Minuten

1. Für die Marinade Pinienkerne in 3 EL Öl anschwitzen, Thymian und Rosmarin zugeben und kurz mitrösten. Mischung vom Herd nehmen, mit Balsamessig ablöschen und auskühlen lassen. Restliches Öl in die Marinade rühren, salzen und pfeffern.

2. Schafkäse in Stücke brechen. Paradeiser halbieren. Spargel im unteren Drittel schälen, Enden wegschneiden. Spargel in Salzwasser bissfest kochen, abseihen, abschrecken und in ca. 3 cm lange Stücke schneiden. Rucola putzen und waschen, grobe Stiele entfernen.

3. Paradeiser, Spargel, Schafkäse und Rucola behutsam mit der Marinade vermischen. Salat anrichten und am besten mit Olivenbrot servieren.

150 g Schafkäse
8 Cocktailparadeiser
8 Stangen grüner Spargel
40 g Rucola

Marinade:
20 g Pinienkerne
5 EL Olivenöl
Je 1 TL frischer Thymian und Rosmarin (grob gehackt)
4 EL Balsamessig

Salz, Pfeffer

Nährwert pro Portion
273 kcal; 9,7 g EW; 25 g Fett; 3 g KH; 0 BE; 17 mg Chol.

Gartenfrisch

Steinbutt mit Fenchel-Selleriegemüse und Grapefruit

4 Portionen, Zubereitung ca. 35 Minuten

1. Fenchelgrün und die zarten Blätter vom Stangensellerie grob hacken. Fenchel längs halbieren und den Strunk ausschneiden. Fenchel quer in dünne Scheiben, Sellerie quer in ca. 1 cm breite Stücke schneiden.

2. Fenchel und Sellerie in Salzwasser bissfest kochen, abseihen, kalt abschrecken und abtropfen lassen. Grapefruit halbieren, eine Hälfte mit einem Messer bis zum Fruchtfleisch abschälen. Fruchtfleisch in ca. 1 cm große Stücke schneiden. Zweite Grapefruithälfte auspressen (ergibt ca. 100 ml Saft).

3. Backrohr auf 50 °C vorheizen. Steinbuttfilets salzen und pfeffern. Öl erhitzen, Fischfilets darin beidseitig braten (dauert insgesamt ca. 1 Minute). Fischfilets aus der Pfanne heben und im Rohr warm stellen.

4. Bratrückstand mit Grapefruitsaft und Suppe aufgießen und ca. 1 Minute köcheln. Stärke mit 2 TL kaltem Wasser vermischen, in die Sauce rühren und unter Rühren kurz köcheln lassen. Gemüse- und Grapefruitstücke zugeben und kurz in der Sauce ziehen lassen. Sellerie- und Fenchelgrün einrühren. Fischfilets mit Gemüse und Sauce anrichten.

400 g Steinbuttfilets (ohne Haut)
2 EL Öl

Garnitur und Sauce:
½ Fenchelknolle (ca. 170 g)
100 g Stangensellerie
1 rosa Grapefruit
50 ml klare Suppe
1 TL Speisestärke

Salz, Pfeffer

Nährwert pro Portion
197 kcal; 18 g EW; 7 g Fett;
12 g KH; 0,9 BE; 60 mg Chol.

Gartenfrisch

Ministeaks mit Schalotten und Balsamsauce
4 Portionen, Zubereitung ca. 40 Minuten

8 kleine Medaillons vom Rindsfilet (à ca. 50 g)
3 EL Öl

Schalotten:
200 g Schalotten
1 EL Butter
50 ml klare Suppe
1 TL frische Oreganoblättchen (gehackt)

Balsamsauce:
2 gestr. EL Kristallzucker
60 ml Balsamessig

Salz, Pfeffer

Nährwert pro Portion
241 kcal; 22,1 g EW; 14 g Fett; 7 g KH; 0,4 BE; 76 mg Chol.

1 Schalotten schälen und in aufgeschäumter Butter anschwitzen, Suppe zugießen. Schalotten bis auf einen kleinen Spalt zugedeckt bei schwacher Hitze weich dünsten. Salzen, pfeffern, zuletzt Oregano untermischen.

2 Für die Sauce Zucker langsam erhitzen, bis er hellbraun karamellisiert, mit Balsamessig ablöschen und bei schwacher Hitze köcheln, bis sich der Zucker aufgelöst hat; die Sauce soll dickflüssig sein.

3 Grillpfanne erhitzen. Medaillons salzen, pfeffern, rundum dünn mit Öl einstreichen und beidseitig grillen. Fleisch aus der Pfanne heben, mit Schalotten, Balsamsauce und den überbackenen Zucchinischeiben anrichten.

1 Zucchini (ca. 250 g)
2 EL Ricotta
1 EL Semmelbrösel
1 Dotter
1 EL frische Kräuter (gehackt)
3 EL Parmesan (fein gerieben)

Salz, Pfeffer, Öl

Nährwert pro Portion
102 kcal; 5,1 g EW; 8 g Fett; 3 g KH; 0,1 BE; 69 mg Chol.

Überbackene Zucchinischeiben
4 Portionen, Zubereitung ca. 35 Minuten

Backrohr auf 200 °C vorheizen. Backblech dünn mit Öl bestreichen.
Ricotta mit Bröseln, Dotter, Kräutern, Salz, Pfeffer und Parmesan vermischen.
Zucchini waschen, quer in ca. 2 cm dicke Scheiben schneiden.
Zucchinischeiben salzen und pfeffern, mit der Ricottamasse bestreichen, auf das Backblech legen und im Rohr (mittlere Schiene) ca. 15 Minuten backen.

Gartenfrisch

Strudelblätter mit Kirschobers-Creme
4 Portionen, Zubereitung ca. 50 Minuten

1. Backrohr auf 180 °C vorheizen. Backblech mit Backpapier belegen.

2. Aus dem Strudelteig 20 Scheiben (Ø 7 cm) ausstechen, auf das Backblech legen, dünn mit Nussöl bestreichen und im Rohr (mittlere Schiene) 8–9 Minuten goldgelb backen. Teigscheiben aus dem Rohr nehmen und auskühlen lassen.

3. Schokolade über Wasserdampf schmelzen und in dünnen Streifen über die Teigblätter ziehen (am besten mit einem Löffel). Schokolade fest werden lassen.

4. Für die Creme Jogurt mit Zitronen- und Kirschensaft verrühren. Obers mit Sahnesteif aufschlagen und behutsam mit der Jogurtmasse vermischen.

5. Creme in einen Dressiersack mit Sterntülle füllen. Auf jedem Teller 4 Teigscheiben mit Creme übereinander setzen, mit Creme abschließen. Übrige Scheiben halbieren und als Dekor auf die Türmchen setzen. Mit Minzeblättern garniert servieren.

1 Strudelblatt
50 g Bitterschokolade

Fülle:
125 ml Jogurt
1 TL Zitronensaft
70 ml Kirschen-Dicksaft
250 ml Schlagobers
1 Pkg. Sahnesteif

Nussöl, Minzeblätter

Nährwert pro Portion
434 kcal; 5,6 g EW; 30 g Fett; 36 g KH; 2,9 BE; 83 mg Chol.

Asia delight

Misosuppe
Salatrollen mit Garnelen und Sprossen
Kalte Sommer-Soba-Nudeln

Knackig, würzig, leicht. Asiatische Küche ist wie geschaffen, uns an heißen Tagen fit und bei Laune zu halten. Nicht zuletzt deshalb, weil alles so einfach und rasch zubereitet ist. Falls Sie hier ein Dessert vermissen: Halten Sie sich an die bewährte asiatische Gewohnheit und servieren Sie frische Früchte als Nachtisch!

Zeitplan für stressfreie Kochfreuden:
1 Stunde vorher:
- Soba-Nudeln und Dipsauce zubereiten. Vor dem Servieren nur noch vermischen.
- Alle Zutaten für die Misosuppe sowie für die Salatrollen vorbereiten.
- Asia-Dipsauce (zu den Salatrollen) zubereiten.

Frisch zubereiten:
- Misosuppe zubereiten
- Salatrollen fertig stellen.

Getränketipp:
Asia-Küche: Auch wenn sich passende Weine finden würden – die beste Wahl zur asiatischen Küche ist Grüntee. Der – auch wenn er heiß getrunken wird – kühlende Tee wirkt außerdem belebend und schärft die Sinne.

Asia delight

Misosuppe
2 Portionen, Zubereitung ca. 25 Minuten

1. Wakame-Alge in kaltem Wasser einweichen und mindestens 5 Minuten quellen lassen.

2. Gemüse waschen und putzen. Karotte in dünne Stifte, Zucchini in dünne Scheiben, Jungzwiebeln in feine Ringe schneiden. Tofu in kleine Würfel schneiden. Alge aus dem Wasser nehmen, die harte Mittelrippe ausschneiden und das Algenblatt in große Stücke schneiden. Miso mit 4 EL Wasser glatt rühren.

3. Suppe aufkochen. Karotte, Zucchini und Tofu zugeben und 2–3 Minuten bissfest köcheln. Suppe vom Herd nehmen. Miso und Algenstreifen unterrühren. Suppe mit Jungzwiebeln und Sesam bestreut servieren.

1 mittlere Karotte
100 g Zucchini
2 Jungzwiebeln
100 g Tofu
5 g getrocknete Wakame-Alge (ein Stück von ca. 20 cm Länge)
2 EL Reis- oder Gerstenmiso
500 ml klare Gemüsesuppe (schwach gesalzen)
1 TL Sesam

Nährwert pro Portion
109 kcal; 9 g EW; 5 g Fett; 7 g KH; 0,7 BE; 0 mg Chol.

Asia delight

Salatrollen mit Garnelen und Sprossen
2 Portionen, Zubereitung ca. 25 Minuten

1 Karotte
1 Stange Sellerie
2 Jungzwiebeln
½ Bummerlsalat
50 g Sojasprossen
1 TL Ingwer (fein gehackt)
100 g Garnelen (essfertig)
1 TL schwarzer Sesam
1 TL Öl
2 TL Sojasauce

Jogurt-Limetten-Dip:
150 g MagerJogurt
1 EL Limettensaft
1 TL Limettenschale
   (abgerieben)
½ TL Ingwer (gehackt)
1 TL frischer Koriander
   (gehackt)

Chili

Nährwert pro Portion
143 kcal; 16 g EW; 4 g Fett;
10 g KH; 0,1 BE; 80 mg Chol.

1 Gemüse waschen und putzen. Karotte und Sellerie in dünne Stifte, Jungzwiebeln in feine Streifen schneiden. Salat putzen, zerpflücken, waschen und trockenschleudern. 8 Salatblätter ganz lassen, die übrigen Blätter in feine Streifen schneiden. Sprossen waschen und abtropfen lassen.

2 In einer beschichteten Pfanne 1 TL Öl erhitzen, Ingwer darin unter Rühren kurz anbraten, Sprossen zugeben und unter Rühren mitbraten. Mit 2 TL Sojasauce ablöschen, Mischung vom Herd nehmen, mit einer Prise Chili abschmecken und abkühlen lassen.

3 Salatblätter mit Sprossen, Garnelen, Karotten, Sellerie, Jungzwiebeln und Salatstreifen belegen, mit Sesam bestreuen und einrollen. Rollen mit Zahnstochern fixieren.

4 Alle Zutaten für den Dip vermischen. Salatrollen anrichten und mit verschiedenen Dip-Saucen servieren.

Asia-Dip
Reichen Sie zu den Salatrollen auch einen Asia-Dip: Je 2 EL Soja- und Austernsauce mit 4 EL Sherry und ½ TL fein gehacktem Ingwer verrühren.

Asia delight

Kalte Sommer-Soba-Nudeln
2 Portionen, Zubereitung ca. 25 Minuten

1. Salatgurke waschen und ungeschält in dünne Streifen schneiden. Schnittlauch fein schneiden.

2. Nudeln in Salzwasser bissfest kochen, abseihen, unter fließendem, kaltem Wasser einige Minuten spülen. Nudeln abtropfen lassen und mit Sesamöl vermischen.

3. Alle Zutaten für den Dip verrühren. Nudeln mit 4 EL Dipsauce vermischen, anrichten und mit Gurken, Schnittlauch und Pfefferbeeren garnieren. Restlichen Dip in einer Schale servieren – nach Lust und Laune wird mancher Bissen eingetaucht.

½ Salatgurke
½ Bund Schnittlauch
200 g Soba-Nudeln (Japanische Buchweizennudeln)
1 TL geröstetes Sesamöl

Dip:
125 ml Sojasauce
125 ml Gemüsesuppe
1–2 EL Reis- oder Apfelessig
½ TL Kristallzucker
½ TL frischer Ingwer (fein gehackt)

Salz, rote Pfefferbeeren

Nährwert pro Portion
398 kcal; 14 g EW; 3 g Fett; 76 g KH; 7,6 BE; 0 mg Chol.

Jung und unkompliziert

Kalte Suppe aus grünen Ringlotten
Hühnerbrust auf Pasta-Salat mit Rucola
Pfirsich-Moscato

Kreative Küche muss nicht aufwändig oder gar kompliziert sein. Dieses Menü ist raffiniert und simpel zugleich. Suppe und Dessert werden gekühlt serviert und können schon Stunden vorher zubereitet werden. Ein herrlich leichtes Essen für heiße Sommertage.

Zeitplan für stressfreie Kochfreuden:
2–3 Stunden vorher:
- Ringlotten-Suppe zubereiten und kalt stellen.
- Pfirisch-Moscato zubereiten und kalt stellen.

1 Stunde vorher:
- Blätterteigstangerln (Suppe) backen.
- Paradeiser backen, Nudeln für den Pasta-Salat kochen;

Frisch zubereiten:
- Hühnerbrust braten und im Rohr garziehen lassen.

Getränketipps:
Ringlotten-Suppe: Die grünen Aromen in der Suppe fordern einen jungen, frischen Sauvignon blanc zum Duett. Eine interessante Alternative wäre eine junge, trockene Scheurebe.

Hühnerbrust auf Pasta-Salat: Fruchtige Tomaten und würziger Rucola werden mit einem italienischen Tropfen ihre Freude haben. Sie ganz sicher auch, wenn Sie Soave oder einen charmanten Orvieto classico wählen. Auch ein leichter Rotwein wäre eine mögliche Wahl.

Moscato: Da der Wein ja schon im Dessert ist, kann man auf zusätzlichen gut verzichten. Es sein denn, es befindet sich noch etwas in der Flasche …

Jung und unkompliziert

Kalte Suppe aus grünen Ringlotten

4 Portionen, Zubereitung ca. 25 Minuten (zum Kühlen ca. 6 Stunden)

1. Ringlotten waschen, entkernen und in kleine Stücke schneiden. Zwiebeln schälen und kleinwürfelig schneiden. Ringlotten und Zwiebeln in die Suppe geben und mit einem Stabmixer fein pürieren. Suppe mit Limettensaft, Meersalz und Pfeffer würzen, mit Frischhaltefolie zudecken und für ca. 6 Stunden kühl stellen.

2. Blätterteig backfertig vorbereiten. Backrohr auf 200 °C vorheizen. Backblech mit Backpapier belegen. Teig auf einer bemehlten Arbeitsfläche ca. 5 mm dick ausrollen bzw. Teig aufrollen und Papier abziehen.

3. Teig in ca. 2 cm breite Streifen schneiden, mit Wasser bestreichen und mit Paprikapulver bestreuen. Teigstreifen verdrehen, auf das Backblech legen und im Rohr (mittlere Schiene) 8–10 Minuten goldbraun backen.

4. Für die Einlage Ringlotten-Fruchtfleisch in möglichst gleich breiten Spalten vom Kern schneiden.

5. Schafkäse in kleine Würfel schneiden oder brechen und in der Mitte von gut gekühlten Suppentellern anrichten. Suppe zugießen, mit Ringlottenspalten und Majoranblättchen garnieren und mit den Paprikastangerln servieren.

500 g grüne Ringlotten
150 g weiße Zwiebeln
500 ml klare Hühnersuppe (gut gekühlt)
Saft von 1 Limette

Einlage und Garnitur:
150 g Blätterteig (aus dem Kühlregal oder TK)
1 TL Paprikapulver (edelsüß)
1 grüne Ringlotte
200 g Schafkäse (Feta)

Feines Meersalz, Pfeffer, frischer Majoran, Mehl

Nährwert pro Portion
377 kcal; 13,6 g EW; 19 g Fett; 37 g KH; 3,1 BE; 22 mg Chol.

Jung und unkompliziert

Hühnerbrust auf Pasta-Salat mit Rucola
4 Portionen, Zubereitung ca. 50 Minuten

1 Backrohr auf 100 °C vorheizen. Salzwasser zum Nudelkochen zustellen.

2 Knoblauch ungeschält mit der flachen Messerklinge leicht andrücken. Paradeiser mit Salz, Pfeffer, einer Prise Zucker, Knoblauch und der Hälfte des Olivenöls vermischen. Paradeiser in einer Auflaufform gleichmäßig verteilen und im Rohr (mittlere Schiene / Gitterrost) ca. 30 Minuten backen.

3 Nudeln im Salzwasser bissfest kochen (nach Anleitung auf der Packung), in kaltem Wasser mit Eiswürfeln abschrecken und gut abtropfen lassen. Rucola putzen, waschen und gut abtropfen lassen.

4 Die eingelegten Paradeiser in kleine Stücke schneiden. Paradeiser und Nudeln in eine Schüssel legen. Balsamessig mit Salz, Pfeffer und einer Prise Zucker vermischen, übriges Olivenöl unter kräftigem Rühren zugießen. Nudelmischung mit der Marinade übergießen und durchmischen.

5 Hühnerfilets salzen und pfeffern. Öl erhitzen, Hühnerfilets beidseitig anbraten (Hautseite zuerst), dabei immer wieder mit Bratfett übergießen. Hühnerfilets wenden (Hautseite unten), zu den Paradeisern ins Rohr stellen und ca. 15 Minuten mitgaren.

6 Hühnerfilets quer in Scheiben schneiden. Rucola erst unmittelbar vor dem Anrichten mit den Nudeln vermischen. Hühnerfilets mit dem Pasta-Salat, den gebratenen Paradeisern und den Knoblauchzehen servieren.

---

4 Hühnerfilets (mit Haut; gesamt ca. 600 g)
3 EL Öl

Pasta-Salat:
3 Knoblauchzehen
12 Kirschparadeiser
125 ml Olivenöl (extra vergine)
200 g Bandnudeln
150 g Rucola
100 g getrocknete Paradeiser (in Öl eingelegt)
6 EL Balsamessig

Salz, Pfeffer, Zucker

Nährwert pro Portion
803 kcal; 41,2 g EW; 48,1 g Fett; 45,1 g KH; 3,7 BE; 148 mg Chol.

Jung und unkompliziert

Pfirsich-Moscato
6 Portionen, Zubereitung ca. 30 Minuten (zum Kühlen 2 Stunden)

Pfirsichsauce:
700 g reife Pfirsiche
60 g Zucker
3 Zweige Thymian
50 ml Moscato (süßer Schaumwein)

Creme:
70 ml Moscato
60 g Staubzucker
250 g Sauerrahm
250 ml Schlagobers

Garnitur:
4 kleine Thymianzweige

Nährwert pro Portion
371 kcal; 3,1 g EW; 24 g Fett; 34 g KH; 2,8 BE; 79 mg Chol.

1 Pfirsiche entkernen und in kleine Stücke schneiden. 200 g davon für die Einlage reservieren. Restliche Pfirsichwürfel mit Zucker und Thymian aufkochen und schwach köcheln, bis die Pfirsiche weich sind.

2 Thymianzweige herausnehmen, Moscato zugeben und mit einem Stabmixer fein pürieren. Sauce abkühlen lassen und mit den reservierten Pfirsichstücken vermischen.

3 Für die Creme Sauerrahm mit Staubzucker und Moscato verrühren. Obers cremig schlagen und unterheben. Masse abwechselnd mit der Pfirsichsauce in Gläser (Inhalt ca. 200 ml) füllen. Creme vor dem Anrichten ca. 2 Stunden kühlen.

Kräutergarten

Petersil-Schafkäse-Türmchen
Schweinsfilet mit Rosmarinsauce
Salbeiblätter im Weinteig mit Marillenmus

Wer mit frischen Kräutern kocht, beschert Auge und Gaumen viel Abwechslung und dem Körper eine ordentliche Portion Gesundheit. Hatten Kräuter früher lediglich eine würzende Funktion, nehmen sie in der modernen Küche vermehrt eine tonangebende Rolle ein. In diesem Menü sogar im Dessert!

Zeitplan für stressfreie Kochfreuden:
Am Vortag:
- Bratensaft zubereiten.

1-2 Stunden vorher:
- Petersilmus zubereiten, Teigblätter backen. Salat für die Garnitur marinierfertig vorbereiten.
- Erdäpfel kochen, mit Schinken umwickeln.
- Marillenmus zubereiten.

Kurz vorher:
- Backteig (Dessert) ohne Schnee anrühren.

Frisch zubereiten:
- Türmchen zusammenbauen.
- Schweinsfilet und Schinken-Erdäpfel braten.
- Salbeiblätter backen.

Getränketipps:
Petersil-Schafkäse-Türmchen: Zu den frischen Kräuternoten werden fruchtige Weißweine wie Welschriesling und duftiger Riesling gefallen.
Schweinsfilet: Das zarte Schweinsfilet verlangt nach einem ebensolchen Wein: Perfekt wäre ein eleganter Pinot noir, auch ein nicht zu kräftiger St. Laurent wird ein guter Partner sein.
Salbeiblätter: Die gebackenen Salbeiblätter knuspern – der Wein dazu darf prickeln: Entkorken Sie einen Prosecco oder Schilcher-Frizzante.

Kräutergarten

Petersil-Schafkäse-Türmchen
4 Portionen, Zubereitung ca. 25 Minuten

1. Backrohr auf 180 °C vorheizen. Backblech mit Backpapier belegen. Jedes Teigblatt in 9 Quadrate schneiden, auf das Backblech legen, mit Eiklar bestreichen und mit Sesam bestreuen. Teigblätter im Rohr (mittlere Schiene) ca. 7 Minuten goldbraun backen. Herausnehmen und auskühlen lassen.

2. Für das Mus Petersilie, Öl, Mandeln und Knoblauch fein pürieren, Schafkäse, Sauerrahm, Salz und Pfeffer zugeben und mitpürieren.

3. Salat zerpflücken. Essig mit Öl, Salz und Pfeffer verrühren. Man benötigt nur 20 Teig-Quadrate, die übrigen serviert man als Knabbergebäck.

4. Sechzehn Teigblätter mit Mus bestreichen, je 4 übereinander setzen, mit 4 Blättern abdecken. Salat marinieren und mit den Türmchen servieren.

3 Blätter Frühlingsrollenteig
  (ca. 20 x 20 cm)
1 Eiklar (verquirlt)
1 EL Sesam

Petersilmus:
80 g Petersilblättchen
30 ml Olivenöl
30 g Mandeln (enthäutet)
2 Knoblauchzehen
  (zerdrückt)
50 g Schafkäse (Feta)
1 EL Sauerrahm

Garnitur:
50 g Friséesalat
1 EL Balsamessig
2 EL Olivenöl

Salz, Pfeffer

Nährwert pro Portion
304 kcal; 8,3 g EW; 22 g Fett; 18 g KH; 1,2 BE; 7 mg Chol.

Kräutergarten

Schweinsfilet mit Rosmarinsauce
4 Portionen, Zubereitung ca. 25 Minuten

500 g Schweinsfilet
4 EL Öl
1 Zweig frischer Rosmarin
80 ml Portwein
200 ml Bratensaft

Garnitur:
1 EL Dijon-Senf
2 EL frischer Thymian (gehackt)
1 EL frischer Rosmarin (gehackt)

Salz, Pfeffer

Nährwert pro Portion
261 kcal; 28 g EW; 13 g Fett; 3 g KH; 0,2 BE; 88 mg Chol.

1 Backrohr auf 50 °C vorheizen. Filet quer halbieren, salzen, pfeffern und in heißem Öl bei starker Hitze rundum anbraten. Hitze reduzieren, Fleisch mit Rosmarin belegen und zugedeckt fertig braten (8–10 Minuten), dabei einige Male wenden. Fleisch aus der Pfanne heben und im Rohr zugedeckt warm stellen.

2 Bratrückstand samt Rosmarinzweig mit Portwein ablöschen, Flüssigkeit fast zur Gänze einkochen. Bratensaft zugießen, aufkochen und durch ein Sieb gießen.

3 Filets mit Senf bestreichen und in den Kräutern wälzen. Fleisch in Stücke schneiden und mit der Sauce und den Erdäpfeln anrichten.

Schinken-Erdäpfel
4 Portionen, Zubereitung ca. 30 Minuten

8 kleine Erdäpfel
8 kleine Scheiben Rohschinken
3 EL Öl

Nährwert pro Portion
243 kcal; 3,5 g EW; 17 g Fett; 19 g KH; 1,6 BE; 7 mg Chol.

Erdäpfel kochen, schälen und mit je einer Scheibe Rohschinken straff umwickeln, mit Zahnstochern fixieren. Erdäpfel in Öl unter öfterem Wenden goldgelb braten.

Kräutergarten

Salbeiblätter in Weinteig mit Marillenmus

30 Stück, Zubereitung ca. 25 Minuten

1 Für den Teig Ei in Dotter und Klar trennen. Mehl, Stärke, Salz, Wein und Dotter verrühren. Eiklar cremig schlagen und unterheben.

2 Marillen abtropfen lassen, klein schneiden, mit Marillenlikör und Zitronensaft pürieren.

3 Ca. 2 Finger hoch Öl erhitzen. Salbeiblätter am Stiel fassen, durch den Teig ziehen und beidseitig goldbraun backen. Blätter herausheben, auf Küchenpapier abtropfen lassen, mit Zucker bestreuen und mit der Sauce anrichten.

30 Salbeiblätter

Weinteig:
1 Ei
50 g glattes Mehl
20 g Speisestärke
½ TL Salz
50 ml Weißwein

Marillenmus:
12 halbe Kompott-Marillen
2 EL Marillenlikör
1 TL Zitronensaft

Staubzucker, Öl zum Backen

Nährwert pro Portion
304 kcal; 8,3 g EW; 22 g Fett; 18 g KH; 1,2 BE; 7 mg Chol.

Das große Grillfest

Asiatischer Glasnudelsalat, Zucchini-Rahmsalat mit Kürbiskernen
Gegrilltes Huhn mit knuspriger Speckhaut und Couscous
Lammkoteletts, Entrecôtes
Melonen-Lassi

Was wäre der Sommer ohne den Freiluft-Sport Grillen. Der am vergnüglichsten in Gesellschaft einer großen Gästeschar ist. Ganz auf die verschiedenen Geschmäcker sind die Gerichte aus aller Welt abgestimmt. Da ist für jeden etwas dabei.

Zeitplan für stressfreie Kochfreuden:
Am Vortag oder mindestens 3 Stunden vorher:
- Hühnerstücke marinieren.
- Lammkoteletts marinieren.

3 Stunde vorher:
- Couscous zubereiten und kalt stellen.
- Saucen (Knoblauchrahm, Minzpesto und BBQ-Sauce) zubereiten und kühl stellen.
- Kartoffeln kochen.
- Melonen-Lassi zubereiten und kalt stellen.

1 Stunde vorher:
- Glasnudelsalat zubereiten.
- Alle Zutaten geschnitten für den Zucchini-Rahmsalat vorbereiten, den Salat erst unmittelbar vor dem Anrichten fertig stellen.

Frisch zubereiten:
- Grillgemüse schneiden, kurz gesalzen ziehen lassen, dann grillen.
- Entrecôtes grillen.

Getränketipps:
Beim fröhlichen Grillen soll es vor allem entspannt zugehen. Das trifft auch auf die Auswahl der Getränke zu: Frische, junge Weißweine mit knackiger Säure, schön kühl serviert, kommen gut gegen den Durst an. Fruchtiger Rosé ist ein universeller Sommerwein und in besonderem Maße für Grillgerichte. Auch die Rotweine sollten eher von der unkomplizierten, fruchtigen Art sein und etwas kühler als üblich serviert werden.

Das große Grillfest

Asiatischer Glasnudelsalat
4 Portionen, Zubereitung ca. 45 Minuten

200 g Glasnudeln
1 roter Paprika
2 Jungzwiebeln
2 Hühnerbrüste
1 EL Sesamöl
1 nussgroßes Stück Ingwer (gerieben)
150 g Tofu (in Würfel geschnitten)
1 EL Zitronensaft
4 EL helle Sojasauce
2 EL Sweet Chicken Chilisauce
2 Knoblauchzehen (gehackt)
2 EL Koriandergrün (gehackt)

Salz, weißer Pfeffer aus der Mühle

Nährwert pro Portion
490 kcal; 53 g EW; 12 g Fett; 42 g KH; 3 BE; 146 mg Chol.

1 Glasnudeln mit einer Küchenschere in ca. 10 cm lange Stücke schneiden und in warmes Wasser legen. Paprika und Jungzwiebeln in feine Streifen schneiden.

2 Hühnerbrüste in Streifen schneiden, salzen, pfeffern und im Sesamöl anbraten. Paprika, Jungzwiebeln, Ingwer und Tofu zugeben und kurz schwenken. Glasnudeln abseihen, zugeben und durchschwenken. Mit Zitronensaft, Sojasauce, Chilisauce, Knoblauch marinieren, salzen und pfeffern. Koriander untermischen.

Zucchini-Rahmsalat mit Kürbiskernen
4 Portionen, Zubereitung ca. 30 Minuten

½ Endiviensalat
500 g kleine Zucchini (evtl. grüne und gelbe)
150 g Jogurt
2 EL Kürbiskernöl
1 TL Dijon-Senf
2 Knoblauchzehen (gehackt)
4 EL Kürbiskerne (geröstet)

Salz, weißer Pfeffer aus der Mühle

Nährwert pro Portion
174 kcal; 8,4 g EW; 12g Fett; 8 g KH; 0,2 BE; 5 mg Chol.

Endiviensalat zerpflücken. Zucchini längs halbieren, schräg blättrig schneiden, salzen und pfeffern.
Jogurt mit Kürbiskernöl, Dijon-Senf und Knoblauch verrühren. Endiviensalat und Zucchini damit marinieren, Kürbiskerne darüber streuen.

Das große Grillfest

Gegrilltes Huhn mit knuspriger Speckhaut und Couscous

4 Portionen, Zubereitung ca. 45 Minuten (plus Zeit zum Marinieren)

1 Jedes Huhn in 8 Stücke teilen (Geflügelschere oder schweres, großes Messer): Ober- und Unterkeulen, Brust in 4 Teile. Die Haut leicht lösen, Fleisch mit Kräutern bestreuen, die Haut wieder darüber schieben und glatt streichen, mit Speck umwickeln.

2 Öl mit Paprikapulver verrühren, Fleisch damit bestreichen und mindestens 2 Stunden, besser über Nacht kühl stellen. Erst vor dem Grillen salzen und pfeffern. Fleisch auf der Hautseite knusprig anbraten, wenden und bei geringer Hitze fertig braten (insgesamt 10–15 Minuten).

2 Freilandhühner
1 EL Thymian (gehackt)
1 EL Rosmarin (gehackt)
1 EL Petersilie (grob geschnitten)
16 dünne Scheiben Hamburger Speck
4 EL Olivenöl

Salz, Pfeffer, etwas Paprikapulver

Nährwert pro Portion
1.149 kcal; 127 g EW; 71 g Fett; 2 g KH; 0 BE; 504 mg Chol.

Couscous mit Paradeisern und Gurken

4 Portionen, Zubereitung ca. 20 Minuten (zum Ziehen 2 Stunden)

Gurke evtl. schälen, der Länge nach halbieren, wenn nötig entkernen. Gurke und Paradeiser in Würfel schneiden.
Couscous, Öl, Paradeiser, Schalotten, Knoblauch, Zitronensaft, Fond, Salz und Pfeffer vermischen und mindestens 2 Stunden ziehen lassen.
Salat anrichten und mit Basilikum garnieren.

1 Salatgurke
4 Fleischparadeiser
250 g Couscous
4 EL Olivenöl
2 Schalotten (fein geschnitten)
2 Knoblauchzehen (gehackt)
Saft 1 Zitrone
100 ml Hühnerfond
Basilikum

Salz, weißer Pfeffer

Nährwert pro Portion
355 kcal; 8,7 g EW; 11 g Fett; 53 g KH; 4 BE; 0 mg Chol.

Knoblauchrahm

4 Portionen, Zubereitung ca. 15 Minuten

Knoblauch grob hacken und in kochendem Wasser kurz blanchieren (nimmt die Schärfe). Mit Zitronensaft, Salz, Pfeffer und Dotter verrühren, mit dem Stabmixer aufmixen, dabei das Öl langsam zugießen (wie für Mayonnaise). Sauerrahm mit der Gabel einrühren.

20 g Knoblauch
1 Spritzer Zitronensaft
2 Dotter
100 ml Rapsöl, 100 ml Olivenöl
3 EL Sauerrahm

Salz, weißer Pfeffer aus der Mühle

Nährwert pro Portion
496 kcal; 2,1 g EW; 54 g Fett; 2 g KH; 0 BE; 125 mg Chol.

Das große Grillfest

Lammkoteletts
4 Portionen, Zubereitung ca. 20 Minuten (plus Zeit zum Marinieren)

¾ kg Lammkoteletts
2 Knoblauchzehen
8 Kapern
4 EL Olivenöl
Saft von ½ Zitrone
½ TL Thymian (gehackt)

Salz, Pfeffer aus der Mühle

Nährwert pro Portion
*490 kcal; 33 g EW; 38 g Fett;
3 g KH; 0 BE; 120 mg Chol.*

1. Knoblauch und Kapern hacken. Mit Öl, Zitronensaft, Thymian verrühren. Lammkoteletts damit einstreichen, mindesten 2 Stunden, besser über Nacht ziehen lassen.

2. Lammkoteletts erst knapp vor dem Grillen salzen und pfeffern. Koteletts scharf anbraten, dann bei geringer Hitze ziehen lassen (ca. 8 Minuten).

125 ml Wasser
50 ml Weißweinessig
40 g Kristallzucker
1 Prise Salz
20 g Minzeblätter (geschnitten)
100 ml Olivenöl
50 g Pinienkerne (geröstet, gehackt)

Nährwert pro Portion
*337 kcal; 3,2 g EW; 31 g Fett;
11 g KH; 0 BE; 0 mg Chol.*

Minzpesto
4 Portionen, Zubereitung ca. 20 Minuten

Wasser mit Essig, Zucker und Salz aufkochen, erkalten lassen.
Minze zugeben, mit dem Stabmixer pürieren. Pinienkerne zugeben, Olivenöl langsam einmixen.

1 Melanzani
2 Zucchini
2 Tomaten
2 Paprika (gelbe oder rote)

Salz, Pfeffer aus der Mühle, Öl

Nährwert pro Portion
*84 kcal; 4 g EW; 3 g Fett;
9 g KH; 0 BE; 0 mg Chol.*

Gegrilltes Gemüse
4 Portionen, Zubereitung ca. 30 Minuten

Melanzani in 1cm dicke Scheiben schneiden (Brotschneidemaschine), leicht salzen und 10 Minuten ziehen lassen.
Zucchini in Scheiben schneiden. Tomaten halbieren. Paprika in Spalten schneiden. Gemüse salzen, pfeffern, mit Öl marinieren und grillen.

Das große Grillfest

Entrecôtes
4 Portionen, Zubereitung ca. 20 Minuten

4 Scheiben Entrecôte (je 180–200 g)
Grobes Meersalz
Grob gestoßener schwarzer Pfeffer
6 EL Öl

Nährwert pro Portion
427 kcal; 37,2 g EW; 31 g Fett; 0 g KH; 0 BE; 114 mg Chol.

Fleischscheiben salzen, pfeffern, mit Öl einstreichen, auf jeder Seite 4 Minuten scharf anbraten, dann bei geringer Hitze fertig grillen (je nach Dicke 5–7 Minuten), jedenfalls gerade so lange, dass das Fleisch innen noch blutig, zumindest aber rosa ist (alles andere ist Verschwendung!).

Erdäpfel in Alufolie
4 Portionen, Zubereitung ca. 1 Stunde

Erdäpfel bissfest kochen, abseihen und halbieren. Erdäpfel auf Alufolie legen, Knoblauch, Thymian, Rosmarin und Salz darüber streuen, mit Öl beträufeln, in der Folie einschlagen und für ca. 30 Minuten an den Rand des Rostes legen.

800 g kleine Erdäpfel
Grobes Meersalz
Thymian, Rosmarin
Knoblauch (gehackt)
3 EL Olivenöl
Alufolie

Nährwert pro Portion
217 kcal; 4,4 g EW; 8 g Fett; 31 g KH; 2,5 BE; 0 mg Chol.

BBQ*-Sauce
4 Portionen, Zubereitung ca. 30 Minuten

Schalotten und Knoblauch in Olivenöl anschwitzen, Paprikawürfel zugeben und kurz anziehen lassen. Die restlichen Zutaten zugeben, einmal aufkochen, würzen. Sauce erkalten lassen.

* Kürzel für Barbecue

2 Schalotten (fein geschnitten)
1 Knoblauchzehe (fein geschnitten)
2 EL Olivenöl
1 gelber Paprika (in feine Würfel geschnitten)
180 g Ketchup
1 EL Petersilie (gehackt)
150 g Ananas (in feine Würfel geschnitten)
1 Spritzer Tabasco
1 Spritzer Worcestershiresauce

Salz, Pfeffer, Cayennpfeffer

Nährwert pro Portion
141 kcal; 2,3 g EW; 5 g Fett; 20 g KH; 1,2 BE; 0 mg Chol.

Das große Grillfest

Melonen-Lassi
4 Portionen, Zubereitung ca. 10 Minuten (zum Kühlen ca. 2 Stunden)

Etwas Melonenfruchtfleisch für die Einlage in Würfel schneiden. Restliches Fruchtfleisch und übrige Zutaten mixen, Melonenwürfel zugeben. Lassi für 2 Stunden kalt stellen.

400 g Jogurt
100 ml Milch
100 ml Mineralwasser
300 g Melonenfruchtfleisch (von Wasser-, Honig- oder Zuckermelonen)
Evtl. etwas Zucker

Nährwert pro Portion
110 kcal; 4,6 g EW; 5 g Fett; 11 g KH; 1 BE; 17 mg Chol.

Grilltipps:
Nehmen Sie Grillgut rechtzeitig aus der Kühlung, Fleisch soll temperiert sein. Lassen Sie mariniertes Fleisch gut abtropfen oder verwenden Sie gegebenenfalls Grilltassen zum Grillen, damit keine Flüssigkeit in die Glut tropft. Grillen Sie immer nur so viel, wie gerade benötigt wird. Jeder Gast soll sein Stück frisch vom Grill bekommen!

Fleisch: Besonders saftig werden marmorierte Stücke, die zart mit Fett durchzogen sind (Entrecôte, Beiried, Hüftsteak), Rindfleisch soll mindestens 3 Wochen gereift sein. Gut zum Grillen ist auch Faschiertes geeignet – auf Spießen oder als Laibchen.

Grillspieße: Streichen Sie Holzspieße vorher mit Öl ein, das Fleisch lässt sich dann beim Essen leicht von den Spießen streifen.

Fleischstücke immer mit einer Grillzange wenden. Fleisch nicht anstechen, damit kein Saft verloren geht.

Wenn Sie im Freien grillen, empfiehlt sich ein Kugelgriller – da ist selbst überraschender Regen kein Problem: Deckel drauf und weiter geht's.

Geben Sie das Grillgut immer erst auf den Rost, wenn die Kohlen von einer weißen Ascheschicht überzogen sind.

Durch unterschiedliche Verteilung der Kohlen erhalten Sie verschiedene Hitzezonen am Grill: Wo mehr Kohlen glühen, entsteht größere Hitze. Eine dünnere Kohlenschicht, etwa am Rand des Grillers, erzeugt weniger Hitze – der ideale Platz zum Nachziehenlassen von Fleischstücken oder zum Braten von zartem Gemüse.

Kinderparty

Fitness-Brötchen, Paprika mit Tofu-Sesamcreme und Karotten-Käsecreme-Häppchen
Rote Kinder-Bowle mit Früchten
Fruchtsalat mit Mandelcreme

Kinder wollen in erster Linie fröhlich-buntes Essen. Mütter wollen, dass ihre Kleinen etwas Gesundes zu sich nehmen. Mit diesen farbenfrohen Gerichten werden beide Ansprüche erfüllt. Und rechnen Sie damit, dass auch Erwachsene mitnaschen wollen!

Zeitplan für stressfreie Kochfreuden:
2 Stunden vorher:
- Die Bowle zubereiten und kühl stellen.
- Brotaufstriche zubereiten.
- Fruchtsalat und Mandelcreme zubereiten, beides zugedeckt kühl stellen.

Kurz vorher:
- Brötchen streichen und garnieren.
- Fruchtsalat rechtzeitig aus dem Kühlschrank nehmen, er soll Raumtemperatur haben.

Tipp:
Lassen Sie doch man die Kleinen ran. Die Gerichte sind so einfach, dass sie auch von Kindern ohne Mühe zubereitet werden können. Und es kann ohne weiteres passieren, dass dabei noch neue Kreationen entstehen.

Kinderparty

Fitness-Brötchen
8 Stück, Zubereitung ca. 25 Minuten

1. Eier hart kochen, kalt abschrecken und in kaltem Wasser auskühlen lassen. Essiggurken abtropfen lassen.

2. Eier schälen. Eier und Essiggurken fein hacken. Frühlingszwiebel putzen, waschen, der Länge nach halbieren, dann quer in dünne Scheiben schneiden. Radieschen putzen, waschen und in Spalten schneiden.

3. Hüttenkäse mit Eiern, Gurken und Zwiebel vermischen und mit Salz und Pfeffer würzen.

4. Brote mit dem Aufstrich bestreichen, diagonal halbieren und mit Radieschenstücken garnieren.

4 Scheiben Vollkornbrot

Aufstrich:
2 Eier
2 Essiggurken
1 Frühlingszwiebel
4 Radieschen
250 g Hüttenkäse

Salz, Pfeffer

Nährwert pro Portion
117 kcal; 6,5 g EW; 3,7 g Fett; 13 g KH; 1 BE; 70 mg Chol.

Paprika mit Tofu-Sesamcreme
8 Stück, Zubereitung ca. 20 Minuten

Sesam in einer Pfanne so lange trocken erhitzen, bis die Körner anfangen hochzuspringen. Sesam auf einen Teller leeren.

Paprika waschen, halbieren, Strunk, Kerne und Trennwände entfernen. Jede Hälfte der Länge nach in 4 gleich breite Schiffchen schneiden.

Salatblätter waschen und halbieren. Schnittlauch fein schneiden. Zwiebel schälen. Zwiebel und Kapern fein hacken. Tofu unter kaltem Wasser spülen, trockentupfen und mit einer Gabel fein zerdrücken.

Tofu, Öl, Sojasauce und Senf mit einem Mixstab zu einer glatten Creme pürieren, Sesam, Kapern und Zwiebel unterrühren. Sesamcreme mit Salz und Chili würzen.

Paprikaschiffchen mit Salat belegen, dann aus der Tofumasse mit einem kleinen Löffel Nockerln abstechen und auf das Salatblatt setzen. Schiffchen mit Schnittlauch bestreut anrichten.

1 gelber Paprika
4 kleine grüne Salatblätter
1 Bund Schnittlauch

Tofucreme:
2 EL ungeschälter Sesam
30 g Zwiebel
2 TL kleine Kapern
200 g Tofu
1 EL Olivenöl
2 TL Sojasauce
1 TL Dijon-Senf

Salz, Chili

Nährwert pro Portion
67 kcal; 2,3 g EW; 4,7 g Fett; 2,6 g KH; 0,2 BE; 0 mg Chol.

Kinderparty

Karotten-Käsecreme-Häppchen
8 Stück, Zubereitung ca. 25 Minuten

1. Gouda kurz in den Tiefkühler legen. Gurke waschen, der Länge nach halbieren und in dünne Scheiben schneiden. Paprika waschen, Strunk, Kerne und Trennwände entfernen. Paprika in schmale Dreiecke schneiden. Kresseblättchen von den Stielen schneiden.

2. Schnittlauch fein schneiden. Karotte waschen und putzen. Karotte und Käse fein raspeln. Frischkäse mit Karotten, Käse, Schnittlauch und Petersilie verrühren und mit Salz, Pfeffer und einigen Tropfen Zitronensaft würzen.

3. Brote mit dem Aufstrich bestreichen und mit Gurkenscheiben, Paprikastücken und Kresseblättchen garniert anrichten.

8 runde Scheiben Vollkornbrot
½ Salatgurke
½ roter Paprika
1 Pkg. Gartenkresse

Käsecreme:
1 Bund Schnittlauch
100 g Karotten
100 g junger Gouda
100 g Frischkäse (z. B. Gervais)
1 EL Petersilie (gehackt)

Salz, Pfeffer, Zitronensaft

Nährwert pro Portion
182 kcal; 6,2 g EW; 8,9 g Fett; 17,3 g KH; 1,4 BE; 29 mg Chol.

Rote Kinder-Bowle mit Früchten
6 Portionen, Zubereitung ca. 30 Minuten

Mandarinenkompott in einem Sieb gut abtropfen lassen. Ananas schälen, dann die braunen Vertiefungen ausschneiden. Ananas vierteln, Strunk ausschneiden. Mango dünn schälen (am besten mit einem Sparschäler), auf die Spitze stellen und das Fruchtfleisch in 2 großen Stücken vom Kern schneiden. Am Kern verbliebenes Fruchtfleisch ebenfalls abschneiden. Mango- und Ananas-Fruchtfleisch in kleine Stücke schneiden.

Ribisel-Sirup mit Mineralwasser, Mandarinensaft und Honig verrühren, Früchte untermischen. Sternfrucht in 6 ca. ½ cm dicke Scheiben schneiden und an einer Seite nicht zu tief einschneiden. Bowle in Gläser füllen und die Fruchtscheiben auf die Glasränder stecken.

1 kleine Dose Mandarinen-Kompott oder 1 Mandarine
100 g frische Hawaii-Ananas
1 Mango
100 ml roter Ribisel-Sirup
600 ml Mineralwasser
300 ml Mandarinen- oder Orangensaft (frisch gepresst)
1 EL Honig
100 g Himbeeren (evtl. TK)

Garnitur:
1 Sternfrucht (Karambola)

Nährwert pro Portion
131 kcal; 1 g EW; 0,3 g Fett; 29,3 g KH; 2,4 BE; 0 mg Chol.

Kinderparty

Fruchtsalat mit Mandelcreme
6 Portionen, Zubereitung ca. 30 Minuten

Zutaten:
2 Orangen
1 kleine Papaya
1 Kiwi
300 g frische Hawaii-Ananas
1 kleine Zuckermelone
1 Apfel
200 g blaue Trauben
100 g Kirschen
Saft von 2 Orangen
½ EL Honig
4 EL Granatapfelkerne

Nährwert pro Portion
169 kcal; 2 g EW; 2,9 g Fett; 30 g KH; 2,5 BE; 0 mg Chol.

1. Kappen der Orangen abschneiden und die Orangen so schälen, dass das Fruchtfleisch frei liegt. Die Orangenspalten (Filets) zwischen den Trennhäuten herausschneiden. Orangenreste mit der Hand auspressen, den Saft auffangen.

2. Papaya, Kiwi und Ananas schälen. Von der Ananas die braunen Vertiefungen ausschneiden. Ananas vierteln, Strunk ausschneiden, Fruchtfleisch in kleine Stücke schneiden. Papaya und Kiwi der Länge nach, Melone am „Äquator" halbieren. Aus den Papaya- und Melonenhälften die Kerne mit einem Suppenlöffel entfernen.

3. Papaya und Kiwi quer in dünne Scheiben schneiden. Aus der Melone mit einem Kugelausstecher gleich große Stücke ausstechen. Apfel vierteln, Kerngehäuse ausschneiden, Fruchtfleisch in kleine Stücke schneiden. Trauben halbieren und entkernen. Kirschen waschen, entstielen und eventuell entkernen.

4. In einer Schüssel Orangensaft und den aus den Resten gepressten Saft mit Honig verrühren, die Früchte behutsam untermischen. Salat in Schüsseln anrichten. Aus der Mandelcreme mit einem großen Löffel Nockerln ausstechen und auf die Fruchtsalatportionen setzen. Mit Granatapfelkernen bestreuen.

Mandelcreme
6 Portionen, Zubereitung ca. 20 Minuten

Zutaten:
200 ml Jogurt
2 EL Honig
4 EL Mandelmus
200 ml Schlagobers
2 Pkg. Vanillezucker

Nährwert pro Portion
134 kcal; 2,7 g EW; 11,2 g Fett; 6,3 g KH; 0,5 BE; 26 mg Chol.

Jogurt, Honig und Mandelmus mit dem Handmixer (Schneebesen) glatt rühren. Schlagobers mit Vanillezucker steif schlagen und unter die Mandelcreme heben.

Kühles für heiße Tage

Gekühlte Erdäpfelsuppe mit Basilikum und Garnelen-Spießchen
Nudelsalat mit Artischocken, Prosciutto und Kapern
Mandelschaumtörtchen mit Beeren

Der Sommer hat uns wieder. Das Essen wird im Freien eingenommen, auf der Terrasse, unter dem Sonnenschirm. Leicht soll es sein, erfrischend und möglichst wenig Aufwand soll es bereiten. Ein kühles Süppchen zum Auftakt, knackiger Salat gefolgt von marinierten gartenfrischen Beeren.

Zeitplan für stressfreie Kochfreuden:
4 Stunden vorher:
- Erdäpfelsuppe zubereiten und kalt stellen.
- Mürbteig für die Törtchen zubereiten.

2 Stunden vorher:
- Törtchen backen, Ribisel-Erdbeersauce zubereiten.

1 Stunde vorher:
- Nudeln kochen, Zutaten für den Salat vorbereiten.

Kurz vorher:
- Nudelsalat marinieren.
- Garnelenspieße braten.
- Törtchen mit Ribisel-Erdbeersauce füllen.

Getränketipps:
Erdäpfelsuppe: Typische Sommerweine, junge, leichte, trockene Weißweine passen fein zum molligen Süppchen. Aus Rücksicht auf die Garnelenspießchen sollten diese nicht allzu viel Säure aufweisen.

Nudelsalat: Der Salat lässt an Italien denken, auch der begleitende Wein darf aus dieser Richtung kommen: Pinot grigio aus dem Friaul, Soave aus dem Veneto oder ein fruchtiger Rosé aus dem sonnigen Süden unterstreichen den sommerlichen Charakter des Gerichtes.

Mandelschaumtörtchen: Ein Rosé-Sekt oder ein fruchtiger Spumante aus Asti wird das Desssert kongenial begleiten.

Kühles für heiße Tage

Gekühlte Erdäpfelsuppe mit Basilikum und Garnelen-Spießchen

4 Portionen, Zubereitung ca. 30 Minuten (zum Kühlen ca. 4 Stunden)

1. Erdäpfel schälen und in ca. ½ cm große Stücke schneiden. Suppe mit Milch aufkochen, Erdäpfel und zerdrückten Knoblauch zugeben und darin weich kochen (dauert ca. 10 Minuten).

2. Erdäpfel aus der Suppe heben, durch eine Erdäpfelpresse drücken und mit der Suppe verrühren. Suppe salzen, pfeffern, mit Frischhaltefolie zudecken und ca. 4 Stunden kühlen.

3. Für die Garnitur jeweils 3 Garnelen auf einen Spieß stecken und mit Salz, Pfeffer und einigen Tropfen Zitronensaft würzen. Oliven in kleine Stücke, Basilikumblätter in Streifen schneiden und mit der Suppe vermischen. Suppe in gekühlten Tellern anrichten und mit den Garnelen-Spießen garniert servieren.

Suppe:
300 g Erdäpfel (mehlig)
500 ml klare Gemüsesuppe
200 ml Milch
2 kleine Knoblauchzehen

Garnitur:
12 Cocktailgarnelen (essfertig)
10 schwarze Oliven (entkernt)
½ Bund Basilikum

Salz, Pfeffer, Zitronensaft

Nährwert pro Portion
146 kcal; 6,2 g EW; 6 g Fett; 15 g KH; 1,1 BE; 28 mg Chol.

Kühles für heiße Tage

Nudelsalat mit Artischocken, Prosciutto und Kapern
4 Portionen, Zubereitung ca. 30 Minuten

200 g Farfalle
40 g Rucola
8 marinierte Artischocken
150 g Prosciutto
 (geschnitten)
12 Kapernbeeren mit Stiel
60 ml Weißweinessig
70 ml Olivenöl

Salz, Pfeffer, Öl

Nährwert pro Portion
416 kcal; 14 g EW; 23 g Fett;
37 g KH; 2,9 BE; 66 mg Chol.

1. Salzwasser mit einem Schuss Öl aufkochen und die Farfalle darin bissfest kochen. Abseihen, kalt abschrecken und abtropfen lassen.

2. Rucola putzen, waschen und die groben Stiele entfernen. Artischockenherzen abtropfen lassen und halbieren oder vierteln. Prosciutto quer halbieren und einrollen.

3. Essig mit Salz, Pfeffer und 2 EL Wasser vermischen, Öl unter kräftigem Rühren zugießen. Nudeln, Kapern, Artischocken und Rucola mit der Marinade vermischen. Salat mit den Prosciutto-Röllchen garnieren.

Kühles für heiße Tage

Mandelschaumtörtchen mit Beeren
8 Stück, Zubereitung ca. 2 Stunden (zum Rasten ca. 2 Stunden)

1. Für den Teig Butter in kleine Stücke schneiden. Mehl, Nüsse und Zucker mischen und mit der Butter verbröseln. Das Ei in den Teig kneten. Teig in Frischhaltefolie wickeln und 2 Stunden kühl rasten lassen.

2. Backrohr auf 190 °C vorheizen. Tartelette-Förmchen (Ø 8 cm, Höhe 2 cm) vorbereiten. Teig nochmals gut durchkneten, auf einer leicht bemehlten Arbeitsfläche ca. 3 mm dick ausrollen, auf die Förmchen legen und mit einem Rollholz behutsam darüber rollen, dabei wird der Teig in der Größe der Förmchen ausgestochen. Teig in die Förmchen drücken, Abschnitte entfernen. Teig mit einer Gabel mehrmals einstechen.

3. Törtchen auf den Gitterrost stellen, im Rohr (mittlere Schiene) ca. 5 Minuten backen, herausnehmen und überkühlen lassen. Rohrtemperatur auf 180 °C reduzieren.

4. Für die Mandelmasse Marzipan kleinwürfelig schneiden und verrühren. Ei und Dotter nach und nach zugeben und die Masse cremig rühren. Butter mit Staubzucker gut cremig rühren und in die Marzipanmasse rühren. Mehl unterheben. Masse in einen Dressiersack mit glatter Tülle (Ø 12 mm) füllen, in die Förmchen dressieren und im Rohr (mittlere Schiene / Gitterrost) ca. 18 Minuten backen. Aus dem Rohr nehmen und überkühlen lassen. Törtchen aus den Förmchen lösen und auf ein Backblech legen.

5. Backrohr auf Grillstellung vorheizen. Eiklar mit Zucker zu steifem Schnee schlagen und in einen Dressiersack mit Sterntülle (Ø ca. 10 mm) füllen. Schnee ringförmig auf die Törtchen dressieren, Törtchen im Rohr (mittlere Schiene) kurz überbräunen; dauert nur wenige Minuten.

6. Törtchen mit Staubzucker bestreuen, Ribisel-Erdbeersauce in die Mitte füllen. Mit Ribiselrispen und übriger Sauce servieren.

Mürbteig:
75 g Butter
125 g glattes Mehl
40 g Walnüsse (gerieben)
50 g Rohzucker (fein)
1 Ei

Mandelmasse:
150 g Rohmarzipan
1 Ei
1 Dotter
150 g Butter
75 g Staubzucler
75 g glattes Mehl

Schaummasse:
2–3 Eiklar
80 g Kristallzucker

Garnitur:
Ribisel-Erdbeersauce (siehe Rezept)
8 Ribiselrispen

Mehl, Staubzucker

Nährwert pro Portion
468 kcal; 8,3 g EW; 33,4 g Fett; 64,1 g KH; 5,2 BE; 217 mg Chol.

Ribisel-Erdbeersauce
Zubereitung ca. 10 Minuten

Ribiseln abrebeln. Erdbeeren putzen, waschen und in kleine Stücke schneiden. Mit Staubzucker und Cassis fein pürieren. Ribiseln einrühren.

250 g Ribiseln
100 g Erdbeeren
25 g Staubzucker
1 EL Cassis

Fleischloses Glück

Kalte Paradeiser-Marillen-Suppe mit Chili
Melanzani-Röllchen mit Basilikumfond
Süßes Erbsenmus mit Melonen

Nur Gemüse! Was nach Einschränkung klingen mag, eröffnet in Wirklichkeit eine unendliche Vielfalt. Wagen Sie sich doch auch einmal an ungewohnte Kombinationen: Paradeiser und Marillen zum Beispiel oder Erbsen mit Melone. Klingt exotisch und schmeckt himmlisch.

Zeitplan für stressfreie Kochfreuden:
Am Vortag bzw. 8 Stunden vorher:
- Paradeiser-Marillen-Suppe zubereiten und kalt stellen.
- Süßes Erbsenmus zubereiten und kalt stellen.

Mindestens 1 Stunde vorher:
- Melanzani-Röllchen backfertig vorbereiten.
- Melonen-Garnitur zubereiten.

Frisch zubereiten:
- Melanzani-Röllchen backen.

Getränketipps:
Melanzani-Röllchen: Gut fährt man in jedem Fall mit einem nicht zu aromatischen und nicht zu kräftigen Weißwein: Weißburgunder wäre zu den Melanzani-Röllchen eine gute Wahl – die nussigen Töne des Weines vertragen sich sicher gut mit der Pilzfülle.

Süßes Erbsenmus: Zu diesem außergewöhnliches Dessert passt ein Wein, der fast schon Seltenheitswert hat, die Rede ist vom Goldburger; konkret raten wir zu einer Auslese.

Fleischloses Glück

Kalte Paradeiser-Marillen-Suppe mit Chili

4 Portionen, Zubereitung ca. 50 Minuten (zum Kühlen ca. 8 Stunden)

1. Paradeiser in kleine Stücke schneiden. Chilischote putzen (evtl. Kerne entfernen) und in kleine Stücke schneiden. Zwiebel schälen und in ca. ½ cm große Stücke schneiden.

2. Zwiebel in Butter hell anschwitzen, Paradeiser und Chili zugeben und kurz mitrösten. Suppe zugießen und ca. 20 Minuten köcheln. Vom Herd nehmen, mit einem Stabmixer fein pürieren, salzen, pfeffern und auskühlen lassen. Suppe mit Frischhaltefolie zudecken und ca. 8 Stunden kühlen.

3. Für die Einlage Marillen entkernen, in ca. ½ cm dicke Spalten schneiden und unter die Suppe mischen. Suppe anrichten und rasch servieren. Dazu passen Taco-Chips.

600 g gut reife Paradeiser
1 kleine Chilischote
1 mittlere Zwiebel
20 g Butter
400 ml klare Gemüsesuppe
2 gut reife Marillen

Salz, Pfeffer

Nährwert pro Portion
*101 kcal; 2,9 g EW; 5 g Fett;
10 g KH; 0,2 BE; 12 mg Chol.*

Fleischloses Glück

Melanzani-Röllchen mit Basilikumfond

4 Portionen (à 2 Stück), Zubereitung ca. 1 ½ Stunden (zum Marinieren der Melanzani 40 Minuten)

1. Melanzani der Länge nach in 8 ca. ½ cm dicke Scheiben schneiden (Brotschneidemaschine), beidseitig salzen und auf einem Tuch ca. 40 Minuten ziehen lassen.

2. Für die Fülle Mozzarella abtropfen lassen und in dünne Scheiben schneiden. Schwammerln putzen, kleinwürfelig schneiden, in Öl anrösten, Brösel zugeben und kurz mitrösten. In eine Schüssel füllen, mit Parmesan, Basilikum, Salz, Pfeffer und Knoblauch würzen.

3. Backrohr auf 200 °C vorheizen. Auflaufform mit Butter ausstreichen.

4. Melanzanischeiben trockentupfen, mit Fülle bestreichen, mit Mozzarella belegen und eng einrollen. Röllchen mit Zahnstochern fixieren, in die Form legen und ca. 30 Minuten im Rohr (mittlere Schiene / Gitterrost) backen.

5. Gegen Ende der Garzeit für den Fond Suppe aufkochen, vom Herd nehmen und durch Einrühren der kalten Butterstücke binden. Basilikum einrühren. Melanzaniröllchen mit dem Fond anrichten.

1 mittlere Melanzani (ca. 300 g)

Fülle:
200 g Mozzarella
150 g Schwammerln
2 EL Öl
50 g Semmelbrösel
30 g Parmesan (frisch gerieben)
2 EL Basilikum (fein geschnitten)
5 kleine Knoblauchzehen (klein geschnitten oder zerdrückt)

Fond:
150 ml klare Gemüsesuppe
50 g kalte Butterstücke
1 EL Basilikum (fein geschnitten)

Salz, Pfeffer, Butter

Nährwert pro Portion
393 kcal; 16 g EW; 31 g Fett; 14 g KH; 0,8 BE; 65 mg Chol.

Fleischloses Glück

Süßes Erbsenmus mit Melonen
4 Portionen, Zubereitung ca. 30 Minuten (zum Festwerden 7 Stunden)

70 g Kristallzucker
2 EL Zitronensaft
Schale von ½ Zitrone
   (unbehandelt)
150 g TK-Erbsen
2 Blatt Gelatine
150 g weiße Kuvertüre
125 ml Schlagobers
1 Ei

Garnitur:
¼ Honigmelone
¼ Zuckermelone
   (je ca. 150 g)
1 EL Zitronensaft

Salz, Minze

Nährwert pro Portion
511 kcal; 10,6 g EW; 18 g Fett;
67 g KH; 5,6 BE; 99 mg Chol.

1 Förmchen (Inhalt 125 ml) mit kaltem Wasser ausspülen. 250 ml Wasser mit Zucker, Zitronensaft, abgeriebener Zitronenschale und 1 Prise Salz verrühren und aufkochen. Erbsen darin weich kochen (ca. 3 Minuten), abseihen, abschrecken, gut abtropfen lassen und fein pürieren.

2 Gelatine in kaltem Wasser einweichen. Kuvertüre in kleine Stück brechen und im Wasserbad schmelzen. Obers schlagen und kühl stellen. Ei in einem zweiten Wasserbad dickcremig aufschlagen und vom Herd nehmen. Gelatine gut ausdrücken und in der Eimasse auflösen.

3 Kuvertüre vom Dampf nehmen, Eimasse, Erbsenpüree und die Hälfte des Obers einrühren, restliches Obers unterheben. Mus in die Förmchen füllen, mit Frischhaltefolie zudecken und ca. 7 Stunden kühlen.

4 Für die Garnitur Melonen schälen, Kerne entfernen. Melonen in ca. ½ cm dicke Stifte schneiden und mit Zitronensaft vermischen.

5 Förmchen kurz in heißes Wasser tauchen, Mus auf Teller stürzen, mit Melonenstiften und Minze garniert servieren.

Urlaubsstimmung

Empanadillas con Jamon y Aceitunas
Pécena Orada s bijelim Lukom i Pomodorima
Involtini di vitello
Crème brûlée au Framboises

Wenn sich das Beste aus Europas Küchen zu einem fulminanten Menü vereint, so ist das Eklektizismus vom Feinsten. Wenn dann noch die eine oder andere Urlaubserinnerung mitschwingt, verlangt die Geschichte ganz sicher nach einer Wiederholung.

Zeitplan für stressfreie Kochfreuden:
4 Stunden vorher:
- Crème brulée zubereiten und kalt stellen.
- Grießmasse (Gnocchi) zubereiten und auskühlen lassen.

1–2 Stunden vorher:
- Empanadillas backfertig vorbereiten.
- Brassen bratfertig vorbereiten.
- Involtini bratfertig vorbereiten.

Kurz vorher:
- Empanadillas backen.
- Involtini bis Punkt 4 zubereiten.

Frisch zubereiten:
- Goldbrasse braten.
- Involtini fertig stellen, Gnocchi braten.

Getränketipps:
Empanadillas: Nichts anderes als den meistgetrunkenen Aperitif-Wein Spaniens, trockener Fino-Sherry, gehört zu den Empanadillas.

Orada: Die Brasse nach adriatischer Manier wird stilecht von einem friulanischen Tocai oder einem dalmatinischen Zilavka begleitet.

Involtini: Ein italienischer Rotwein gibt die idealtypische Begleitung zu den pikanten Röllchen ab, zu bevorzugen sind samtiger Merlot oder unprätentiöser Barbera.

Crème brûlée: Stilecht ist zu diesem klassischen Dessert ein französischer Süßwein gefordert, passend wäre ein „Muscat de Beaumes des Venise" von der südlichen Rhône.

Urlaubsstimmung

Empanadillas con Jamon y Aceitunas – Teigtäschchen mit Schinken und Oliven gefüllt

4 Portionen (à 2 Stück), Zubereitung ca. 45 Minuten

1 Das Backrohr auf 220 °C vorheizen, Backblech mit Backpapier belegen.

2 Eier schälen und grob hacken. Oliven und Schinken in kleine Stücke schneiden und mit den Eiern, Käse, Basilikum, Salz und Pfeffer vermischen.

3 Teig auf einer bemehlten Arbeitsfläche ausrollen und das Papier abziehen. Aus dem Teig 8 Scheiben (Ø 10 cm) ausstechen. Etwas außerhalb der Mitte jeder Scheibe etwas von der Fülle setzen und die Ränder dünn mit Dotter bestreichen. Den Teig über die Fülle klappen und die Ränder mit einer Gabel zusammendrücken.

4 Täschchen mit Dotter bestreichen, auf das Blech setzen und im Rohr (mittlere Schiene) 15 Minuten backen. Täschchen mit dem Olivenöl anrichten.

1 Pkg. Blätterteig (330 g; backfertig)
2 verquirlte Dotter (zum Bestreichen)
125 ml Olivenöl

Fülle:
4 Eier (hart gekocht)
40 g grüne Oliven (entkernt)
70 g gekochter Schinken
30 g Cheddar oder milder Bergkäse (gerieben)
½ EL Basilikum (geschnitten)

Salz, Pfeffer, Mehl

Nährwert pro Portion
455 kcal; 11,8 g EW; 34 g Fett; 26 g KH; 2,1 BE; 209 mg Chol.

Tipp:
Wenn man Empanadillas mit den Fingern isst, taucht man jeden Bissen kurz in Olivenöl. Isst man sie mit Besteck, beträufelt man die einzelnen Stücke nach dem Aufschneiden mit Olivenöl.

Pécena Orada s bijelim Lukom i Pomodorima – Gegrillte Goldbrasse mit Knoblauch und Paradeiser

4 Portionen, Zubereitung ca. 35 Minuten

4 kleine Goldbrassen (à ca. 250 g; ausgenommen und geschuppt)
4 EL frische Kräuter (Dille, Petersilie)
10 EL Olivenöl
16 Knoblauchzehen (ungeschält)
8 mittlere Paradeiser (mit Stielen)
60 ml Weißwein

Meersalz, Mehl

Nährwert pro Portion
517 kcal; 50 g EW; 27,5 g Fett; 14 g KH; 0 BE; 180 mg Chol.

1. Backrohr auf 220 °C vorheizen. Backblech mit hohem Rand ins Rohr (untere Schiene) schieben.

2. Goldbrassen trockentupfen und die Bauchhöhlen mit den Kräutern füllen. Die Haut beidseitig im Abstand von ca. 2 cm nicht zu tief einschneiden.

3. Fische salzen und in Mehl wenden. Ca. 7 EL vom Öl auf dem heißen Backblech verteilen, Fische und Knoblauch darauf legen und im Rohr 16–20 Minuten braten. Nach halber Garzeit Fische wenden, Paradeiser zugeben und mit übrigem Olivenöl beträufeln.

4. Gegen Ende der Garzeit Wein zugießen. Blech aus dem Rohr nehmen, Fische mit Paradeisern und Knoblauch anrichten. Bratensaft in einen kleinen Topf gießen, erhitzen und über die Fische träufeln.

Urlaubsstimmung

Involtini di vitello – Kalbfleischröllchen
4 Portionen, Zubereitung ca. 45 Minuten

1 Für die Fülle Brot in kleine Würfeln schneiden und mit Obers übergießen. Faschiertes mit Ei, Salz, Pfeffer, Rosmarin und Brot vermischen.

2 Schnitzel zwischen Frischhaltefolie behutsam klopfen und mit dem Faschierten bestreichen. Am unteren Rand die Lebern auflegen, die Schnitzel straff einrollen und mit Zahnstochern fixieren.

3 In einer Pfanne Öl erhitzen. Röllchen salzen, pfeffern, im Öl rundum anbraten und aus der Pfanne nehmen.

4 Bratrückstand mit Wein und Marsala ablöschen und ein wenig einkochen lassen. Wasser zugießen und aufkochen. Röllchen einlegen und zugedeckt bei schwacher Hitze ca. 15 Minuten dünsten. Dabei öfters wenden.

5 Röllchen aus der Sauce nehmen, Zahnstocher entfernen und stattdessen die Rosmarinzweige hineinstecken. Röllchen warm stellen.

6 Stärke mit 2 TL Wasser glatt rühren. Sauce aufkochen, Stärkemischung einrühren und die Sauce nochmals aufkochen. Röllchen mit der Sauce und den Gnocchi anrichten.

8 magere Kalbsschnitzel (à 60 g)
3 EL Olivenöl
4 kl. Rosmarinzweige (mit dicken Stielen)

Fülle:
2 Scheiben Toastbrot
4 EL Schlagobers
150 g Faschiertes (gemischt)
1 Ei
1 TL Rosmarin (fein geschnitten)
4 Hühnerlebern (8 Hälften)

Sauce:
100 ml Rotwein
60 ml Marsala
250 ml Wasser
½ TL Speisestärke
2 TL Wasser

Salz, Pfeffer, Muskatnuss, Butter zum Bestreichen

Nährwert pro Portion
524 kcal; 45,4 g EW; 29 g Fett; 14 g KH; 0,8 BE; 465 mg Chol.

Gnocchi alla romana – Grießnockerln
4 Portionen, Zubereitung ca. 40 Minuten (zum Auskühlen ca. 1 Stunde)

Backblech mit Frischhaltefolie glatt auslegen. Milch mit Salz und Muskatnuss aufkochen, Grieß unter Rühren einrieseln lassen und dickcremig einkochen. Masse vom Herd nehmen, ca. 3 Minuten abkühlen lassen, dann Ei einrühren. Grießmasse auf dem Blech 1½ –2 cm hoch verstreichen und ca. 1 Stunde auskühlen lassen. Masse mit Hilfe der Folie vom Backblech heben und in Rauten schneiden.
Backrohr auf Grillstellung vorheizen. Backblech dünn mit Öl bestreichen, die Rauten darauf legen, mit Parmesan bestreuen und im Rohr (mittlere Schiene) ca. 8 Minuten goldbraun überbacken.

300 ml Milch
130 g feiner Weizengrieß
1 Ei
40 g Parmesan (gerieben)

Salz, Muskatnuss, Öl

Nährwert pro Portion
243 kcal; 11 g EW; 11 g Fett; 26 g KH; 2,1 BE; 77 mg Chol.

Crème brûlée au Framboises – Vanillecreme mit Himbeeren

4 Portionen, Zubereitung ca. 1 ¼ Stunden (zum Kühlen ca. 1 Stunde)

1 Vanilleschote
400 ml Schlagobers
4 Dotter
60 g Kristallzucker
150 g Himbeeren

Staubzucker, Minze

Nährwert pro Portion
*514 kcal; 5,8 g EW; 44 g Fett;
24 g KH; 1,9 BE; 365 mg Chol.*

1. Backrohr auf 150 °C vorheizen. Keramik-Auflaufförmchen (Inhalt ca. 150 ml) vorbereiten.

2. Vanilleschote der Länge nach aufschneiden und das Mark auskratzen. Obers mit Dottern, Zucker und Vanillemark gut verrühren und in die Förmchen füllen.

3. Förmchen in eine Metallform mit dünnem Boden stellen. So viel kochendes Wasser zugießen, dass die Förmchen halbhoch im Wasserbad stehen. Cremen im Rohr (untere Schiene / Gitterrost) ca. 50 Minuten gar ziehen lassen, herausnehmen und ca. 1 Stunde kühlen.

4. Vor dem Servieren Backrohr auf Grillstellung vorheizen. Cremen dünn mit Staubzucker bestreuen und im Rohr (mittlere Schiene / Gitterrost) goldbraun überbacken (ca. 5 Minuten). Cremen aus dem Rohr nehmen und auskühlen lassen. Mit Himbeeren und Minze garniert servieren.

Fernweh

Minestrone mit weißen Bohnen und Fisolen
Spanischer Reis mit Hühnerfleisch und Gemüse
Mango-Gratin

Die wahren Abenteuer sind im Kopf und am Gaumen werden sie zum Leben erweckt. Düfte und Aromen halten Erinnerungen frisch und stillen Sehnsüchte. Die Suppe – typisch italienisch, das Hauptgericht – wenn Ihnen das nicht spanisch vorkommt. Das Dessert – lassen Sie Ihre Gedanken Richtung Indien ziehen.

Zeitplan für stressfreie Kochfreuden:

8 Stunden vorher:
- Bohnen einweichen.

1 Stunde vorher:
- Reispfanne zubereiten.
- Bohnen kochen, Gemüse für die Suppe vorbereiten.
- Mango-Gratin backfertig vorbereiten.

½ Stunde vorher:
- Suppe fertig stellen.
- Mango-Gratin backen.

Getränketipps:

Minestrone: Zur italienischen Suppe wird stilgerecht ein italienischer Weißwein ins Glas gegossen: Milder Soave classico oder friulanischer Ribolla gialla bringen gute Eignung als Idealbesetzung mit.

Spanischer Reis: Nahe liegend dazu wäre ein weißer Rioja. Als österreichische Alternative bietet sich eine kräftige weiße Burgunder-Cuvée an.

Mango-Gratin: Ein fast kalorienfreies Dessert, zu dem Sie sich eine kleine, süße Sünde in Form eines Eisweines vergönnen sollten.

Fernweh

Minestrone mit weißen Bohnen und Fisolen
4 Portionen, Zubereitung ca. 1 ¼ Stunden (zum Einweichen der Bohnen 6 Stunden)

1 Bohnen 6 Stunden in kaltem Wasser einweichen.

2 Bohnen abseihen. Zwiebel und Knoblauch schälen und fein hacken. Bohnen, Zwiebeln, Knoblauch, 1 EL Öl und das Lorbeerblatt mit 1 l kaltem Wasser zum Kochen bringen. Bohnen darin weich kochen (ca. 50 Minuten; im Schnellkochtopf ca. 20 Minuten).

3 Während die Bohnen kochen, das Gemüse waschen und putzen. Fisolen in 3 cm lange Stücke, Karotte, Sellerie und Lauch in dünne Scheiben schneiden. Kräuter abspülen, abtropfen lassen. Petersilie fein hacken. Basilikum in feine Streifen schneiden.

4 Paradeiser kurz in kochendes Wasser legen, abziehen und grob hacken. Restliches Öl erhitzen. Paradeiser und je 1 TL Oregano und Thymian zugeben und unter Rühren zu einer dicken Sauce einkochen.

5 Minestrone mit Gemüsesuppe würzen. Fisolen und Karotten dazugeben, zugedeckt 5 Minuten leicht kochen. Sellerie und Lauch zugeben, zugedeckt 5 Minuten leicht kochen. Paradeissauce unterrühren und 3 Minuten leicht kochen.

6 Minestrone vom Herd nehmen, die Kräuter untermischen. Minestrone mit Salz und Pfeffer abschmecken.

---

100 g weiße Bohnen (getrocknet)
1 Zwiebel
3 Knoblauchzehen
2 EL Olivenöl
1 Lorbeerblatt
100 g Fisolen
1 Karotte
1 Stange Sellerie
100 g Lauch
Einige Zweige Petersilie
1 Bund Basilikum
300 g Paradeiser

Salz, Pfeffer, Oregano, Thymian, Instant-Gemüsesuppe

Nährwert pro Portion
163 kcal; 12,2 g EW; 6 g Fett; 18 g KH; 0,8 BE; 0 mg Chol.

Fernweh

Spanischer Reis mit Hühnerfleisch und Gemüse

4 Portionen, Zubereitung ca. 40 Minuten

1 große Zwiebel
3 Knoblauchzehen
300 g Paradeiser
1 roter Paprika
1 grüner Paprika
400 g Hühnerbrust
250 g Risottoreis
500 ml klare Gemüsesuppe
1 Pkg. Safranfäden (0,5 g)
2 EL Olivenöl
8 schwarze Oliven
 (in Salzlake eingelegt)
Zitronenscheiben

Salz, Pfeffer, evtl. Gemüsesuppe

Nährwert pro Portion
425 kcal; 28 g EW; 8 g Fett;
56 g KH; 3,8 BE; 66 mg Chol.

1. Zwiebel und Knoblauch schälen und fein hacken. Paradeiser kurz in kochendes Wasser legen, abziehen, in Stücke schneiden. Paprika waschen, putzen und in Streifen schneiden. Hühnerfleisch abspülen, trockentupfen und in Würfel schneiden. Reis in einem Sieb abspülen und gut abtropfen lassen.

2. Gemüsesuppe mit den Safranfäden zum Kochen bringen.

3. Öl in einem flachen Topf erhitzen. Zwiebeln darin bei milder Hitze langsam goldgelb braten, dabei öfter umrühren. Knoblauch und Paprika zugeben, leicht salzen, unter Rühren kurz anbraten. Paradeiser zugeben und unter Rühren etwas einkochen. Hühnerfleisch zugeben, mit Pfeffer würzen und unter Rühren kurz dünsten.

4. Den Reis unterrühren, mit der heißen Safran-Gemüsesuppe aufgießen und bei schwacher Hitze garen. (Der Reis soll nicht zu trocken werden, wenn nötig, noch etwas Gemüsesuppe zugießen.) Reis mit Oliven und Zitronenscheiben garniert servieren.

Fernweh

Mango-Gratin
2 Portionen, Zubereitung ca. 30 Minuten

1. Backrohr auf 200 °C vorheizen. Eine kleine Auflaufform dünn mit der Butter ausstreichen.

2. Mango dünn schälen (am besten mit einem Sparschäler), Fruchtfleisch auf beiden Seiten des flachen Kerns als 3 mm dünne Scheiben abschneiden, dann quer halbieren. Restliches Fruchtfleisch als dünne Scheiben vom Kern schneiden. Mangos dachziegelartig in die Auflaufform legen.

3. Jogurt, Ei, Zimt und Süßstoff verquirlen, über die Mango gießen und ca. 20 Minuten (mittlere Schiene / Gitterrost) backen.

1 Mango (gut reif; ca. 450 g)
100 g MagerJogurt
1 Ei
Ein paar Tropfen flüssiger Süßstoff
1–2 MS Zimt
½ TL Butter

Nährwert pro Portion
220 kcal; 6 g EW; 6 g Fett; 32 g KH; 2,6 BE; 132 mg Chol.

Crossover

Hühnersuppe mit Nudeln, Gemüse und Pilzen
Schweinsrückensteaks mit Paprika-Käsekruste
Palatschinkensackerl mit Erdbeer-Topfenfülle

Essen hat so etwas wunderbar Völkerverbindendes an sich. Hier gibt es keine Fremdwörter, es geht lediglich um die lustvolle Entdeckung neuer Aromen und Geschmäcker. In der fröhlichen Crossover-Küche dürfen Sie sich nach einer asiatischen Hühnersuppe auf ein altösterreichische Palatschinkendessert freuen.

Zeitplan für stressfreie Kochfreuden:

6 Stunden vorher:
- Hühnersuppe bis inkl. Punkt 3 vorbereiten.
- Käsemasse für die Steaks zubereiten.
- Erdäpfel-Schichtkuchen zu-, Lauchröllchen vorbereiten.
- Palatschinken backen.

Mindestens 1 Stunde vorher:
- Fülle und Sauce für die Palatschinkensackerln zubereiten.

Frisch zubereiten:
- Fleisch braten und überbacken. Sauce zubereiten.
- Beilagen fertig stellen, Erdäpfel-Schichtkuchen aufwärmen.
- Palatschinken füllen und die Sackerln backen.

Getränketipps:

Schweinsrückensteak: Bevorzugt man Weißwein, empfiehlt sich ein kräftiger Chardonnay oder Grüner Veltliner. Besser wird allerdings ein junger, fruchtiger Rotwein passen. Blauer Portugieser oder Südtiroler St. Magdalener wären zwei mögliche „Kandidaten".

Palatschinkensackerln: Wirkliche Harmonie wird mit einem Süßwein schwer zu erzielen sein. Schon besser gelingt es mit einem Glas Schaumwein, der im Idealfall halbtrocken sein darf.

Crossover

Hühnersuppe mit Nudeln, Gemüse und Pilzen

4 Portionen, Zubereitung ca. 1 Stunde

1 Lorbeerblatt, evtl. Kräuterstiele, Suppengrün waschen, schälen und in ca. 2 cm große Stücke schneiden. Ca. 1½ l Wasser mit Gemüse, Lorbeerblatt, Salz, Pfefferkörnern und, wenn vorhanden, Kräuterstielen aufkochen. Hühnerkeulen einlegen und bei schwacher Hitze ca. 35 Minuten köcheln; aufsteigenden Schaum mit einem Siebschöpfer entfernen.

2 Inzwischen Pilze in wenig kaltem Wasser einweichen. Glasnudeln laut Packungsanleitung zubereiten und gut abtropfen lassen. Karotten schälen und in Würfel schneiden. Romanesco in Röschen teilen. Gemüse in Salzwasser kochen, abseihen, abschrecken und gut abtropfen lassen. Pilze abtropfen lassen und in Stücke schneiden.

3 Hühnerkeulen aus der Suppe heben und in kaltem Wasser abschrecken. Fleisch von den Knochen lösen und in mundgerechte Stücke schneiden. Suppe durch ein feines Sieb gießen, auf ca. 800 ml einkochen, mit Salz und Pfeffer abschmecken. Schnittlauch fein schneiden.

4 Suppe erhitzen, Gemüse, Pilze, Hühnerfleisch und Nudeln darin erwärmen. Suppe mit Schnittlauch bestreut servieren.

2 Hühnerkeulen (ohne Haut)
½ Bund Suppengrün
1 Lorbeerblatt
Evtl. Kräuterstiele

Einlage:
4 g Mu-Err-Pilze (getrocknet)
20 g Glasnudeln
100 g Karotten
100 g Romanesco
½ Bund Schnittlauch

Salz, Pfeffer, 6 Pfefferkörner

Nährwert pro Portion
234 kcal; 10,6 g EW; 13 g Fett; 6,5 g KH; 0,5 BE; 87 mg Chol.

Crossover

Schweinsrückensteaks mit Paprika-Käsekruste
4 Portionen, Zubereitung ca. 20 Minuten

1. Paprika in sehr kleine Würfel schneiden, mit Crème fraîche, Dotter, Parmesan und Majoran verrühren. Masse mit Salz und Pfeffer würzen.

2. Backrohr auf Grillstellung vorheizen. Eine Auflaufform dünn mit Butter ausstreichen.

3. Steaks ein wenig flach drücken, mit Salz und Pfeffer würzen. Öl erhitzen, Steaks darin beidseitig braten (ca. 2 Minuten), aus der Pfanne heben und in die vorbereitete Form legen. Mit der Krustenmasse bestreichen und im Rohr (mittlere Schiene / Gitterrost) überbacken.

4. Inzwischen Bratrückstand mit Bratensaft aufgießen und aufkochen. Fleisch aus dem Rohr nehmen, mit der Sauce und den Beilagen anrichten.

4 Scheiben vom Schweinsrückenfilet (à ca. 100 g)
3 EL Öl
200 ml Bratensaft

Kruste:
Je ca. 50 g roter und grüner Paprika
125 g Crème fraîche
1 Dotter
80 g Parmesan (gerieben)
1 EL Majoran (gehackt)

Salz, Pfeffer, Butter

Nährwert pro Portion
377 kcal; 28 g EW; 25,3 g Fett; 3,8 g KH; 0,3 BE; 172 mg Chol.

Lauchröllchen
4 Portionen, Zubereitung ca. 20 Minuten

Lauch putzen und in 4 Stücke schneiden. Jedes Lauchstück mit einem Schnittlauchhalm binden. Butter bis zum Aufschäumen erhitzen, Lauchstücke einlegen, mit Suppe aufgießen und zugedeckt bei schwacher Hitze ca. 8 Minuten dünsten. Lauch mit wenig Salz und Pfeffer würzen.

200 g Lauch
1 EL Butter
80 ml klare Suppe
8 Schnittlauchhalme

Salz, Pfeffer

Nährwert pro Portion
43 kcal; 1 g EW; 3,3 g Fett; 1,8 g KH; 0,1 BE; 9 mg Chol.

Erdäpfel-Schichtkuchen
4 Portionen, Zubereitung ca. 50 Minuten

Erdäpfel weich kochen, Wasser abgießen und die Erdäpfel ca. 5 Minuten zugedeckt ausdampfen lassen. Eier in Dotter und Klar trennen. Erdäpfel schälen und noch heiß durch eine Erdäpfelpresse drücken. Crème fraîche, Butter, Salz, Pfeffer, Muskatnuss und Dotter in die Erdäpfelmasse rühren. Eiklar zu cremigem Schnee schlagen und unterheben. Backrohr auf Grillstellung vorheizen. Eine flache Auflaufform mit Backpapier auslegen. Eine dünne Schicht Erdäpfelmasse in die Form streichen und im Rohr (mittlere Schiene / Gitterrost) kurz goldbraun backen. Diesen Vorgang mit der übrigen Masse wiederholen. Kuchen aus der Form stürzen und in Stücke schneiden.

500 g mehlige Erdäpfel
2 Eier
125 g Crème fraîche
60 g Butter

Salz, Pfeffer, Muskatnuss

Nährwert pro Portion
337 kcal; 6,5 g EW; 25,4 g Fett; 19,7 g KH; 1,6 BE; 183 mg Chol.

Crossover

Palatschinkensackerln mit Erdbeer-Topfenfülle
4 Portionen, Zubereitung ca. 1 Stunde

Palatschinken:
80 g glattes Mehl
180 ml Milch
20 g Kristallzucker
2 EL Öl
1 kleine Prise Salz
2 Eier
1 Pkg. Pistazien
 (25 g; fein gehackt)

Fülle:
100 g Erdbeeren
180 g Topfen
70 g Biskottenbrösel
½ Pkg. Vanillezucker
1 TL Zitronensaft
1 TL frische Minze
 (gehackt)

Öl, Salz, Minzeblätter, Staubzucker

Nährwert pro Portion
366 kcal; 12,6 g EW; 16 g Fett; 39 g KH; 2,9 BE; 181 mg Chol.

1 Mehl mit Milch, Zucker, Öl und Salz verquirlen. Eier und Pistazien untermischen. Teig ca. 15 Minuten rasten lassen.

2 Erdbeeren putzen, kurz waschen, trockentupfen und in kleine Stücke schneiden. Topfen mit Biskottenbröseln, Vanillezucker, wenig Salz, Zitronensaft, Minze und den Erdbeerstücken vermischen.

3 Aus dem Teig 4 Palatschinken (Ø ca. 20 cm) backen, nebeneinander auflegen und auskühlen lassen.

4 Backrohr auf 180 °C vorheizen. Backblech mit Backpapier belegen. Jede Palatschinke mit einem Viertel der Fülle belegen und zu einem Sackerl zusammenfassen. Sackerln mit Gummiringerln verschließen, auf das Blech setzen und im Rohr (mittlere Schiene) ca. 20 Minuten backen.

5 Palatschinkensackerln aus dem Rohr nehmen und kurz auskühlen lassen. Gummiringerln aufschneiden und entfernen. Die Palatschinkensackerln mit Staubzucker bestreuen, mit der Nougatsauce anrichten und mit Minzeblättern garnieren.

100 g Nougat
150 ml Milch

Nährwert pro Portion
142 kcal; 2,5 g EW; 27 g Fett; 18 g KH; 1,5 BE; 5 mg Chol.

Nougatsauce
4 Portionen, Zubereitung ca. 10 Minuten

Nougat in Stücke schneiden. Milch aufkochen, Nougat darin unter Rühren auflösen. Sauce bei schwacher Hitze ca. ½ Minute köcheln, vom Herd nehmen und abkühlen lassen. Vor dem Anrichten mit einem Schneebesen aufrühren.

Sommer-Fit

Caesar´s Salad
Gebratene Putenwürfel mit Schwammerln und Sellerie
Melonen-Cocktail mit jamaikanischem Kokos-Minze-Sorbet

Hier kommt der absolute „Heiße-Tage-Hit". Dieses 3-Gang-Menü ist schnell und einfach zubereitet, leicht, bekömmlich und, weil einhändig essbar, höchst Garten-Party-tauglich! Ach ja, und man fühlt sich danach völlig unbeschwert!

Zeitplan für stressfreie Kochfreuden:
2 Stunden vorher:
- Erdäpfel kochen und bratfertig vorbereiten.
- Zutaten für den Salat marinierfertig vorbereiten.
- Kokossauce (Dessert) zubereiten, Melonen marinieren.

1 Stunde vorher:
- Zutaten für das Hauptgericht bratfertig vorbereiten.

Frisch zubereiten:
- Putenfleisch und Rosmarin-Erdäpfel braten.

Getränketipps:
Caesar's Salad: Wenn zum Salat Wein serviert wird, darf dieser ruhig eine etwas rassigere Säure aufweisen. Greifen Sie zum Beispiel zu Grünem Veltliner auf dem Weinviertel, der sich mit seiner pfeffrigen Würze nicht so leicht unterkriegen lässt.

Gebratene Putenwürfel: Hierzu bieten sich eine Vielzahl weißer Weine an: Vom cremigen Weißburgunder und Chardonnay – ohne Barrique – bis zum gereiften Grünen Veltliner reicht die mögliche Bandbreite.

Melonen-Cocktail: Ein nicht ganz trockener Prosecco („dry") wird die erfrischende Wirkung des Melonen-Cocktails angenehm unterstützen.

Sommer-Fit

Caesar's Salad
4 Portionen, Zubereitung ca. 20 Minuten

1 Für die Garnitur Toastbrot entrinden und in ca. 1 cm große Stücke schneiden. In einer Pfanne Öl erhitzen, Brot darin goldgelb braten und auf Küchenpapier abtropfen lassen.

2 Für die Marinade Sardellenfilets trockentupfen, fein hacken, mit zerdrücktem Knoblauch, Zitronensaft, Dotter und 1 Prise Pfeffer vermischen. Olivenöl unter Rühren zugießen.

3 Salat putzen, zerpflücken, waschen und abtropfen lassen. Salat mit der Marinade und den Parmesanraspeln vermischen, mit Petersilie und Brotwürfeln bestreuen und mit gehobeltem Parmesan garniert servieren.

½ Römischer Salat (Romana)
2 Sardellenfilets
1 Knoblauchzehe
2 EL Zitronensaft
1 Dotter
100 ml Olivenöl

Garnitur:
2 Scheiben Toastbrot
3 EL Öl
½ EL Petersilie (gehackt)
2 EL Parmesan (grob geraspelt)

Pfeffer, Öl, Parmesan

Nährwert pro Portion
437 kcal; 7,3 g EW; 41 g Fett; 11 g KH; 0,9 BE; 69 mg Chol.

Sommer-Fit

Gebratene Putenwürfel mit Schwammerln und Sellerie

4 Portionen, Zubereitung ca. 30 Minuten

400 g Putenbrust
125 g Eierschwammerln
1 Schalotte
5 EL Olivenöl
½ EL frische Thymianblättchen (grob gehackt)
2 EL Balsamessig
80 g Stangensellerie
120 ml klare Suppe
1 EL kalte Butterstücke

Salz, Pfeffer

Nährwert pro Portion
249 kcal; 25,5 g EW; 16 g Fett; 1 g KH; 0 BE; 66 mg Chol.

1 Schwammerln putzen, eventuell kurz waschen und trockentupfen. Schalotte schälen und kleinwürfelig schneiden. Schwammerln in 3 EL Öl rasch anbraten, Schalotten zugeben und kurz mitbraten. Thymian einstreuen und mit Balsamessig ablöschen, Schwammerln in eine Schüssel geben und zugedeckt beiseite stellen.

2 Sellerie schälen und in ca. 3 cm lange Stifte schneiden. Putenfleisch in ca. 2 cm große Stücke schneiden.

3 Fleisch salzen, pfeffern und in 2 EL Öl rundum braten. Sellerie zugeben und mitbraten. Fleisch und Sellerie behutsam unter die Schwammerln mischen. Bratrückstand mit Suppe ablöschen und um ein Drittel einkochen. Saft durch Einrühren der Butter binden. Putenwürfel mit dem Gemüse anrichten, mit dem Saft beträufeln und mit den Rosmarin-Erdäpfeln servieren.

500 g speckige Erdäpfel
2 EL Öl
½ EL frischer Rosmarin (grob gehackt)

Meersalz, Pfeffer

Nährwert pro Portion
134 kcal; 2,6 g EW; 5 g Fett; 19 g KH; 1,5 BE; 0 mg Chol.

Rosmarin-Erdäpfel

4 Portionen, Zubereitung ca. 45 Minuten

Erdäpfel kochen, abseihen und auskühlen lassen. Erdäpfel schälen und vierteln. In einer Pfanne Öl erhitzen, Erdäpfel darin goldbraun braten. Gegen Ende der Garzeit Hitze reduzieren, Rosmarin einstreuen und mitbraten. Erdäpfel mit Meersalz und Pfeffer würzen.

Sommer-Fit

Melonen-Cocktail mit jamaikanischem Kokos-Minze-Sorbet

4 Portionen, Zubereitung ca. 25 Minuten (zum Gefrieren insgesamt ca. 2 Stunden)

1. Melonen entkernen. Aus dem Fruchtfleisch kleine Kugeln ausstechen oder das Fruchtfleisch in kleine Stücke schneiden. Melonenstücke mit Orangen- und Limettensaft vermischen und kurz ziehen lassen.

2. Für das Sorbet die Blättchen von 6 Minzezweigen fein hacken. Kokosmilch, Milch, Zucker, Minze, Ingwer und Limettenschale vermischen, in die Eismaschine geben und zu Eis rühren. (Oder die Mischung in den Tiefkühler stellen und alle 20 Minuten mit dem Schneebesen durchrühren; insgesamt 1 ½ Stunden kühlen. Das Sorbet soll cremige Konsistenz haben.)

3. Feigen vierteln. Melonensalat mit Feigen anrichten. Obenauf eine Kugel Kokos-Minze-Sorbet geben und mit der restlichen Minze garnieren.

Salat:
400 g Galia-Melone (Netzmelone)
400 g Zuckermelone
400 g Wassermelone
Saft von 1 Orange
2 TL Limetten- oder Zitronensaft
4 frische Feigen

Sorbet:
8 Zweige frische Minze
200 g Kokosmilch (ungesüßt)
200 ml Magermilch
2–3 EL Zucker
1 TL frischer Ingwer (fein gehackt)
1 TL Limettenschale (fein gehackt)

Nährwert pro Portion
244 kcal; 6 g EW; 8 g Fett; 35 g KH; 3,5 BE; 1 mg Chol.

Herbst

Herbst

Zeit der Ernte. Warmes Licht fällt auf goldenes Laub, das Land duftet nach reifen Früchten und kühler Erde. Wir erfreuen uns am jungen Wein, an den ersten Kastanien, an Äpfeln, Pilzen und an den letzten Beeren. Und wir sind im Dauer-Einmach-Einsatz. Kürbisgemüse, die süß-saure Delikatesse, wird im Winter mit hausgemachter Pastete und kalter Platte auf den Tisch kommen und den Gästen viele freudige Aahs und Oohs entlocken. Der vor gar nicht allzu langer Zeit von Feinschmeckern schnöde verschmähte Kürbis hat sich als absolutes Trendgemüse etabliert. Kenner wissen, dass Muskatkürbis die beste Wahl zum Einlegen ist, während der orangefleischige Butternusskürbis perfekt für Suppen und der mehlige Hokkaido fantastisch zum Schmoren im Rohr geeignet ist. Und dass der weiße Patisson, unter Eingeweihten kurz „Ufo" genannt, am besten schon im Sommer, wenn er maximal handtellergroß ist, verspeist wird.

Die schönsten Anlässe zum Feiern im Herbst:
Schulbeginn
Halloween (31.10.)
Martini (11.11.)
Wild- und Kürbiszeit

Herbst

Vitaminbombe: der gute Apfel

Es gibt viele gute Gründe, in den süßen Apfel zu beißen. Abgesehen von seinen gesundheitlichen Werten (täglich ein Apfel spart den Arzt), genießt er auch in der guten Küche hohes Ansehen. Optisch sollte man sich nicht von überdimensionierten Prachtkerlen blenden lassen: Meist schmecken die kleinen, unscheinbaren Früchte besser, einfach, weil sie natürlich und ohne Chemie gewachsen sind. Dann kann auch die Schale, in der besonders viele wertvolle Stoffe stecken, bedenkenlos gegessen werden.

Nüsse: Brainfood

Walnüsse, Haselnüsse, Mandeln, Pignoli … Davon darf, ja soll man täglich gemütlich naschen, eine Hand voll etwa. Das bekommt den grauen Zellen besonders gut, stärkt Gedächtnis und Nervenkostüm. Die beste Nahrung also für Kopfarbeiter.

Tipps: Weil Walnusskerne rasch verderben, friert man sie am besten schon im Herbst ein, aus dem Kälteschlaf geholt sind sie bereits nach wenigen Minuten genussfertig.
Haselnüsse schmecken geschält und geröstet am allerbesten: Nüsse auf einem Backblech verteilen, bei 180 Grad im Rohr ca. 10 Minuten rösten, auf ein Küchentuch leeren und die Schale abreiben.

Eingelegter Kürbis mit Zwetschken

3 Gläser à 250 ml, Zubereitung ca. 30 Minuten (zum Marinieren ca. 1 Monat)

- 250 g Kürbis
- 180 g Zwetschken
- 1 Vanilleschote
- 200 g Kristallzucker
- 200 ml Wasser
- 1 kleines Stück Zimtrinde
- 1 Gewürznelke
- ½ TL Weißweinessig
- Je 8 schwarze, weiße und grüne Pfefferkörner

Kürbis schälen und entkernen. Fruchtfleisch in 1–2 cm große Stücke schneiden, Zwetschken halbieren und entkernen, evtl. nochmals halbieren.
Vanilleschote der Länge nach aufschneiden und das Mark herauskratzen.
Zucker mit Wasser aufkochen (eventuell entstehenden Schaum entfernen), Essig, Vanillemark, Vanilleschote, Zimtrinde, Nelke und Pfefferkörner untermischen und den Fond einige Minuten ziehen lassen.
Kürbisstücke zugeben, einmal aufkochen, Zwetschken untermengen und kurz erhitzen. Mischung in gut gereinigte Gläser füllen und mit Fond gut bedeckt aufgießen. Gläser verschließen und auf den Kopf gestellt auskühlen lassen. Kürbis am besten 1 Monat ziehen lassen.

Drei-Länder-Klassik

Zwiebelsuppe mit Toast und pochiertem Wachtelei
Nudelteig-Tascherln mit Tunfisch-Oliven-Fülle
Kalbsroulade mit Apfel-Maroni-Fülle und Orangensauce
Grießauflauf mit Dörrzwetschken

Lieben Sie italienische Pasta, französische Zwiebelsuppe und schätzen Sie Handarbeit? In diesem Menü weht der Hauch der großen klassischen Küche und Sie müssen nicht Bocuse heißen um es in vier fulminanten Gängen locker auf den Tisch zu zaubern.

Zeitplan für stressfreie Kochfreuden:
3–4 Stunden vorher:
- Zwiebelsuppe zubereiten.
- Erdäpfel-Birnen backfertig vorbereiten.
- Nudelteig-Tascherln kochfertig vorbereiten.
- Sauce zu den Nudeln zubereiten.
- Rouladen bratfertig vorbereiten.

Mindestens 1 Stunde vorher:
- Masse für die Grießaufläufe zubereiten, in die Förmchen füllen.
- Schokoladesauce zubereiten.
- Kohlgemüse zubereiten.

Kurz vorher:
- Rouladen braten, in der Sauce ziehen lassen.

Frisch zubereiten:
- Suppe erhitzen; gleichzeitig Wachteleier pochieren und Brote toasten.
- Teigtaschen kochen.
- Erdäpfel-Birnen backen.
- Grießaufläufe garen.

Getränketipps:
Zwiebelsuppe: Ihrer Herkunft entsprechend harmoniert ein Gewürztraminer oder Riesling aus dem Elsass; zum kräftigen Typus der Zwiebelsuppe passt aber auch ein herbes Pils.
Nudelteig-Tascherln: Dem Charakter des Gerichtes entsprechend wird ein Rosé gute Figur machen.
Kalbsroulade: Reife, kräftige Vertreter aus der Burgunderfamilie empfehlen sich zu dieser Kreation: Chardonnay, Grauburgunder oder – für Rotweinliebhaber – ein eleganter Pinot noir.
Grießauflauf: Der Ruster Ausbruch ist eine einzigartige regionale Spezialität und neben dem ungarischen Tokajer der ideale Wein zu Trockenfrüchten.

Drei-Länder-Klassik

Zwiebelsuppe mit Toast und pochiertem Wachtelei
4 Portionen, Zubereitung ca. 45 Minuten

1 Zwiebeln schälen, halbieren und in dünne Scheiben schneiden. Zwiebeln in Öl hellbraun rösten, dabei immer wieder umrühren. Mit Wein und Suppe ablöschen und aufkochen, mit Salz, Pfeffer und Rosmarin würzen und bei mittlerer Hitze ca. 30 Minuten offen köcheln.

2 Backrohr auf Grillstellung vorheizen. Brote beidseitig hell toasten. Aus dem Brot Ringe (Ø 8 cm, innerer Ø 4 cm) ausstechen, mit Käse bestreuen und im Rohr goldbraun überbacken. Schnittlauch fein schneiden.

3 In einen mittleren Topf ca. 8 cm hoch Wasser füllen, mit 1 TL Essig mischen und bis knapp unter den Siedepunkt erhitzen.

4 Wachteleier nacheinander in Tassen schlagen (Dotter nicht verletzen!), einzeln ins Wasser gleiten lassen und mit dem Stiel eines Suppenlöffels in Form drücken. Eier ca. 1 Minute pochieren, mit einem Siebschöpfer herausheben.

5 Suppe mit Brot und Eiern als Einlage anrichten und mit Schnittlauch bestreuen.

500 g Zwiebeln
4 EL Öl
150 ml Weißwein
850 ml klare Gemüsesuppe

Einlage:
4 Scheiben Toastbrot
20 g Parmesan (gerieben)
1 Bund Schnittlauch
4 Wachteleier

Salz, Pfeffer, Rosmarin, Essig

Nährwert pro Portion
326 kcal; 11 g EW; 17 g Fett; 26 g KH; 1,6 BE; 124 mg Chol.

Drei-Länder-Klassik

Nudelteig-Tascherln mit Tunfisch-Oliven-Fülle
4 Portionen (à 5 Stück), Zubereitung ca. 40 Minuten (zum Rasten des Teiges ca. 1 Stunde)

1. Mehl auf eine Arbeitsfläche sieben und mit Ei, Dotter, Öl und 1 kleinen Prise Salz zu einem glatten Teig kneten. Teig in Frischhaltefolie wickeln und 1 Stunde rasten lassen.

2. Tunfisch in einem Sieb gut abtropfen lassen und mit einer Gabel zerdrücken. Oliven entkernen. Oliven und Paradeiser kleinwürfelig schneiden. Topfen mit Tunfisch, Oliven, Paradeisern, Salz und Pfeffer verrühren.

3. Teig auf einer bemehlten Arbeitsfläche dünn ausrollen und in 20 Quadrate (ca. 7 x 7 cm) schneiden. In die Mitte jedes Quadrates Fülle setzen, Teigränder mit Eiklar bestreichen. Teig diagonal über die Fülle klappen und die Ränder gut zusammendrücken.

4. Salzwasser aufkochen, Tascherln einlegen, behutsam durchrühren und ca. 7 Minuten schwach wallend köcheln.

5. Inzwischen für die Sauce Zwiebel schälen, kleinwürfelig schneiden und mit Wein und Suppe aufkochen. Sauerrahm mit Mehl verquirlen, in die Suppe rühren und bei geringer Hitze ca. 5 Minuten köcheln, dabei immer wieder umrühren. Sauce mit Salz, Pfeffer und Zitronensaft würzen.

6. Vor dem Anrichten Petersilie in die Sauce rühren, Sauce mit einem Stabmixer aufschlagen. Tascherln abtropfen lassen, mit der Sauce anrichten und rasch servieren.

Nudelteig:
120 g glattes Mehl
1 Ei
1 Dotter
1 EL Öl

Fülle:
100 g Tunfisch (½ Dose)
Je 3 schwarze und grüne Oliven
1 kl. getrockneter Paradeiser (in Öl eingelegt)
70 g Topfen (10 % Fett)

Sauce und Garnitur:
½ kleine Zwiebel
50 ml Weißwein
150 ml klare Suppe
250 g Sauerrahm
2 gestr. EL glattes Mehl
4 EL Petersilie (grob gehackt)

Salz, Pfeffer, Zitronensaft, Mehl, Eiklar

Nährwert pro Portion
418 kcal; 17 g EW; 23 g Fett; 33 g KH; 2,2 BE; 174 mg Chol.

Drei-Länder-Klassik

Kalbsroulade mit Apfel-Maroni-Fülle und Orangensauce
4 Portionen, Zubereitung ca. 50 Minuten

4 Kalbsschnitzel (à 150 g)
1 Orange (unbehandelt)
450 ml Wild-Bratensaft

Fülle:
125 g TK-Kastanienreis
1 mittlerer Apfel (ca. 200 g)
1 TL Zitronensaft
1 EL Kräuter (gehackt)
8 Scheiben Frühstücksspeck
   (dünn geschnitten)

Salz, Pfeffer, Öl

Nährwert pro Portion
*335 kcal; 40 g EW; 8 g Fett;
25 g KH; 2,1 BE; 117 mg Chol.*

1 Für die Fülle Apfel schälen, das Fruchtfleisch grob abraspeln und mit Zitronensaft vermischen. Kastanienreis mit dem Apfel, Kräutern, Salz und Pfeffer vermischen.

2 Orangenschale in dünnen Streifen abheben, dann den Saft auspressen (ergibt ca. 60 ml).

3 Schnitzel zwischen Frischhaltefolie legen, behutsam klopfen, salzen und pfeffern. Jedes Schnitzel mit 2 Speckscheiben belegen, mit Fülle bestreichen, straff einrollen und mit Spagat binden.

4 Rouladen in wenig Öl rundum anbraten, Orangensaft zugießen. Pfanne zudecken, die Rouladen bei schwacher Hitze ca. 35 Minuten dünsten, dabei mehrmals wenden.

5 Die Rouladen aus der Pfanne heben, Spagat entfernen. Bratrückstand mit Bratensaft aufgießen, aufkochen und mit den Orangenstreifen verfeinern. Rouladen in der Sauce kurz erwärmen und mit den Beilagen anrichten.

200 g geputzter Kohl
2 Schalotten
1 EL rosa Pfefferbeeren
1 TL Butter
250 ml Schlagobers

Salz, Pfeffer

Nährwert pro Portion
*259 kcal; 3,5 g EW; 25 g Fett;
5 g KH; 0,1 BE; 82 mg Chol.*

Kohlgemüse
4 Portionen, Zubereitung ca. 30 Minuten

Kohl in ca. 1 cm breite Streifen schneiden. Schalotten schälen, kleinwürfelig schneiden und mit den Pfefferbeeren in der Butter anschwitzen. Obers zugießen und aufkochen. Kohl untermischen und bei schwacher Hitze dickcremig einkochen. Kohl salzen und pfeffern.

Drei-Länder-Klassik

Erdäpfel-Birnen
4 Portionen, Zubereitung ca. 45 Minuten

Erdäpfel schälen, in schneiden und in Salzwasser weich kochen. Erdäpfel abtropfen lassen und noch heiß durch eine Erdäpfelpresse drücken. Masse mit Dottern und Butter verrühren, mit Salz und Muskatnuss würzen. Aus der Masse 8 Kugeln, daraus Birnen formen. In Mehl, Ei und Bröseln panieren. Ein Stück Spaghetti als Stängel und Gewürznelken als Fruchtansatz einsetzen. Ca. 3 Finger hoch Öl erhitzen, Birnen darin schwimmend goldgelb backen. Mit einem Siebschöpfer herausheben und auf Küchenpapier abtropfen lassen.

500 g mehlige Erdäpfel
2 Dotter
30 g Butter
80 g glattes Mehl
1 Ei (verquirlt)
80 g Semmelbrösel
2 Spaghetti

Salz, Muskatnuss, Gewürznelken, Öl zum Backen

Nährwert pro Portion
384 kcal; 10 g EW; 17 g Fett; 48 g KH; 4 BE; 197 mg Chol.

Drei-Länder-Klassik

Grießauflauf mit Dörrzwetschken
4 Portionen, Zubereitung ca. 1 ¼ Stunden

1. Förmchen (Inhalt 150 ml) mit Butter ausstreichen, mit Staubzucker ausstreuen und kühl stellen.

2. Backrohr auf 180 °C vorheizen. Backblech mit höherem Rand ins Rohr (mittlere Schiene) schieben und halbhoch mit heißem Wasser füllen.

3. Zwetschken in ca. ½ cm große Stücke schneiden. Milch mit Vanillezucker, Butter, abgeriebener Zitronenschale und 1 kleinen Prise Salz aufkochen. Grieß unter Rühren einrieseln lassen und dickcremig einkochen. Masse vom Herd nehmen, in eine Schüssel füllen und abkühlen lassen.

4. Eier in Dotter und Klar trennen. Dotter mit 1 EL vom Zucker gut cremig rühren. Eiklar mit übrigem Zucker zu cremigem Schnee schlagen. Dottermasse und ein Drittel vom Schnee in die Grießmasse rühren, dann restlichen Schnee unterheben.

5. Die Förmchen zu ca. drei Vierteln mit der Grießmasse füllen, ins Wasserbad stellen und ca. 35 Minuten backen. Förmchen aus dem Rohr nehmen, Aufläufe auf Teller stürzen und mit der Schokoladesauce servieren.

Zutaten:
160 g Dörrzwetschken
200 ml Milch
1 Pkg. Vanillezucker
20 g Butter
Schale von ¼ Zitrone (unbehandelt)
40 g feiner Weizengrieß
2 Eier
2 EL Kristallzucker

Salz, Butter, Staubzucker

Nährwert pro Portion
301 kcal; 8 g EW; 11 g Fett; 40 g KH; 3,4 BE; 142 mg Chol.

Schokoladesauce
4 Portionen, Zubereitung ca. 20 Minuten

Wasser mit Vanillezucker und Zucker vermischen, aufkochen und vom Herd nehmen.
Schokolade und Rum einrühren und unter Rühren darin auflösen.
Schokoladesauce mit einem Stabmixer aufschlagen und ein wenig abkühlen lassen.

Zutaten:
125 ml Wasser
½ Pkg. Vanillezucker
80 g Kristallzucker
100 g Bitterschokolade (grob gehackt)

Nährwert pro Portion
184 kcal; 2,7 g EW; 5 g Fett; 32 g KH; 2,8 BE; 0 mg Chol.

Gansl-Kulinarium

Ganslsuppe mit Apfelkugeln und Leber
Gebratene Gans mit Rotweinsauce
Quitten-Mohn-Törtchen

Dem heiligen Martin sei Dank. Zumindest die Legende will es so, dass er als Schutzpatron des schnatternden Federviehs unter Feinschmeckern unzählige Verehrer hat. In diesem Menü kommt das feine Gansl zu doppelten Ehren, als saftiger Braten und davor noch als mollige Suppe.

Zeitplan für stressfreie Kochfreuden:
Am Vortag:
- Rotkraut marinieren.

5 Stunden vorher:
- Teig, Mohnfülle sowie das Quittenmus für die Quitten-Mohn-Törtchen zubereiten.

3 Stunden vorher:
- Gans waschen, binden und würzen.
- Ganslfond, Basis für die Suppe, zubereiten.

2 ½ Stunden vorher:
- Gansl ins vorgeheizte Rohr schieben.
- Rotkraut zubereiten, beiseite stellen und zum Anrichten erwärmen.
- Mürbteigböden für die Quitten-Mohn-Törtchen backen.

1 Stunde vorher:
- Erdäpfel für die Knödel kochen. Knödel formen, bis zum Kochen zugedeckt in den Kühlschrank stellen.

Frisch zubereiten:
- Erdäpfelknödel kochen.
- Quitten-Mohn-Törtchen fertig stellen.

Getränketipps:
Gebratene Gans: Gans versteht sich gut mit Rotweinen, die nicht zu kräftig und gerbstoffreich sind, absoluter „Liebling" ist Pinot noir. Auch mit einem jungen, fruchtigen Zweigelt, einem St. Laurent oder Merlot liegen Sie goldrichtig.

Quitten-Mohn-Törtchen: Warten Sie noch mit dem Kaffee und servieren Sie zu den fruchtigsaftigen Törtchen eine schöne Beerenauslese vom Riesling oder vom Welschriesling.

Gansl-Kulinarium

Ganslsuppe mit Apfelkugeln und Leber
4 Portionen, Zubereitung ca. 45 Minuten

1 Zwiebel schälen. Apfel vierteln und das Kerngehäuse ausschneiden. Zwiebel und Apfel kleinwürfelig schneiden und in Butter anschwitzen. Mehl einrühren und kurz mitrösten.

2 Einmach mit Wein und Ganslfond aufgießen, verrühren und mit Salz, Pfeffer und zerdrücktem Knoblauch würzen. Suppe bei schwacher Hitze ca. 20 Minuten köcheln.

3 Für die Einlage Apfel schälen, daraus Kugeln (Parisienne-Ausstecher) ausstechen und mit Zitronensaft vermischen. Butter in einer Pfanne aufschäumen, Apfelkugeln einlegen, mit Zucker bestreuen und unter Schwenken bissfest braten. Apfelkugeln aus der Pfanne nehmen.

4 In der gesäuberten Pfanne 2 EL Öl erhitzen und die Leber darin bei schwacher Hitze beidseitig braten. Leber auf Küchenpapier abtropfen lassen und in Scheiben schneiden.

5 Suppe mit einem Stabmixer fein pürieren und durch ein Sieb gießen, Crème fraîche einrühren. Suppe nochmals kurz aufkochen und mit einem Stabmixer aufschlagen.

6 Suppe mit Apfelkugeln und Leberscheiben anrichten und mit Majoran garnieren.

1 Zwiebel
1 Apfel
2 EL Butter
20 g glattes Mehl
70 ml Weißwein
1 l Ganslfond (siehe Rezept)
1 Knoblauchzehe
150 g Crème fraîche

Einlage:
1 mittlerer Apfel
2 EL Zitronensaft
1 EL Butter
1 gestr. EL Kristallzucker
Leber von 1 Gans
Majoranblättchen

Salz, Pfeffer, Öl

Nährwert pro Portion
579 kcal; 19,4 g EW; 45 g Fett; 23 g KH; 1,5 BE; 390 mg Chol.

Ganslfond
Ca. 1 l, Zubereitung ca. 2 Stunden

Gänseklein waschen und in ca. 2 l kaltem, leicht gesalzenem Wasser aufkochen. Zwiebel halbieren, Knoblauch grob hacken und mit einigen Pfefferkörnern, Lorbeerblatt und 1 MS Majoran in den Fond geben. Fond bei schwacher Hitze ca. 1 ½ Stunden köcheln, aufsteigenden Schaum immer wieder abschöpfen. Fond durch ein feines Sieb gießen – sollte ca. 1 Liter sein, eventuell einkochen oder mit Wasser ergänzen.

Gänseklein von 1 Gans (Flügerln, Hals, evtl. Karkasse vom gebratenen Gansl, Innereien ohne Leber)
1 kl. Zwiebel
1 Knoblauchzehe
1 Lorbeerblatt

Salz, Pfefferkörner, Majoran

Gansl-Kulinarium

Gebratene Gans mit Rotweinsauce
5 Portionen, Zubereitung ca. 2 ¾ Stunden

1 Gans (bratfertig; 2–3 kg)
100 ml Portwein
100 ml Rotwein
250 ml Bratensaft

Fülle:
1 Apfel
1 Orange (unbehandelt)
Kräuterblätter (Petersilie, Liebstöckel)
Salz, Majoran (getrocknet)

Nährwert pro Portion
761 kcal; 32,4 g EW; 62 g Fett; 11 g KH; 0,9 BE; 172 mg Chol.

1. Rohr auf 200 °C vorheizen. Apfel halbieren und das Kerngehäuse ausschneiden. Apfel und Orange ungeschält in 2–3 cm große Stücke schneiden.

2. Gans waschen, trockentupfen, innen und außen mit Salz und Majoran würzen, mit Kräuterblättern, Apfel- und Orangenstücken füllen und mit Spagat binden.

3. Backblech mit hohem Rand fingerhoch mit Wasser füllen. Gans mit der Brustseite nach unten hineinsetzen und im Rohr (unterste Schiene) ca. 1 Stunde braten – dabei immer wieder mit dem entstehenden Bratfett übergießen. Die Gans wenden und noch 1 ¼ Stunden braten.

4. Gans aus dem Rohr nehmen und ca. 10 Minuten rasten lassen. Fettschicht vom Saft abschöpfen.

5. Saft, Wein und Portwein in einen Topf gießen und fast zur Gänze einkochen lassen. Bratensaft zugießen und die Sauce ca. 5 Minuten köcheln lassen. Sauce durch ein feines Sieb gießen. Gans tranchieren und mit der Sauce anrichten.

Rotkraut
4 Portionen, Zubereitung ca. 1¼ Stunden (zum Marinieren 10 Stunden)

Rotkraut (ca. 750g)
1 mittelgroßen Apfel
1 EL Zitronensaft
¼ l Wasser
¼ l Rotwein
1 Lorbeerblatt
3–4 Pfefferkörner
3–4 Gewürznelken
½ Zwiebel
80 g Kristallzucker
80 g Schmalz

Nährwert pro Portion
410 kcal / 1.720 kJ; 20,5 g Fett; 35,4 g KH; 3,1 BE; 17 mg Chol.

Rotkraut vierteln, den Strunk ausschneiden. Kraut in feine Streifen schneiden. Apfel schälen, vierteln und entkernen. Apfelstücke in ½ cm dicke Scheiben schneiden. Kraut mit Apfelstücken, Zitronensaft und Rotwein, Lorbeerblatt sowie Pfefferkörnern und Gewürznelken mischen, mit Frischhaltefolie zudecken und über Nacht im Kühlschrank ziehen lassen. Zwiebel kleinwürfelig schneiden. Kristallzucker in Schmalz anschwitzen, Zwiebel zugeben, hell anrösten, mit Wasser ablöschen, Rotkraut und Rotwein-Marinade zugeben, durchmischen, zudecken und weich dünsten (ca. 40 Minuten).

Erdäpfelknödel
8 Knödel, Zubereitung ca. 1 ¼ Stunden

500 g mehlige Erdäpfel
200 g glattes Mehl
70 g feiner Weizengrieß
2 Eier (Größe M)
Salz, Muskatnuss

Erdäpfel kochen, schälen und noch heiß durch eine Erdäpfelpresse drücken. Mehl, Grieß, Salz und Muskatnuss sowie Eier untermischen.
Masse mit dem Kochlöffel, dann mit den Händen rasch zu einem glatten Teig verarbeiten und ca. 10 Minuten rasten lassen. Knödel formen und in Salzwasser ca. 10 Minuten schwach wallend köcheln.

Gansl-Kulinarium

Quitten-Mohn-Törtchen
8 Portionen, Zubereitung ca. 1 ½ Stunden (zum Rasten des Teiges 2 Stunden)

1. Für den Mürbteig Mehl mit Butter verbröseln, mit den restlichen Zutaten rasch vermischen. Teig in Frischhaltefolie wickeln und ca. 2 Stunden rasten lassen.

2. Acht Tarteletteförmchen (ca. 8,5 cm Ø) dünn mit Butter ausstreichen. Backrohr auf 180 °C vorheizen.

3. Teig zwischen Frischhaltefolie ca. 3 mm dick ausrollen, ca. 14 cm große Scheiben ausschneiden und die Förmchen damit auskleiden. Teig ca. 15 Minuten in den Förmchen rasten lassen und anschließend ca. 10 Minuten im Rohr goldgelb backen. Auskühlen lassen.

4. Für die Mohnfülle Milch mit Kristallzucker, Orangenschale und 1 Prise Zimt aufkochen. Mohn einrühren und kurz rösten. Schokolade und Biskotten einrühren, Masse auskühlen lassen.

5. Quitten vierteln, entkernen, in dünne Scheiben schneiden, mit Zitronensaft, Kristallzucker, Orangensaft, Weißwein und Wasser vermischen und weich kochen. Masse mit dem Stabmixer fein pürieren und durch ein Sieb streichen.

6. Mürbteigböden behutsam aus den Förmchen lösen. Mohnmasse in die Böden füllen, die Quittencreme locker darauf verteilen.

7. Für die Garnitur Pignoli in einer trockenen Pfanne kurz rösten, mit Zucker bestreuen und kurz schwenken, bis dieser geschmolzen ist. Pignoli auf einem Teller auskühlen lassen. Törtchen mit Pinienkernen bestreuen.

Mürbteig:
200 g Mehl
100 g Butter
50 g Staubzucker
1 Dotter
1 kl. Prise Salz
1 Pkg. Vanillezucker
Abgeriebene Schale von ½ Zitrone

Mohnfülle:
150 ml Milch
50 g Kristallzucker
Abgeriebene Schale von 1 Orange
125 g Mohn (frisch gemahlen)
20 g Milchschokolade (klein gehackt)
60 g Biskotten (fein gerieben)
1 Prise Zimt

Quittencreme:
2 Quitten (ca. 440 g)
Saft von 1 Zitrone
70 g Kristallzucker
90 ml Orangensaft
50 ml Weißwein
50 ml Wasser

Garnitur:
2 EL Pinienkerne (Pignoli)
1 EL Kristallzucker

Butter

Nährwert pro Portion
467 kcal; 8,8 g EW; 21 g Fett; 57 g KH; 4,6 BE; 83 mg Chol.

Gute Laune

Indische Gemüsesuppe mit Hühnerfleisch
Kalbsbraten mit Kräuterfülle, Wokgemüse und Cranberry-Sauce
Kumquat-Kokos-Scheiterhaufen

Gewürze, Kräuter und aromatische Zitrusfrüchte sind eine bewährte Kombination und gerade an kalten Wintertagen Garanten für gute Laune und sie stärken zudem die Abwehrkräfte gegen Grippeviren.

Zeitplan für stressfreie Kochfreuden:
2 ½ Stunden vorher:
- Kalbsbraten füllen und ins Rohr schieben.
- Kumquat-Dip vorbereiten.

1 Stunde vorher:
- Zutaten für das Wokgemüse vorbereiten. Cranberry-Sauce zubereiten.
- Suppen-Basis (bis Punkt 2) herstellen.

Frisch zubereiten:
- Suppe mit dem Gemüse fertig kochen.
- Wokgemüse braten.
- Kumquat-Kokos-Scheiterhaufen backen.

Getränketipps:
Kalbsbraten: In Anbetracht der Cranberry-Sauce darf es ein Rotwein sein, und zwar ein zarter, fruchtiger, etwa ein Blauer Portugieser.

Kumquat-Kokos-Scheiterhaufen: Der Scheiterhaufen mit dem exotischen Duft verlangt nach fruchtiger Süße im Beerenauslesebereich. Scheurebe wäre ein heißer Tipp!

Gute Laune

Indische Gemüsesuppe mit Hühnerfleisch
4 Portionen, Zubereitung ca. 45 Minuten

1 Zwiebel und Knoblauch schälen und fein hacken. Brokkoli in Röschen zerteilen. Lauch in feine Scheiben schneiden. Paradeiser kurz überbrühen, schälen und in kleine Würfel schneiden. Koriander waschen, trocknen, fein hacken. Hühnerfleisch waschen, trockentupfen, in ca. 1 cm dünne Streifen schneiden.

2 Curry kurz in einem trockenen Topf anrösten und mit Suppe ablöschen. Zwiebel und Knoblauch zugeben, Suppe aufkochen und zugedeckt ca. 20 Minuten schwach köcheln.

3 Brokkoli, Lauch, Hühnerfleisch, Paradeiser, Ingwer und Zitronenschale zugeben. Suppe zugedeckt 7 Minuten leicht kochen. Erbsen zugeben und noch 2 Minuten leicht kochen.

4 Crème fraîche unterrühren. Suppe mit Salz, Pfeffer und Zitronensaft abschmecken, mit Koriander bestreut servieren.

Tipp:
Die Hühnersuppe wird ganz ohne Fett zubereitet, darum kann zur cremigen Bindung bedenkenlos Crème fraîche verwendet werden.

1 Zwiebel
2 Knoblauchzehen
100 g Brokkoli
100 g Lauch
1 Paradeiser
4 Zweigchen frischer Koriander
200 g Hühnerfilet
2 TL Curry (mild)
1 l klare Gemüsesuppe
1 TL frischer Ingwer (gehackt)
1 TL abgeriebene Zitronenschale (unbehandelt)
50 g Erbsen (tiefgekühlt)
2 EL Crème fraîche
2 EL Zitronensaft

Salz, Pfeffer

Nährwert pro Portion
122 kcal; 15 g EW; 2 g Fett; 9 g KH; 0,8 BE; 37 mg Chol.

Gute Laune

Kalbsbraten mit Kräuterfülle, Wokgemüse und Cranberry-Sauce
4 Portionen, Zubereitung ca. 2 ¼ Stunden

800 g Kalbsbraten-Fleisch (Fricandeau oder Schale)
1 EL Öl

Fülle:
4 Jungzwiebeln
1 Bund Petersilie (fein gehackt)
1 Scheibe Toastbrot
100 g mageres Kalbfleisch (gut gekühlt)
1 Ei
½ TL frischer Ingwer (fein gehackt)
½ TL abgeriebene Zitronenschale (unbehandelt)

Sauce:
2 Zwiebeln
1 Karotte
50 g Sellerie
2 EL Sojasauce
100 ml Sherry (medium)
300 ml klare Gemüsesuppe
1 dünne Scheibe frischer Ingwer
1 Stück Zitronenschale (unbehandelt)

Salz, Pfeffer, Piment, Muskatnuss

Nährwert pro Portion
341 kcal; 47 g EW; 11 g Fett; 6 g KH; 0,6 BE; 212 mg Chol.

1 Kalbsbraten-Fleisch vorbereiten.

2 Für die Fülle Jungzwiebeln in feine Ringe schneiden. Brot kurz in kaltes Wasser tauchen, gut ausdrücken und zerpflücken. Kalbfleisch in kleine Stücke schneiden und mit dem Ei in einem Cutter zu feinem Mus verarbeiten. Mus mit Jungzwiebeln, Brot, Petersilie, Ingwer und Zitronenschale vermischen und mit Muskatnuss, Piment, Salz und Pfeffer abschmecken.

3 Fleisch salzen und pfeffern. Die Fülle darauf verstreichen, an den Längsseiten einen Rand von ca. 2 cm frei lassen. Das Fleisch einrollen und mit Küchenspagat binden.

4 Backrohr auf 190 °C vorheizen. Für die Sauce Zwiebeln in Scheiben, Karotte und Sellerie in Stücke schneiden.

5 Öl in einem beschichteten Topf erhitzen. Fleisch darin rundum anbraten und herausheben. Zwiebeln, Karotte und Sellerie im Bratrückstand anbraten und mit Sojasauce ablöschen. Fleisch zugeben, mit Sherry und Suppe aufgießen und mit Ingwer und Zitronenschale würzen.

6 Braten zugedeckt im Rohr ca. 100 Minuten schmoren. Öfters mit der Flüssigkeit begießen. In den letzten 15 Minuten den Topf öffnen.

7 Fleisch herausheben und die Sauce durch ein Sieb passieren. Braten in Scheiben schneiden und mit Sauce, Wokgemüse, Cranberry-Sauce und Wildreis servieren.

Gute Laune

Wokgemüse

4 Portionen, Zubereitung ca. 20 Minuten

Spinat zerpflücken. Pilze in dünne Scheiben schneiden.
1 TL Öl im Wok erhitzen. Spinat darin unter Rühren kurz braten, bis er zusammenfällt. Spinat in einem Sieb abtropfen lassen.
2 TL Öl im Wok erhitzen. Pilze darin unter Rühren kurz braten und salzen. Sprossen zugeben und unter Rühren kurz mitbraten. Spinat untermischen, kurz erhitzen und mit Salz und Pfeffer abschmecken.

200 g frischer Blattspinat
200 g Shiitake-Pilze
100 g Sojasprossen
3 TL Öl

Salz, Pfeffer

Nährwert pro Portion
40 kcal; 4 g EW; 2 g Fett;
2 g KH; 0,3 BE; 0 mg Chol.

Cranberry-Sauce

4 Portionen

Alle Zutaten vermischen und bei mittlerer Hitze ca. 10 Minuten kochen. Sauce vom Herd nehmen und abkühlen lassen.

200 g Cranberrys oder Preiselbeeren
60 g Zucker
100 ml Wasser

Nährwert pro Portion
61 kcal; 0 g EW; 0 g Fett;

Gute Laune

Kumquat-Kokos-Scheiterhaufen
4 Portionen, Zubereitung ca. 1 Stunde

200 g Kumquat-Dip
   (die halbe Menge
   des Rezepts)
100 g Brioche
250 ml Kokoscreme (Dose;
   aus der Asia-Abteilung)
50 g Kristallzucker
2 Eier

Salz, Butter, Kristallzucker

Nährwert pro Portion
*387 kcal; 7 g EW; 26 g Fett;
32 g KH; 2,8 BE; 149 mg Chol.*

1. Auflaufförmchen (Keramik; Inhalt ca. 150 ml) dünn mit Butter ausstreichen und mit Kristallzucker ausstreuen. Backrohr auf 180 °C vorheizen.

2. Brioche in kleine Würfel schneiden. Kokoscreme mit Kristallzucker vermischen und leicht erwärmen. Eier zugeben und alles gut vermischen. Briochewürfel und Kumquat-Dip unterheben.

3. Masse in die Formen füllen. Die Aufläufe im Rohr (untere Schiene) ca. 40 Minuten backen. Warm servieren.

250 g Kumquats
100 g Gelierzucker
150 ml Orangensaft (frisch
   gepresst)

Salz

Kumquat-Dip
Kumquats waschen, in ca. ½ cm dicke Scheiben schneiden und in reichlich leicht gesalzenem Wasser ca. 4 Minuten köcheln. Kumquats abseihen und abtropfen lassen. Gelierzucker in einer Pfanne schmelzen, Kumquats zugeben, mit Orangensaft ablöschen und köcheln, bis sich der Zucker aufgelöst hat. Dip auskühlen lassen.

Tipp:
Sie können vom Kumquat-Dip gleich eine größere Menge zubereiten. Noch heiß in sterile Gläser füllen und gut verschlossen kühl aufbewahren. Hält 2–3 Monate.

Streifzüge

Mangold-Terrine mit Gemüsesalat auf Karottensauce
Rindsfiletstreifen mit pikanter Senfsauce
Topfen-Mandel-Nudeln mit Rhabarber-Ragout

Streifen machen schlank. Warum sollte dieser raffinierte Trick nicht auch am Teller funktionieren? Das Streifen-Menü ist unser Verständnis von Designer-Food: Schön anzuschauen und eine wahre Gaumenfreude!

Zeitplan für stressfreie Kochfreuden:
5 Stunden vorher:
- Mangold-Terrine zubereiten.
- Teig für die Topfennudeln sowie das Rhabarber-Ragout zubereiten.

Mindestens 1 Stunde vorher:
- Karottensauce und Lauchstreifen (Vorspeise) zubereiten.
- Erdäpfel-Spinatpüree zubereiten.
- Fleisch vorbereiten.

Frisch zubereiten:
- Steaks braten.
- Lauchsalat marinieren.
- Topfennudeln kochen.

Getränketipps:
Mangold-Terrine: Junger Müller-Thurgau oder duftiger Roter Veltliner verstehen sich gut mit der Mangold-Terrine.
Rindsfiletstreifen: Dazu darf es etwas Elegantes in der Art eines kirschfruchtigen St. Laurent oder eines geschmeidigen Merlot sein.
Topfen-Mandel-Nudeln: Auch zu diesem feinen Dessert passt Rot – und zwar in Form einer Beerenauslese vom Zweigelt oder Pinot noir.

Streifzüge

Mangold-Terrine
mit Gemüsesalat auf Karottensauce
8 Portionen, Zubereitung ca. 25 Minuten (zum Kühlen ca. 5 Stunden)

1 Eine Terrinenform (Inhalt ca. 700 ml) mit kaltem Wasser ausspülen und mit Frischhaltefolie auslegen.

2 Gelatine in kaltem Wasser einweichen. Mangold waschen, abtropfen lassen und in ½ cm breite Streifen schneiden. Jogurt mit Topfen, Salz, Pfeffer und Muskatnuss verrühren. Ca. 3 EL der Masse über Wasserdampf erwärmen. Gelatine gut ausdrücken, darin auflösen; zügig mit der übrigen Masse verrühren. Mangold untermischen. Masse in die Form füllen, glatt streichen, mit Frischhaltefolie zudecken und ca. 5 Stunden kühlen.

3 Lauch längs halbieren, waschen und in dünne Streifen schneiden. Zitronensaft salzen, pfeffern und mit dem Öl verrühren. Lauch mit der Marinade vermischen und ca. 20 Minuten ziehen lassen.

4 Terrine stürzen, Folie entfernen und die Terrine in Scheiben schneiden. Mit Sauce und Salat anrichten.

Terrine:
7 Blatt Gelatine
150 g Mangoldblätter
   (ohne Mittelrippen)
500 g Jogurt
125 g Topfen (10 % Fett)

Salat:
300 g Lauch
2 EL Zitronensaft
3 EL Olivenöl

Salz, Pfeffer, Muskatnuss

Nährwert pro Portion
*109 kcal; 6,2 g EW; 6,2 g Fett;
6 g KH; 0,3 BE; 9 mg Chol.*

Karottensauce
8 Portionen, Zubereitung ca. 15 Minuten

Karottensaft aufkochen, Stärke mit 2 EL Wasser vermischen, in die Sauce rühren und kurz mitköcheln. Sauce vom Herd nehmen, auskühlen lassen und mit Salz, Pfeffer und Zitronensaft würzen.

250 ml Karottensaft
1 gestr. EL Speisestärke
1 TL Zitronensaft
2 EL Wasser

Salz, Pfeffer

Nährwert pro Portion
*12 kcal; 0,3 g EW; 0 g Fett;
2,5 g KH; 0,2 BE; 0 mg Chol.*

Streifzüge

Rindsfiletstreifen mit pikanter Senfsauce
4 Portionen, Zubereitung ca. 35 Minuten

3 Steaks vom Rindsfilet (à ca. 180 g)
3 EL Öl
150 ml dunkler Kalbsfond
1 TL Senf

Garnitur:
80 g Champignons
80 g Salatgurke
50 g Prosciutto

Salz, Pfeffer

Nährwert pro Portion
226 kcal; 27 g EW; 13 g Fett; 1 g KH; 0 BE; 86 mg Chol.

1 Backrohr auf 60 °C vorheizen. Champignons putzen, Gurke schälen. Champignons, Gurke und Prosciutto in Streifen schneiden.

2 Steaks mit Salz und Pfeffer würzen und in heißem Öl bei starker Hitze beidseitig braten (je nach Dicke ca. 5 Minuten). Steaks aus der Pfanne nehmen und im Rohr warm stellen.

3 Im Bratrückstand Champignons, Prosciutto und Gurke anschwitzen, herausnehmen und ebenfalls warm stellen. Bratrückstand mit Fond aufgießen und aufkochen, Senf einrühren.

4 Steaks in Streifen schneiden, mit Sauce, Garnitur und Püree servieren.

Erdäpfel-Spinatpüree
4 Portionen, Zubereitung ca. 40 Minuten

400 g mehlige Erdäpfel
80 ml Schlagobers
100 g TK-Cremespinat (aufgetaut; am besten Zwutschgerln)
40 g Butter

Salz, Pfeffer, Muskatnuss

Nährwert pro Portion
226 kcal; 3 g EW; 17 g Fett; 16 g KH; 1,2 BE; 50 mg Chol.

Erdäpfel schälen, in Stücke schneiden und in Salzwasser weich kochen. Erdäpfel in einem Sieb abtropfen lassen und durch eine Erdäpfelpresse drücken. Obers mit Spinat erhitzen und mit einem Kochlöffel in die Erdäpfelmasse rühren. Butter untermischen und das Püree mit Salz, Pfeffer und Muskatnuss würzen. Püree in einen Dressiersack mit glatter Tülle füllen und in Form von Streifen auf die Teller dressieren.

Streifzüge

Topfen-Mandelnudeln mit Rhabarbar-Ragout
4 Portionen, Zubereitung ca. 35 Minuten (zum Rasten des Teiges 1 ½ Stunden)

1 Topfen (ohne Flüssigkeit) mit Butter, abgeriebener Zitronenschale, Vanillezucker, Sauerrahm, Ei und ganz wenig Salz glatt rühren. Grieß und Mehl vermischen und in die Topfenmasse rühren. Teig mit Frischhaltefolie zudecken und ca. 1 ½ Stunden im Kühlschrank rasten lassen.

2 Teig zu einer daumendicken Stange rollen und in 1 ½ cm dicke Scheiben schneiden. Teigstücke auf der bemehlten Arbeitsfläche mit der flachen Hand zu kurzen, dicken Nudeln „wuzeln".

3 Salzwasser aufkochen. Nudeln einlegen, Topf bis auf einen Spalt zudecken. Nudeln bei schwacher Hitze ca. 5 Minuten gar ziehen lassen.

4 Mandeln mit Staubzucker und Bröseln mischen und in der Butter goldbraun rösten.

5 Nudeln aus dem Wasser heben, abtropfen lassen und vorsichtig in den Mandelbröseln wälzen. Nudeln mit Staubzucker bestreuen und mit dem Rhabarber-Ragout servieren.

Topfennudeln:
125 g Topfen (10 % Fett)
20 g Butter (zerlassen)
Schale von ½ Zitrone (unbehandelt)
1 Pkg. Vanillezucker
1 EL Sauerrahm
1 Ei
60 g Weizengrieß
20 g glattes Mehl

Mandelbrösel:
50 g Mandeln (fein gerieben)
1 TL Staubzucker
1 EL Semmelbrösel
30 g Butter

Salz, Staubzucker, Mehl

Nährwert pro Portion
318 kcal; 11 g EW; 19,7 g Fett; 24,4 g KH; 2 BE; 91,3 mg Chol.

Rhabarber-Ragout
4 Portionen, Zubereitung ca. 35 Minuten

Rhabarber schälen und in ca. 3 cm lange Stifte schneiden. Wein und 125 ml Wasser mit Zucker aufkochen. Rhabarber zugeben, aufkochen, vom Herd nehmen und auskühlen lassen. Die Hälfte der Rhabarberstücke herausheben, übriges Kompott mit einem Stabmixer fein pürieren und aufkochen. Stärke mit 2 EL Wasser vermischen, in die Sauce rühren und ca. ½ Minute köcheln. Sauce durch ein Sieb streichen und die Rhabarberstücke untermischen.

400 g Rhabarber
125 ml Rotwein
125 ml Wasser
80 g Kristallzucker
1 EL Speisestärke

Nährwert pro Portion
131 kcal; 0,9 g EW; 0 g Fett; 26 g KH; 2 BE; 0 mg Chol.

Wilde Zeiten

Ententerrine mit Schwammerln
Klare Wildsuppe mit Pistaziennockerln
Wildschwein-Medaillons mit Trockenfrüchten
Nougat-Tascherln mit Hagebutten-Ingwer-Sauce

Wenn saisonale Hochgenüsse anstehen, darf auch mal mit den Regeln der Menüzusammenstellung gebrochen werden. In diesem Sinne servieren wir drei Wild-Gänge in Folge, die von schokoladigen Nougat-Tascherln mit fruchtiger Hagebutten-Ingwer-Sauce gefolgt werden.

Zeitplan für stressfreie Kochfreuden:
Am Vortag:
- Ententerrine zubereiten und kalt stellen.

4 Stunden vorher:
- Trockenfrüchte marinieren.
- Wildsuppe und den Teig für die Pistaziennockerln zubereiten.
- Nougat-Tascherln kochfertig zubereiten.
- Hagebutten-Ingwer-Sauce zubereiten.
- Teig für die Erdäpfel-Kastanien-Krapferln zubereiten.

2 Stunden vorher:
- Sellerie-Apfelsalat zubereiten.
- Ententerrine fertig stellen (Mangoldhülle).

Frisch zubereiten:
- Pistaziennockerln kochen.
- Wildschwein-Medaillons braten.
- Erdäpfel-Kastanien-Krapferln backen.
- Nougat-Tascherln kochen.

Getränketipps:
Ententerrine: Zu herbstliche Aromen passt ein Wein besonders gut: Pinot noir.
Wildschwein-Medaillons: Ein kräftiger Rotwein mit röstigen Aromen wie Amarone oder St. Laurent sollte mit den Wildschwein-Medaillons prächtig harmonieren.
Nougat-Tascherln: Eine Traminer Beerenauslese wird in der Lage sein, die Kombination von süßer Nougatfülle und fruchtiger Sauce optimal zu begleiten.

Wilde Zeiten

Ententerrine mit Schwammerln
6 Portionen, Zubereitung ca. 1 ½ Stunden (zum Kühlen gesamt ca. 9 Stunden)

1 Entenfleisch in kleine Stücke schneiden und gut kühlen (zugedeckt im Kühlschrank oder kurz im Tiefkühlfach).

2 Schwammerln putzen, je nach Größe vierteln oder sechsteln. Schalotten schälen und kleinwürfelig schneiden. Beides in Öl anschwitzen, mit Salz und Pfeffer würzen, in einem Sieb abtropfen und auskühlen lassen.

3 Backrohr auf 130 °C vorheizen. Eine Terrinenform (Inhalt ca. 750 ml) dünn mit Öl ausstreichen und mit Frischhaltefolie auslegen.

4 Fleisch und Obers in einem elektrischen Zerkleinerer fein pürieren (am besten in zwei Arbeitsgangen). Mus mit Salz, Pfeffer und Thymian würzen. Schwammerln und Kräuter untermischen.

5 Masse in die Form füllen und glatt streichen. Form mit Alufolie zudecken und in ein passendes Geschirr (am besten eine Bratenpfanne aus Metall) stellen. So viel kochendes Wasser zugießen, dass die Form halbhoch im Wasserbad steht. Terrine im Rohr (mittlere Schiene / Gitterrost) ca. 50 Minuten garen. Dann Terrine aus dem Wasserbad nehmen, bei Zimmertemperatur auskühlen lassen und für ca. 7 Stunden in den Kühlschrank stellen.

6 Mangold putzen, waschen und ca. 20 Sekunden in Salzwasser überkochen. Dann in kaltem Wasser abschrecken, ausdrücken und die Mittelrippen ausschneiden.

7 Für das Weingelee Gelatine in kaltem Wasser einweichen. Wein erhitzen, Gelatine ausdrücken und darin auflösen. Mischung abkühlen, aber nicht fest werden lassen. Terrine stürzen, Folie entfernen. Mangoldblätter überlappend nebeneinander auflegen, trockentupfen und mit Weingelee bestreichen. Terrine auf die Mangoldblätter legen, darin einwickeln und nochmals ca. 1 Stunde kühlen. Danach Terrine in Scheiben schneiden, mit Quittengelee und Sellerie-Apfelsalat anrichten.

Sellerie-Apfelsalat
6 Portionen, Zubereitung ca. 15 Minuten (zum Marinieren 1 Stunde)

Sauerrahm mit Mayonnaise, Zitronensaft, Salz und Pfeffer verrühren. Sellerie und Äpfel schälen, in dünne Stifte schneiden und sofort mit der Marinade vermischen. Salat ca. 1 Stunde ziehen lassen. Vor dem Anrichten Nüsse untermischen.

---

250 g Entenfleisch (ausgelöste Entenkeule)
300 g Schwammerln
30 g Schalotten
2 EL Öl
250 ml Schlagobers (gut gekühlt)
2 EL Kräuter (gehackt)

Garnitur und Weingelee:
150 g Mangold
60 ml Weißwein
1 Blatt Gelatine
6 EL Quittengelee

Salz, Pfeffer, Thymian, Öl

Nährwert pro Portion
347 kcal; 10,8 g EW; 29 g Fett; 10 g KH; 0,7 BE; 84 mg Chol.

125 ml Sauerrahm
2 EL Mayonnaise
½ TL Zitronensaft
150 g Knollensellerie
150 g Äpfel (säuerliche)
40 g Walnüsse (grob gehackt)

Salz, Pfeffer

Nährwert pro Portion
129 kcal; 2,1 g EW; 11 g Fett; 5 g KH; 0,4 BE; 21 mg Chol.

Wilde Zeiten

Klare Wildsuppe mit Pistaziennockerln

4 Portionen, Zubereitung ca. 1 ½ Stunden (zum Kühlen ca. 30 Minuten)

400 g Wildfleisch (Schopf oder Schulter von Reh oder Hirsch, grob faschiert, gut gekühlt)
3 Eiklar
2 g Steinpilze (getrocknet)
1 ½ l klare Gemüsesuppe
150 ml roter Portwein

Pistaziennockerln:
60 g weiche Butter
1 Ei
120 g Maisgrieß
25 g Pistazien
100 g Wildfleisch (Schopf oder Schulter von Reh oder Hirsch)

Salz, Pfeffer, Muskatnuss, Thymian, Rosmarin

Nährwert pro Portion
505 kcal; 36 g EW; 23 g Fett; 30 g KH; 2,5 BE; 159 mg Chol.

1 Faschiertes Fleisch mit Eiklar, Pilzen, Thymian, Rosmarin und 250 ml von der Suppe vermischen und für ca. 30 Minuten kalt stellen.

2 Mischung mit Portwein und der übrigen Suppe vermischen und unter Rühren langsam erhitzen, bis die Fleisch-Eiklarmischung an die Oberfläche steigt – das ist knapp bevor die Suppe zu kochen beginnt. Suppe bei schwacher Hitze ca. 50 Minuten köcheln – dabei nicht mehr umrühren!

3 Ein Sieb (am besten ein Spitzsieb) mit einem Tuch auslegen, über einen Topf hängen und die Suppe durchgießen.

4 Für die Nockerln Butter cremig rühren. Ei, Salz, Pfeffer und 1 Prise Muskatnuss einrühren. Grieß und gehackte Pistazien untermischen und die Masse 10 Minuten rasten lassen. Aus der Masse Nockerln formen.

5 Nockerln in kochendes Salzwasser legen. Topf vom Herd ziehen, die Nockerln zugedeckt 12 Minuten gar ziehen lassen. Parallel dazu Wildfleisch in 1 ½ cm große Würfel schneiden. Ca. 200 ml der Suppe aufkochen, Fleisch einlegen und bei schwacher Hitze 10 Minuten köcheln lassen.

6 Übrige Suppe mit Salz und Pfeffer würzen, mit den Nockerln und den Fleischstücken anrichten. Eventuell mit Thymianblättchen garnieren.

Tipp:
Klärfleisch
Das grob faschierte Wildfleisch für diese Suppe, das so genannte Klärfleisch, sorgt für den kräftigen, intensiven Geschmack. Das Eiklar bindet die Trübstoffe, nach dem Abseihen ist die Suppe klar. Das Klärfleisch wird nicht gegessen, man verwendet daher preisgünstige Teile.

Wilde Zeiten

Wildschwein-Medaillons mit Trockenfrüchten

4 Portionen, Zubereitung ca. 25 Min (zum Marinieren der Früchte 4 Stunden)

500 g Wildschwein-Rückenfilet (ausgelöst)
4 EL Öl
200 ml Wild-Bratensaft (ersatzweise Schweinsbratensaft)

Garnitur:
4 Marillen (getrocknet)
4 Pflaumen (getrocknet, entsteint)
4 EL klare Wildsuppe
4 EL Orangenlikör

Salz, Pfeffer, Rosmarin

Nährwert pro Portion
318 kcal; 25,5 g EW; 15 g Fett; 16 g KH; 1,4 BE; 81 mg Chol.

1 Marillen und Pflaumen halbieren, mit Suppe und Likör aufkochen, in eine Tasse füllen und zugedeckt ca. 4 Stunden ziehen lassen.

2 Backrohr auf 50 °C vorheizen. Fleisch quer in 6 Scheiben (Medaillons) schneiden, mit Salz, Pfeffer und Rosmarin würzen. Medaillons in Öl beidseitig braten, aus der Pfanne heben, mit Alufolie zudecken und im Rohr warm stellen.

3 Bratrückstand mit der Marinade von den Trockenfrüchten ablöschen. Flüssigkeit fast zur Gänze einkochen, Bratensaft zugießen und aufkochen. Sauce mit Salz und Pfeffer würzen, Früchte untermischen.

4 Medaillons horizontal halbieren, jeweils drei Stück mit Sauce und Erdäpfel-Kaswtanien-Krapferln anrichten.

Wilde Zeiten

Erdäpfel-Kastanien-Krapferln

4 Portionen, Zubereitung ca. 50 Minuten

Kastanienreis auftauen lassen. Erdäpfel in Salzwasser weich kochen. Backrohr auf 180 °C vorheizen. Backblech mit Backpapier belegen.
Erdäpfel schälen, noch heiß durch die Erdäpfelpresse drücken, mit Dottern, Kastanienreis, Salz, Pfeffer und wenig Muskatnuss vermischen. Masse in einen Dressiersack mit Sterntülle füllen und 4 hohe Krapferln auf das Blech dressieren. Krapferln mit Ei bestreichen und ca. 12 Minuten (mittlere Schiene) backen.

125 g Kastanienreis
 (1 Packung, tiefgekühlt)
400 g mehlige Erdäpfel
2 Dotter
1 Ei (verquirlt)

Salz, Pfeffer, Muskatnuss

Nährwert pro Portion
183 kcal; 6,3 g EW; 5 g Fett; 27 g KH; 2,2 BE; 179 mg Chol.

Tipp:
Garnitur
Zusätzlich kann man die Medaillons mit gebratenen Rosmarinzweigen und in Zuckerwasser gekochten Orangenschalenstreifen garnieren.

Wilde Zeiten

Nougat-Tascherln mit Hagebutten-Ingwer-Sauce

4 Portionen (à 3 Stück), Zubereitung ca. 40 Minuten (zum Kühlen ca. 30 Minuten)

1 Milch mit Butter und 1 kleinen Prise Salz aufkochen. Mehl zugeben, den Teig unter Rühren rösten, bis er sich vom Geschirrboden löst. Teig in eine Schüssel geben, Ei einarbeiten. Teig auf einen bemehlten Teller legen, mit Frischhaltefolie zudecken und auskühlen lassen.

2 Nougat in 12 Stücke teilen. Teig mit Mehl stauben und ca. 3 mm dick ausrollen. 12 Scheiben (Ø 8 cm) ausstechen. Teigränder dünn mit Wasser bestreichen. Teigscheiben mit je einem Stück Nougat belegen, über die Mitte zusammenklappen und die Ränder festdrücken.

3 Die Tascherln in leicht gesalzenes Wasser legen und bei schwacher Hitze ca. 5 Minuten gar ziehen lassen.

4 Inzwischen Butter aufschäumen, Brösel, Zucker und Vanillezucker zugeben und unter Rühren goldbraun rösten. Tascherln aus dem Wasser heben, abtropfen lassen und in den Bröseln wenden.
Nougat-Tascherln mit Staubzucker bestreuen und mit Hagebutten-Ingwer-Sauce servieren.

Brandteig:
125 ml Milch
30 g Butter
80 g glattes Mehl
1 Ei

Fülle und Butterbrösel:
100 g Nougat
60 g Butter
70 g Semmelbrösel
1 EL Kristallzucker
½ Pkg. Vanillezucker

Salz, Mehl, Staubzucker

Nährwert pro Portion
608 kcal; 9,1 g EW; 28 g Fett; 80 g KH; 6,6 BE; 117 mg Chol.

Hagebutten-Ingwer-Sauce

120 g Hagebutten-Konfitüre mit 6 EL Zitronensaft und 1 MS Ingwer (gemahlen) verrühren.

Modern Times

Nudeltopf mit gebratenem Rindfleisch, Pilzen und Sprossen
Knusprige Ingwer-Ente mit Ananas, Mango und Paprika
Shinren Tofu / Milch-Mandel-Gelee mit Früchten

Einen weltoffenen Blick in fernöstliche Kochtöpfe vermittelt diese Speisenfolge. Asiatische Köche legen übrigens höchstes Augenmerk auf eine farblich stimmige Komposition. Indem man die Zutaten möglichst kurzen Garzeiten unterzieht, bleiben nebst den Inhaltsstoffen auch die kräftigen Farben bestens erhalten.

Zeitplan für stressfreie Kochfreuden:
6 Stunden vorher:
- Shinren Tofu zubereiten und kühlen.

1 Stunde vorher:
- Suppe bis Punkt 4 vorbereiten, Nudeln in kaltem Wasser abschrecken.
- Knusprige Ente bis Punkt 3 vorbereiten.

Frisch zubereiten:
- Suppe fertig stellen, Nudeln in der heißen Suppe erwärmen.
- Wokgericht zubereiten.

Getränketipps:
Ingwer-Ente: Fernöstliche Gerichte tun sich aufgrund der exotischen Aromen oft schwer mit Wein. Zu der knusprigen Ente wäre etwa ein kräftiger Chardonnay aus der Neuen Welt eine passende Weinbegleitung. Wenn Sie jedoch Grünen Tee dazu servieren, liegen Sie immer richtig.

Modern Times

Nudeltopf mit gebratenem Rindfleisch, Pilzen und Sprossen

4 Portionen, Zubereitung ca. 1 ¼ Stunden

1 Pilze in 500 ml heißem Wasser einweichen. Fleisch in dünne Streifen schneiden. Dunkle Sojasauce, Sherry und Speisestärke verrühren. Das Fleisch darin 30 Minuten ziehen lassen.

2 Inzwischen Zwiebel in feine Ringe, Jungzwiebeln in Ringe und Karotten in dünne Scheiben schneiden. Erbsenschoten schräg halbieren.

3 In einem Topf (am besten beschichtet) Öl erhitzen. Zwiebel darin bei milder Hitze goldbraun braten. Mit Suppe aufgießen, mit Ingwer und Chili würzen. Suppe zugedeckt ca. 10 Minuten leicht kochen. Inzwischen die Nudeln in Salzwasser bissfest kochen.

4 Pilze durch ein feines Sieb abseihen, Einweichwasser auffangen. Pilze in dünne Scheiben schneiden. Karotten, Pilze und Einweichwasser in die Suppe geben und 2 Minuten leicht kochen. Erbsenschoten zugeben, kurz kochen.

5 Im Wok Öl erhitzen. Das Fleisch darin unter Rühren kurz braten. Fleisch und Sojasprossen in die Suppe geben und aufkochen. Suppe mit heller Sojasauce und Sherry abschmecken.

6 Nudeln abgießen, abtropfen lassen und in großen Suppenschüsseln verteilen. Fleisch, Gemüse und Sprossen aus der Suppe heben und auf den Nudeln verteilen. Schüsseln mit Suppe auffüllen. Den Nudeltopf mit Jungzwiebeln bestreut servieren.

8 Shiitake-Pilze (getrocknet)
500 g Beiried
1 EL Erdnussöl

Marinade:
1 EL dunkle Sojasauce
1 EL Medium Sherry
2 TL Speisestärke

Suppe:
1 Zwiebel
3 Jungzwiebeln
2 Karotten
150 g Erbsenschoten
1 EL Erdnussöl
1 EL frischer Ingwer (gehackt)
1 ½ l klare Gemüsesuppe
300 g chinesische Suppennudeln
50 g Sojasprossen
Helle Sojasauce
Medium Sherry

Salz, Chili

Nährwert pro Portion
560 kcal; 45 g EW; 11 g Fett; 70 g KH; 5,1 BE; 147 mg Chol.

Modern Times

Knusprige Ingwer-Ente mit Ananas, Mango und Paprika
4 Portionen, Zubereitung ca. 35 Minuten

600 g Entenbrust
2 EL Erdnussöl

Marinade:
2 TL Speisestärke
2 EL Sojasauce

Sauce:
200 g Mango (geschält gewogen)
200 g Ananas (geschält gewogen)
1 großer roter Paprika
1 Chilischote
300 ml Hühnersuppe
2 TL brauner Zucker
1 gestr. EL Speisestärke
1 EL frischer Ingwer (grob gehackt)
4 Zweige frischer Koriander

Nährwert pro Portion
495 kcal; 29 g EW; 32 g Fett; 22 g KH; 1,4 BE; 115 mg Chol.

1 Entenbrust in dünne Scheiben schneiden. Für die Marinade Stärke und Sojasauce vermischen. Fleisch darin wenden und 20 Minuten ziehen lassen.

2 Inzwischen Mango und Ananas in dünne Scheiben schneiden, Paprika putzen und in Streifen schneiden. Chili hacken.

3 Hühnersuppe und Zucker vermischen. Stärke in 4 EL kaltem Wasser glatt rühren.

4 Im Wok Erdnussöl erhitzen, Fleisch darin kurz braten und herausnehmen. Im Bratrückstand Ingwer, Chili und Paprika unter Rühren kurz braten.

5 Fleisch wieder zugeben, unter Rühren kurz erhitzen. Mango und Ananas zugeben, unter Rühren erhitzen. Mit Hühnersuppe aufgießen und aufkochen, Speisestärke unterrühren. Erhitzen, bis die Sauce bindet. Knusprige Ente mit Koriander bestreut servieren.

Modern Times

Shinren Tofu – Milch-Mandel-Gelee

4 Portionen, Zubereitungszeit ca. ½ Stunde (Zeit zum Kühlen mindestens 5 Stunden)

1 Mandeln fein hacken. Wasser aufkochen, Mandeln darin kurz köcheln, vom Herd nehmen und ca. 10 Minuten ziehen lassen.

2 Gelatine in kaltem Wasser einweichen. Mandelmischung durch ein feines Sieb gießen, Gelatine gut ausdrücken und im „Mandelwasser" auflösen.

3 Zucker, kalte Milch und Bittermandelaroma mit dem „Mandelwasser" verrühren. Masse in ein möglichst flaches Geschirr gießen, mit Frischhaltefolie zudecken und im Kühlschrank fest werden lassen.

4 Für den Sirup Wasser aufkochen, Zucker zugeben und zugedeckt auskühlen lassen (am besten in den Kühlschrank stellen).

5 Das erstarrte Gelee in Rauten schneiden und gut gekühlt mit dem Sirup servieren. Dazu passt Salat aus frischen Früchten.

---

250 ml Milch
250 ml Wasser
2 EL Zucker
70 g geschälte Mandeln
6 Tropfen Bittermandelaroma
6 Blatt Gelatine

Für den Sirup:
400 ml Wasser
5 EL Zucker

Nährwert pro Portion
175 kcal; 6,3 g EW; 7 g Fett; 21,1 g KH; 1,7 BE; 7 mg Chol.

Waldeslust

Erdäpfel-Schwammerl-Suppe
Tagliatelle mit Schwammerlsauce
Brombeer-Tascherln

Sie müssen sich nicht in den Wald begeben um dieses „forestre" Menü zu kochen. Sollten Sie es dennoch getan und duftende Schwammerln und Brombeeren mitgebracht haben – auf in die Küche!

Zeitplan für stressfreie Kochfreuden:
2 Stunden vorher:
- Sesamstangerln backen.
- Brombeer-Tascherln kochfertig zubereiten.

1 Stunde vorher:
- Pilze für die Sauce (Nudeln) schneiden.
- Suppe zubereiten.
- Butterbrösel vorbereiten.

Frisch zubereiten:
- Schwammerlsauce zubereiten, Tagliatelle kochen.
- Brombeer-Tascherln kochen.

Getränketipps:
Tagliatelle: Zu den Schwammerlgerichten harmonieren gereifte Weißweine mit wenig Säure wie Weißburgunder, Neuburger und Zierfandler am besten.

Brombeer-Tascherln: Sollten Sie eines roten Schilfweines aus dem Burgenland habhaft werden können, wird er Ihnen zu den Brombeer-Tascherln sicher viel Gaumenfreude bereiten.

Waldeslust

Erdäpfel-Schwammerl-Suppe
4 Portionen, Zubereitung ca. 45 Minuten

1 Erdäpfel schälen. Ein Drittel davon in Würfel schneiden und mit kaltem Wasser bedeckt beiseite stellen. Restliche Erdäpfel grob schneiden, Zwiebel schälen und kleinwürfelig schneiden. Lauch der Länge nach aufschneiden, waschen und in Streifen schneiden. Ein Drittel vom Lauch für die Einlage beiseite legen.

2 Schwammerln putzen, kurz waschen, abtropfen lassen und in Scheiben schneiden.

3 In einem Topf 1 EL Öl und die Hälfte der Butter erhitzen. Zwiebel, Lauch und Erdäpfel darin anschwitzen, die Hälfte der Schwammerln zugeben, kurz durchrühren und mit Suppe aufgießen. Suppe aufkochen, mit Salz, Pfeffer, etwas Majoran und Kümmel würzen und bei schwacher Hitze ca. 20 Minuten köcheln.

4 Inzwischen für die Einlage Erdäpfelwürfel und Lauchstreifen nacheinander in Salzwasser bissfest kochen, kalt abschrecken und abtropfen lassen.

5 Schlagobers in die Suppe gießen und aufkochen. Die Suppe mit einem Stabmixer pürieren, durch ein Sieb passieren und mit Salz und Pfeffer abschmecken.

6 Lauchstreifen und Erdäpfelwürfel in die Suppe geben und erwärmen. Die reservierten Schwammerln in der restlichen Butter kurz rösten, salzen und pfeffern. Suppe anrichten, mit den gebratenen Schwammerln und Petersilie bestreuen, die Sesamstangerln dazu servieren.

600 g mehlige Erdäpfel
1 kleine Zwiebel
100 g Lauch
250 g gemischte Schwammerln (Eierschwammerln, Steinpilze, Austernpilze)
80 g Butter
500 ml klare Hühnersuppe (oder Rindsuppe)
125 ml Schlagobers
1 EL gehackte Petersilie
1 EL Öl

Salz, weißer Pfeffer, Majoran, gemahlener Kümmel

Nährwert pro Portion
494 kcal; 8,2 g EW; 39 g Fett; 29 g KH; 2,2 BE; 91 mg Chol.

Sesamstangerln
Zubereitung ca. 20 Minuten

Backrohr auf 180° C vorheizen. Backblech mit Backpapier belegen. Blätterteig in ca. ½ cm breite Streifen schneiden, mit verquirltem Ei bestreichen, mit Sesam bestreuen und leicht eindrehen. Stangerln auf das Backblech legen und im Rohr 8–10 Minuten knusprig braun backen.

150 g Blätterteig (ausgerollt, backfertig)
2 EL Sesam
1 Ei

Waldeslust

Tagliatelle mit Schwammerlsauce
4 Portionen, Zubereitung ca. 35 Minuten

1 Schwammerln putzen, kurz waschen, trockentupfen und in kleine Stücke schneiden. Zwiebel und Knoblauch schälen, Zwiebel kleinwürfelig schneiden, Knoblauch grob hacken.

2 In einer Pfanne Butter erhitzen, Zwiebel und Knoblauch anschwitzen, Schwammerln zugeben und langsam braten, mit Salz, Pfeffer und Zitronensaft würzen. Schlagobers zugießen, aufkochen und Crème fraîche einrühren. Zum Schluss die frisch gehackten Kräuter untermischen.

3 In der Zwischenzeit die Tagliatelle in Salzwasser mit einen Schuss Olivenöl und etwas Basilikum bissfest kochen (Kochzeit laut Packungsanleitung). Tagliatelle abseihen, sofort mit der Schwammerlsauce anrichten. Nach Wunsch mit Kräutern und geriebenem Parmesan servieren.

280 g Tagliatelle
250 g gemischte Schwammerln (Champignons, Austernpilze, Shiitake)
½ Zwiebel
2–3 Knoblauchzehen
80 g Butter
250 ml Schlagobers
2 EL Crème fraîche
1 EL gehackte Kräuter (Liebstöckel, Petersilie, Kerbel)

Salz, weißer Pfeffer, Olivenöl, Zitronensaft, Parmesan, getrocknetes Basilikum

Nährwert pro Portion
703 kcal; 14 g EW; 49 g Fett; 54 g KH; 4 BE; 203 mg Chol.

Waldeslust

Brombeer-Tascherln
4 Portionen (à 4 Stück), Zubereitung ca. 1 Stunde

Brandteig zum Kochen (siehe Grundrezept)
1 Dotter (zum Bestreichen)

Fülle:
200 g Brombeeren
2 EL Brombeer-Marmelade

Butterbrösel:
100 g Butter
100 g Semmelbrösel
2 EL Kristallzucker

Garnitur:
150 g Brombeeren

Salz, Mehl

Nährwert pro Portion
597 kcal; 11,7 g EW; 33 g Fett; 61 g KH; 5,1 BE; 258 mg Chol.

1. Teig auf einer gut bemehlten Arbeitsfläche flach drücken und 2 mm dick ausrollen. Aus dem Teig mit einem glatten Ausstecher (Ø 9 cm) 16 Scheiben ausstechen.

2. Brombeeren (große halbieren) mit Marmelade verrühren. Teigränder mit Dotter bestreichen. Etwas außerhalb der Mitte jeder Teigscheibe 1 EL Fülle setzen.

3. Teig über die Fülle klappen, die Ränder zuerst mit den Fingerspitzen, dann mit einer Gabel gut zusammendrücken.

4. Leicht gesalzenes Wasser aufkochen. Tascherln einlegen, ca. 10 Minuten schwach köcheln und mit einem Gitterlöffel herausheben.

5. Während die Tascherln kochen, Butter schmelzen, Brösel und Zucker zugeben und unter Rühren rösten. Tascherln in den Bröseln wälzen und mit Brombeeren garniert servieren.

---

200 ml Milch
20 g Butter
1 Pkg. Vanillezucker
Schale von ½ Zitrone (unbehandelt)
140 g glattes Mehl
2 Dotter

Salz

Grundrezept Brandteig zum Kochen
Zubereitung ca. 25 Minuten

Milch, Butter, Vanillezucker, abgeriebene Zitronenschale und 1 kleine Prise Salz aufkochen. Mehl einrieseln lassen und gut verrühren.
Masse unter Rühren (Kochlöffel) bei schwacher Hitze rösten, bis sie sich vom Geschirrboden löst (dauert ca. 1 ½ Minuten).
Teig in eine Schüssel füllen und ein wenig abkühlen lassen. Dotter nach und nach einarbeiten und rühren, bis ein geschmeidiger Teig entsteht.

Herbstgold

Kürbissuppe mit Kapuzinerkresse
Lammkoteletts mit Kürbispüree
Kürbis-Muffins

Welch ein Glück, dass es Kürbis gibt. Das delikate Herbstgemüse gibt es in vielen adretten Formen und Geschmacksrichtungen, da ist für reichlich Abwechslung gesorgt. Wenn Sie auch zu jenen gehören, die nicht genug vom Kürbis bekommen können – hier kommt das ultimative Kürbis-Menü.

Zeitplan für stressfreie Kochfreuden:
2 Stunden vorher:
- Kürbis-Muffins zubereiten. Lauwarm servieren.

Mindestens 1 Stunde vorher:
- Kürbissuppe und Kürbispüree zubereiten.
- Lammkoteletts bratfertig vorbereiten.

Frisch zubereiten:
- Lammkoteletts braten.

Getränketipps:
Kürbissuppe: Es gibt Weine, die sind wie geschaffen für eine Kürbissuppe. Traminer oder Zierfandler sind zwei solche.

Lammkoteletts: Hier darf es zum Lamm ausnahmsweise ein Weißwein sein, am besten wählen Sie einen von der kräftige Sorte aus dem Barrique, zum Beispiel einen Chardonnay.

Muffins: Zu den duftigen Muffins wird ein Weißwein mit muskatigen Anklägen in Auslesequalität oder ein prickelnder Moscato d'Asti gut korrespondieren.

Herbstgold

Kürbissuppe mit Kapuzinerkresse
4 Portionen, Zubereitung ca. 45 Minuten

1. Suppe aufkochen. Inzwischen Kürbis und Erdäpfel schälen. Kürbiskerne entfernen. Kürbis und Erdäpfel kleinwürfelig schneiden und in der Suppe gut weich kochen. Obers zugießen und die Suppe mit einem Stabmixer fein pürieren.

2. Suppe mit Salz, Pfeffer, Ingwer und einigen Tropfen Balsamessig würzen, in vorgewärmten Tellern anrichten und mit den Kresseblüten garnieren.

1 l klare Gemüsesuppe
300 g Kürbis
200 g mehlige Erdäpfel
125 ml Schlagobers
1 MS frischer Ingwer (fein geraspelt)
4 Kapuzinerkresse-Blüten

Salz, Pfeffer, Balsamessig

Nährwert pro Portion
235 kcal; 2,5 g EW; 12,4 g Fett; 15,4 g KH; 1,2 BE; 55 mg Chol.

Tipp:
Als Einlage passen gebratene Apfelscheiben:
Apfelscheiben mit wenig Zitronensaft beträufeln und in einer Mischung aus aufgeschäumter Butter, Honig und fein geraspeltem Ingwer beidseitig braten.

Herbstgold

Lammkoteletts mit Kürbispüree
4 Portionen, Zubereitung ca. 1 ¼ Stunden

**1 Lammrückenfilet mit
   Knochen (zugeputzt)
6 EL Olivenöl
4 kleine Rosmarinzweige
150 ml klare Suppe**

**Kürbispüree:
250 g mehlige Erdäpfel
500 g Kürbis
1 EL Butter
100 ml klare Gemüsesuppe**

Salz, Pfeffer, Muskatnuss

Nährwert pro Portion
*444 kcal; 32,5 g EW; 24,5 g Fett;
18,4 g KH; 1,5 BE; 113 mg Chol.*

1. Backrohr auf 200 °C vorheizen. Backblech mit Alufolie belegen. Kürbis halbieren, entkernen, auf das Backblech legen und im Rohr (mittlere Schiene) backen, bis sich das Fruchtfleisch aus der Schale lösen lässt (ca. 35 Minuten). Fruchtfleisch aus der Schale lösen und zugedeckt warm stellen.

2. Während der Kürbis gart, Erdäpfel in der Schale weich kochen, Wasser abgießen und die Erdäpfel im geschlossenen Topf ausdampfen lassen.

3. Fleisch mit Salz und Pfeffer würzen. In einer Pfanne (mit hitzebeständigem Griff) Öl erhitzen, Fleisch darin beidseitig gut anbraten. Fleisch zuerst mit Rosmarinzweigen belegen, dann mit Bratfett übergießen und im Rohr (unterste Schiene / Gitterrost) ca. 20 Minuten braten; Fleisch nach halber Garzeit wenden.

4. Inzwischen Erdäpfel schälen und zerstampfen oder durch eine Erdäpfelpresse drücken, mit Kürbisfruchtfleisch, Butter, Suppe (100 ml), Salz, Pfeffer und Muskatnuss zu cremiger Konsistenz verrühren und zugedeckt warm stellen.

5. Fleisch aus der Pfanne nehmen und zugedeckt rasten lassen. Bratfett abgießen, Bratrückstand mit Suppe (150 ml) ablöschen, aufkochen und durch ein Sieb gießen. Saft einkochen. Lammfilet in Koteletts schneiden und mit Natursaft und Kürbispüree anrichten.

Herbstgold

Kürbis-Muffins
12 Stück, Zubereitung ca. 1¼ Stunden

1. Backrohr auf 180 °C vorheizen. Muffinblech mit Antihaft-Beschichtung (12 Vertiefungen, Inhalt je 100 ml) vorbereiten.

2. Kürbis grob raspeln, in ein Tuch einschlagen, gut ausdrücken und mit den Nüssen vermischen. Mehl mit Backpulver und Zimt versieben. Eier in Dotter und Klar trennen.

3. Dotter mit Zucker gut cremig rühren (mit der Küchenmaschine / Schneebesen). Sobald die Masse nicht mehr an Volumen zunimmt, Öl unter Rühren in dünnem Strahl zugießen.

4. Eiklar zu festem Schnee schlagen. Kürbis-Nussmischung, dann Mehl in den Dotterabtrieb rühren. Zuletzt den Schnee unterheben.

5. Masse in die Vertiefungen des Muffinblechs füllen und glatt streichen. Muffins im Rohr (mittlere Schiene / Gitterrost) ca. 40 Minuten backen.

6. Muffins aus dem Rohr nehmen, auskühlen lassen, dann aus den Förmchen stürzen und servieren.

200 g Kürbis-Fruchtfleisch
100 g geröstete Haselnüsse (gerieben)
200 g glattes Mehl
½ Pkg. Backpulver
½ gestr. TL Zimt (gemahlen)
2 Eier
210 g Staubzucker (fein gesiebt)
125 ml Rapsöl

Nährwert pro Portion
295 kcal; 5,2 g EW; 16,9 g Fett; 31,2 g KH; 2,6 BE; 43 mg Chol.

Tipp:
Garnitur
Zusätzlich kann man die Muffins mit Staubzucker und einem Hauch gemahlenem Zimt bestreuen oder mit Schokoladeglasur überziehen.

Wasser und Luft

Suppe mit Schwammerl-Schöberln
Welsfilet mit Brunnenkresse-Sauce
Gebratene Entenbrust mit Kirschen-Ingwer-Sauce
Süßes Paradeis-Apfel-Mus auf Knusperteig

Die schönsten Kunstwerke macht die Natur und im Herbst kann man diese in ihrer ganzen Pracht bewundern und genießen. Aus einer Vielzahl kleiner Kunstwerke, den besten Zutaten der Jahreszeit, entsteht dieses saisonale Menü.

Zeitplan für stressfreie Kochfreuden:
7 Stunden vorher:
- Paradeis-Apfel-Mus, Teigböden und Mangosauce zubereiten.
- Schwammerl-Schöberln zubereiten.
- Rote-Rüben-Nockerln und Fisolengemüse kochen, kalt abschrecken und abgetropft kühl stellen.

2 Stunden vorher:
- Fischfilets vorbereiten, ungewürzt auf einen Teller legen.
- Linsen kochen, Lauch kochfertig vorbereiten.
- Ansatz für Fischsauce (Punkt 1) zubereiten.
- Kirschen-Ingwer-Sauce fertig stellen.
- Basilikumblättchen backen.

Frisch zubereiten:
- Fisch braten, parallel dazu Sauce und Gemüse fertig stellen.
- Entenbrust braten (rechtzeitig aus dem Kühlschrank nehmen!), Beilagen fertig stellen.
- Dessert eine halbe Stunde vor dem Servieren aus dem Kühlschrank nehmen.

Getränketipps:
Wels: Fisch und Kressesauce werden sich mit einem Sauvignon blanc oder einem Chardonnay mit zarter Barriquenote gut verstehen.
Ente: Ein fruchtiger, nicht zu herber Rotwein wird einen guter Partner für die Ente abgeben. Vorzugsweise wählt man Pinot noir oder Syrah.
Paradeis-Apfel-Mus: Ein Glas Prosecco oder Champagner lässt dieses originelle Menü beschwingt ausklingen. Wenn Sie Perlen wenig abgewinnen können, passt auch ein Süßwein im Auslesebereich.

Wasser und Luft

Suppe mit Schwammerl-Schöberln

4 Portionen, Zubereitung ca. 1 Stunde

1. Zwiebel schälen. Champignons putzen, waschen und trockentupfen. Champignons und Zwiebel kleinwürfelig schneiden, in Butter anschwitzen, salzen, pfeffern und ca. 1 Minute rösten. Mischung vom Herd nehmen. Spinat putzen, waschen und in feine Streifen schneiden.

2. Backrohr auf 200 °C vorheizen. Backblech mit Backpapier belegen. Ei in Dotter und Klar trennen. Milch mit je 1 kleinen Prise Salz und Muskatnuss aufkochen, Grieß einrieseln lassen und unter Rühren dick einkochen. Masse abkühlen lassen.

3. Dotter, Champignons und Spinat in die Grießmasse rühren. Eiklar zu cremigem Schnee schlagen. Schnee und Mehl nacheinander unterheben. Die Masse auf das Backblech gießen, fingerdick verstreichen und im Rohr (mittlere Schiene) ca. 15 Minuten backen.

4. Schöberlmasse aus dem Rohr nehmen, mit dem Papier vom Blech ziehen, auskühlen lassen und in Stücke schneiden. Schnittlauch fein schneiden. Suppe aufkochen, in Teller gießen, Schöberln einlegen, die Suppe mit Schnittlauch bestreut servieren.

1 l klare Gemüsesuppe
1 kleiner Bund Schnittlauch

Schöberln:
20 g rote Zwiebel
50 g Champignons
1 TL Butter
50 g Blattspinat
1 Ei
125 ml Milch
30 g Weizengrieß
10 g glattes Mehl (1 EL)

Salz, Muskatnuss, Pfeffer

Nährwert pro Portion
164 kcal; 4 g EW; 5,3 g Fett; 12,5 g KH; 1 BE; 93 mg Chol.

Wasser und Luft

Welsfilet mit Brunnenkresse-Sauce
4 Portionen, Zubereitung ca. 30 Minuten

400 g Welsfilets
3 EL Öl

Kressesauce:
30 g Brunnenkresse
½ kleine Zwiebel
125 ml Weißwein
150 ml klare Suppe
125 g Crème fraîche

Salz, Pfeffer, Zitronensaft

Nährwert pro Portion
360 kcal; 18,6 g EW; 28,4 g Fett;
2,7 g KH; 0,2 BE; 183 mg Chol.

1. Für die Sauce Kresseblättchen von den Stielen zupfen. Zwiebel schälen, kleinwürfelig schneiden, mit Wein vermischen und aufkochen. Wein fast zur Gänze einkochen. Suppe zugießen und aufkochen, Crème fraîche einrühren und die Sauce cremig einkochen.

2. Die Fischfilets in 4 Stücke schneiden, mit Salz, Pfeffer und Zitronensaft würzen. Öl erhitzen und die Filets darin beidseitig kurz braten (dauert insgesamt ca. 1 Minute).

3. Kresseblättchen grob hacken und in die Sauce rühren. Sauce mit Salz, Pfeffer und Zitronensaft würzen und mit einem Stabmixer aufschlagen. Fischfilets mit der Sauce und dem Gemüse (siehe Rezept) anrichten.

30 g rote Linsen
80 g Lauch
1 EL Butter
ca. 3 EL klare Suppe

Salz, Pfeffer

Nährwert pro Portion
58 kcal; 2,2 g EW; 3,3 g Fett;
4,5 g KH; 0,3 BE; 10 mg Chol.

Linsen-Lauch-Gemüse
4 Portionen, Zubereitung ca. 25 Minuten

Linsen verlesen, in kochendes Wasser geben und bissfest kochen. Linsen abseihen, kalt abschrecken und gut abtropfen lassen. Lauch putzen, der Länge nach aufschneiden und gut waschen. Lauch quer in ca. 1 cm dicke Scheiben schneiden, in Butter anschwitzen, Suppe zugießen und kurz köcheln lassen. Linsen untermischen, Gemüse mit Salz und Pfeffer würzen.

Gebratene Entenbrust mit Kirschen-Ingwer-Sauce

4 Portionen, Zubereitung ca. 50 Minuten

2 Entenbrustfilets
   (à ca. 350 g, mit Haut)
3 EL Öl

Kirschen-Ingwer-Sauce:
150 g Kompott-Sauerkirschen (entkernt)
150 ml Rotwein
1 MS frischer Ingwer (geraspelt)
Schale von ½ Zitrone (unbehandelt)
100 ml Bratensaft

Salz, Pfeffer, Thymian

Nährwert pro Portion
517 kcal; 16 g EW; 37,8 g Fett; 6,3 g KH; 0,4 BE; 135 mg Chol.

1. Kirschen abtropfen lassen und in kleine Stücke schneiden. Wein mit Kirschen, Ingwer und abgeriebener Zitronenschale vermischen und bei schwacher Hitze ca. 15 Minuten köcheln.

2. Kirschen-Ingwer-Sauce mit einem Stabmixer fein pürieren, durch ein Sieb passieren und mit dem Bratensaft vermischen.

3. Backrohr auf 180 °C vorheizen. Die Entenbrüste auf der Hautseite mit einem scharfen Messer kreuzweise einschneiden (nicht zu tief, das Fleisch darf nicht eingeschnitten werden). Fleisch beidseitig mit Salz, Pfeffer und wenig Thymian würzen.

4. In einer Bratpfanne Öl erhitzen. Entenbrüste mit der Hautseite nach unten einlegen und anbraten. Pfanne ins Rohr (mittlere Schiene / Gitterrost) stellen und das Fleisch ca. 15 Minuten braten – nach halber Garzeit wenden.

5. Entenbrüste aus dem Rohr nehmen, mit Alufolie zudecken und ca. 5 Minuten rasten lassen. Inzwischen die Kirschen-Ingwer-Sauce aufkochen. Entenbrüste quer zur Faser in ca. ½ cm dicke Scheiben schneiden, mit der Sauce und den Beilagen (siehe Rezepte) anrichten.

Wasser und Luft

Fisolengemüse

4 Portionen, Zubereitung ca. 25 Minuten

Fisolen putzen und in Salzwasser bissfest kochen. Abseihen, in kaltem Wasser abschrecken und gut abtropfen lassen. Fisolen in schräge, ca. 2 cm breite Stücke schneiden und in aufgeschäumter Butter schwenken. Gemüse mit Salz und Pfeffer würzen und mit gehacktem Bohnenkraut (ersatzweise Petersilie) vermischen.

150 g breite Fisolen
1 EL Butter
1 TL Bohnenkraut (gehackt; oder Petersilie)

Salz, Pfeffer

Nährwert pro Portion
30 kcal; 3,6 g EW; 2,1 g Fett; 1,4 g KH; 0,1 BE; 6 mg Chol.

Rote-Rüben-Nockerln

4 Portionen, Zubereitung ca. 45 Minuten

Milch und Rote-Rüben-Saft vermischen. Mehl in eine Schüssel sieben, zerlassene Butter, Ei und 1 Prise Salz zugeben, Rote-Rüben-Milch zugießen und mit einem Kochlöffel zu einem glatten Teig abschlagen. Reichlich Salzwasser aufkochen. Den Teig durch ein Nockerlsieb in das kochende Wasser drücken, dabei öfters umrühren. Nockerln aufkochen und ca. 1 ½ Minuten kochen. Sobald die Nockerln an der Oberfläche schwimmen, mit einem Siebschöpfer herausheben, mit kaltem Wasser abschrecken und gut abtropfen lassen. Nockerln vor dem Anrichten in aufgeschäumter Butter schwenken, mit Salz und Pfeffer würzen.

60 ml Milch
60 ml Rote-Rüben-Saft
200 g glattes Mehl
20 g Butter
1 Ei

1 EL Butter, Salz, Pfeffer

Nährwert pro Portion
273 kcal; 7,7 g EW; 10,1 g Fett; 37,4 g KH; 3 BE; 87 mg Chol.

Wasser und Luft

Süßes Paradeis-Apfel-Mus auf Knusperteig

4 Portionen, Zubereitung ca. 50 Minuten (Kühlzeit gesamt ca. 7 Stunden)

Paradeis-Apfel-Mus:
750 g reife Paradeiser
1 ½ gestr. EL Paradeismark
70 g Staubzucker
7 Blatt Gelatine
150 ml Apfelmus (Fertigprodukt)
300 g Sauerrahm

Knusperteig:
50 g weiche Butter
175 g glattes Mehl
75 g Sauerrahm
1 Pkg. Vanillezucker

Mehl, Salz

Nährwert pro Portion
623 kcal; 9,7 g EW; 32,7 g Fett; 68,4 g KH; 5,7 BE; 98 mg Chol.

1. Für das Mus 4 Förmchen (Inhalt ca. 200 ml, Ø 9 cm) mit kaltem Wasser ausspülen. Stielansätze aus den Paradeisern schneiden. Paradeiser ca. 10 Sekunden in kochendes Wasser legen, kalt abschrecken und die Haut abziehen. Paradeiser vierteln, entkernen und in kleine Würfel schneiden.

2. Paradeiser mit Paradeismark und Zucker verrühren und bei schwacher Hitze ca. 12 Minuten köcheln. Gelatine in kaltem Wasser einweichen. Paradeismasse vom Herd nehmen, mit einem Stabmixer fein pürieren. Gelatine gut ausdrücken und in der noch warmen Paradeismasse auflösen. Masse etwas überkühlen lassen, Apfelmus und Sauerrahm einrühren.

3. Paradeismus in die Förmchen füllen, mit Frischhaltefolie zudecken und im Kühlschrank fest werden lassen (dauert ca. 7 Stunden).

4. Für den Knusperteig Butter mit Mehl, Sauerrahm, Vanillezucker und 1 kleinen Prise Salz zu einem Teig verkneten. Teig in Frischhaltefolie wickeln und ca. 1 Stunde kühl stellen.

5. Backrohr auf 200 °C vorheizen. Backblech mit Backpapier belegen. Teig auf einer leicht bemehlten Arbeitsfläche dünn ausrollen, Scheiben (Ø 10 cm) ausstechen, auf das Backblech legen und mit einer Gabel in kurzen Abständen einstechen.

6. Teigscheiben im Rohr (mittlere Schiene) ca. 15 Minuten backen, aus dem Rohr nehmen und auskühlen lassen.

7. Zum Anrichten die Teigscheiben auf die Teller legen. Förmchen kurz in heißes Wasser tauchen und das Mus auf die Teigscheiben stürzen. Das Paradeis-Apfel-Mus mit Mangopüree und gebackenem Basilikum garnieren.

Mangopüree

4 Portionen, Zubereitung ca. 40 Minuten

1 Mango (ca. 300 g)
1 EL Zitronensaft

Nährwert pro Portion
48 kcal; 0,4 g EW; 0,3 g Fett; 10 g KH; 0,8 BE; 0 mg Chol.

Mango dünn schälen, auf die Spitze stellen und das Fruchtfleisch in 2 großen Stücken flach vom Kern schneiden. Auf dem Kern verbliebenes Fruchtfleisch ebenfalls abschneiden. Fruchtfleisch in kleine Stücke schneiden, mit 60 ml Wasser und Zitronensaft verrühren und mit einem Stabmixer fein pürieren.

Männersache

Räucherfischsuppe mit Oliven, Sellerie und Kresse
Rindsragout mit Kirschparadeisern und Kapernbeeren
Preiselbeerterrine mit Mandelsauce

Wenn Männer zu Freizeitköchen werden, soll's einfach und unkompliziert sein und trotzdem nach mehr aussehen. Um Stress-Situationen vorzubeugen, sind die Gerichte dieses Menüs so gewählt, dass alles in Ruhe vorbereitet werden kann.

Zeitplan für stressfreie Kochfreuden:
6 Stunden vorher:
- Preiselbeerterrine und Mandelsauce zubereiten.

3 Stunden vorher:
- Rindsragout bis inklusive Punkt 3 zubereiten.
- Suppe bis inklusive Punkt 2 zubereiten.
- Sellerie und Oliven vorbereiten.
- Gefüllte Zwiebeln zubereiten.
- Zupfnockerln kochen, kalt abschrecken.

Frisch zubereiten:
- Räucherfisch erwärmen, Suppe fertig stellen.
- Ragout fertig stellen, Nockerln in Butter schwenken, gefüllte Zwiebeln erwärmen.
- Preiselbeerterrine anrichten, Mandelsauce aufschlagen.

Getränketipps:
Räucherfischsuppe: Eine Suppe, die aufgrund ihres kräftigen Räucherfischgeschmacks nach einen Wein mit Charakter verlangt. Eine interessante Kombination wäre etwa die mit trockenem Sherry.

Rindsragout: Ein eindeutiger Fall für kräftigen Rotwein: St. Laurent oder eine gereifte Cabernet-Cuvée bieten sich an.

Preiselbeerterrine: Zu dieser luftigen Dessertkreation wird ein prickelnder Schaumwein gut passen, etwa der Kategorie „Dry".

Männersache

Räucherfischsuppe mit Oliven, Sellerie und Kresse

4 Portionen, Zubereitung ca. 35 Minuten

1. Für die Einlage ca. 80 g der Forellenfilets in Stücke schneiden, mit Frischhaltefolie zudecken und kühl stellen. Sellerie schälen, Sellerie und Oliven in kleine Stücke schneiden.

2. Restliche Filets klein schneiden und in einem elektrischen Zerkleinerer fein pürieren. Zwiebel schälen, klein schneiden und in Butter anschwitzen. Mehl einrühren, kurz rösten, mit Wein, Suppe und Milch aufgießen. Suppe bei schwacher Hitze unter öfterem Umrühren ca. 12 Minuten köcheln, mit Salz, Pfeffer und Zitronensaft würzen.

3. Backrohr auf 60 °C vorheizen. Die Forellenstücke für die Einlage kurz im Rohr erwärmen (die Folie vorher entfernen).

4. Die pürierten Forellen mit einem Schneebesen in die Suppe rühren, Suppe ca. 2 Minuten köcheln und mit einem Stabmixer fein pürieren. Oliven und Sellerie unterrühren.

5. Kresseblättchen von den Stielen schneiden. Suppe in vorgewärmte Teller schöpfen, mit den Forellenstücken und Kresseblättchen garniert servieren.

---

250 g geräucherte Forellenfilets (ohne Haut und Gräten)
½ kleine Zwiebel
30 g Butter
1 EL glattes Mehl
150 ml Weißwein
350 ml klare Suppe
500 ml Milch

Einlage:
40 g Stangensellerie
Je 6 grüne und schwarze Oliven (entkernt)
½ Pkg. Gartenkresse

Salz, Pfeffer, Zitronensaft

Nährwert pro Portion
279 kcal; 18,4 g EW; 15 g Fett; 11 g KH; 0,8 BE; 70 mg Chol.

Männersache

Rindsragout mit Kirschparadeisern und Kapernbeeren
4 Portionen, Zubereitung ca. 1 ¾ Stunden

800 g Rindsschulter
300 g Zwiebeln
60 ml Öl
1 EL Paradeismark
20 g glattes Mehl
250 ml Rotwein
250 ml roter Portwein
400 ml dunkler Bratensaft
3 Knoblauchzehen
2 gestr. EL Speisestärke

Salz, Pfeffer, Rosmarin

Garnitur:
2 EL Olivenöl
8 Kapernbeeren (abgetropft)
8 Kirschparadeiser

Salz, Pfeffer

Nährwert pro Portion
656 kcal; 43 g EW; 31 g Fett; 25 g KH; 1,4 BE; 120 mg Chol.

1 Fleisch in 4 cm große Stücke schneiden. Zwiebeln schälen und kleinwürfelig schneiden.

2 Zwiebeln in Öl unter öfterem Umrühren goldbraun rösten. Zuerst Paradeismark, dann Mehl einrühren und kurz rösten. Mit Wein und Portwein ablöschen und auf die Hälfte einkochen. Bratensaft zugießen und aufkochen. Fleisch untermischen, nochmals aufkochen, mit Salz, Pfeffer, Rosmarin und zerdrücktem Knoblauch würzen. Ragout zudecken und bei mittlerer Hitze ca. 1 ¼ Stunden dünsten.

3 Fleisch mit einem Siebschöpfer aus der Sauce heben und zugedeckt beiseite stellen. Stärke mit 2 EL kaltem Wasser glatt rühren, in die Sauce gießen und ca. ½ Minute köcheln. Sauce mit einem Stabmixer fein pürieren, Fleisch einlegen und kurz ziehen lassen.

4 Für die Garnitur Öl erhitzen. Kapern und Kirschparadeiser darin unter Schwenken kurz braten, mit Salz und Pfeffer würzen. Ragout mit Paradeisern und Kapern anrichten, als Beilagen Zupfnockerln und gefüllte Zwiebeln servieren.

Männersache

Kräuter-Zupfnockerln

4 Portionen, Zubereitung ca. 35 Minuten (zum Rasten des Teiges ca. 30 Minuten)

Germ in der Milch auflösen, mit Salz und Mehl vermischen und zu einem glatten Teig verrühren.
Teig zudecken und an einem warmen Ort ca. 30 Minuten gehen lassen. Reichlich Salzwasser aufkochen. Vom Teig kleine Stücke abzupfen, ins kochende Wasser geben und ca. 20 Minuten schwach wallend köcheln – dabei mehrmals durchrühren. Butter bis zum Aufschäumen erhitzen. Nockerln abseihen, gut abtropfen lassen und in der Butter schwenken. Kräuter untermischen, die Nockerln mit Salz und Pfeffer würzen.

½ Pkg. Germ (21 g)
125 ml lauwarme Milch
½ TL Salz
250 g glattes Mehl
1 TL Butter
½ EL Kräuter (gehackt)

Salz, Pfeffer

Nährwert pro Portion
*245 kcal; 8,1 g EW; 3 g Fett;
46 g KH; 3,8 BE; 7 mg Chol.*

Rote Zwiebeln mit Brokkoli

4 Portionen, Zubereitung ca. 25 Minuten

Zwiebeln schälen, ca. 8 Minuten in Salzwasser kochen, kalt abschrecken und abtropfen lassen. Zwiebeln quer halbieren. Das Innere mit den Fingerspitzen behutsam herausdrücken. Brokkoli in Salzwasser bissfest kochen, abseihen, abschrecken und abtropfen lassen. Zwiebeln mit Brokkoliröschen füllen, mit Salz und Pfeffer würzen. Suppe mit der Butter erhitzen, die gefüllten Zwiebeln hineinsetzen und zugedeckt bei schwacher Hitze ca. 3 Minuten erhitzen.

2 kleine rote Zwiebeln
200 g Brokkoli-Röschen
40 ml klare Suppe
1 TL Butter

Salz, Pfeffer

Nährwert pro Portion
*38 kcal; 2,4 g EW; 2 g Fett;
3 g KH; 0 BE; 5 mg Chol.*

Männersache

Preiselbeerterrine mit Mandelsauce
5 Portionen, Zubereitung ca. 40 Minuten (zum Kühlen 7 Stunden)

150 g Preiselbeerkompott
3 EL Zitronensaft
300 ml Milch
2 Dotter
50 g Kristallzucker
6 Blatt Gelatine
125 ml Schlagobers

Minzeblätter, Mandelblättchen (geröstet)

Nährwert pro Portion
228 kcal; 5,9 g EW; 12 g Fett; 23 g KH; 1,9 BE; 126 mg Chol.

1 Terrinenform (Inhalt ca. 750 ml) mit kaltem Wasser ausspülen und mit Frischhaltefolie auslegen. Preiselbeerkompott mit Zitronensaft vermischen, mit einem Stabmixer fein pürieren.

2 Gelatine in kaltem Wasser einweichen. Milch aufkochen. Dotter mit Zucker cremig rühren. Milch unter Rühren in die Dottermasse gießen. Dottermilch zurück in das Kochgefäß leeren und unter Rühren langsam erhitzen, bis sie eindickt (die Creme darf nicht kochen!).

3 Creme in eine Schüssel gießen. Gelatine ausdrücken und darin auflösen. Creme unter Rühren abkühlen lassen. Preiselbeerpüree unterrühren, Obers schlagen und unterheben.

4 Masse in die Form füllen, gleichmäßig verstreichen, mit Frischhaltefolie zudecken und ca. 7 Stunden kühlen.

5 Terrine aus der Form stürzen, in Stücke schneiden und mit der Mandelsauce anrichten, mit Minzeblättern und Mandelblättchen garnieren.

Mandelsauce
5 Portionen, Zubereitung ca. 20 Minuten

250 ml Milch
30 g Kristallzucker
1 Pkg. Vanillezucker
2 EL Mandeln (fein gerieben)
1 TL Vanillepudding-Pulver
1 Dotter
2 EL Amaretto
Salz

Nährwert pro Portion
228 kcal; 5,9 g EW; 12 g Fett; 23 g KH; 1,9 BE; 126 mg Chol.

Ca. zwei Drittel der Milch mit Kristallzucker, Vanillezucker, Mandeln und 1 kleinen Prise Salz aufkochen. Übrige Milch mit Puddingpulver und Dotter verquirlen, in die Mandelmilch gießen und unter Rühren ca. 1 Minute köcheln, bis die Sauce bindet. Sauce vom Herd nehmen und mit Frischhaltefolie zudecken (die Folie direkt auf die Creme legen, so bildet sich keine Haut). Sauce auskühlen lassen. Kurz vor dem Anrichten Likör einrühren und die Sauce mit einem Stabmixer schaumig aufschlagen.

Südtiroler Tradition

Rollgerstensuppe mit Erbsen und Selchfleisch
Ladinischer Schweinsbraten mit Pilzknödeln
Karamellisierte Apfelpalatschinken

Ein Hoch auf die traditionelle Küche Südtirols! Mit ihren herbstlichen Aromen weckt sie so wunderbare Assoziationen an stille Berglandschaften, klare Seen und saftige Almwiesen. Bäuerliche Küche, die Bauch und Seele wärmt.

Zeitplan für stressfreie Kochfreuden:
Am Vortag:
- Äpfel (Dessert) marinieren.

4 Stunden vorher:
- Suppe bis Punkt 3 zubereiten.
- Braten bis Punkt 2 zubereiten.
- Pilzknödelmasse – ohne Schnee – zubereiten.

2 Stunden vorher:
- Palatschinkenteig und Apfelfülle (Dessert) zubereiten.

Kurz vorher:
- Fleisch erwärmen.
- Suppe fertig stellen.

Frisch zubereiten:
- Pilzknödel fertig stellen.
- Apfelpalatschinken überbacken.

Getränketipps:
Rollgerstensuppe: Zu dieser traditionellen Bauernkost passt – auch wenn in Südtirol viele Bauern Weinbauern sind – am ehesten ein gutes Glas Bier.

Ladinischer Schweinsbraten: Leichte Rotweine wie der Kalterersee oder der St. Magdalener haben zu diesem leicht mediterran angehauchten Gericht ebenso ihre Berechtigung wie ein kräftiger Chardonnay oder Pinot gris.

Apfelpalatschinken: Eine absolute Südtiroler Spezialität ist der zumeist als Süßwein ausgebaute Rosenmuskateller. Eine Alternative dazu sind Süßweine aus dem burgenländischen Seewinkel.

Südtiroler Tradition

Rollgerstensuppe mit Erbsen und Selchfleisch

4 Portionen, Zubereitung ca. 1 Stunde

1. Gemüse putzen und schälen. Sellerie in Scheiben schneiden. Karotten und Gelbe Rüben längs halbieren, Zwiebel und Lauch in grobe Stücke schneiden. 2 Liter Wasser mit Gemüsestücken, der Hälfte der Petersilie, 2 Liebstöckelblättern, Lorbeerblättern und Pfefferkörnern aufkochen. Ripperln einlegen, aufkochen und bei mittlerer Hitze ca. 30 Minuten köcheln.

2. Ripperln und Gemüse aus der Suppe heben und in kaltem Wasser abschrecken. Fleisch von den Knochen lösen.

3. Ca. 900 ml der Suppe durch ein feines Sieb gießen, mit Salz und Pfeffer würzen und aufkochen. Die Rollgerste zugeben und ca. 20 Minuten weich kochen.

4. Für die Einlage Sellerie, Karotten, Gelbe Rüben und Fleisch klein würfeln. Knapp vor Ende der Garzeit Erbsen, Gemüse und Fleisch in die Suppe rühren und kurz mitkochen.

5. Vor dem Servieren übriges Liebstöckel und Petersilie hacken. Suppe in vorgewärmten Tellern anrichten und mit Kräutern bestreuen.

160 g Knollensellerie
120 g Karotten
80 g Gelbe Rüben
1 mittlere Zwiebel
80 g Lauch
20 g Petersilie
3 kleine Liebstöckelblätter
2 Lorbeerblätter
12 Pfefferkörner
300 g geselchte Ripperln
100 g Rollgerste
100 g Erbsen (tiefgekühlt)

Salz, Pfeffer

Nährwert pro Portion
264 kcal; 12,6 g EW; 11 g Fett; 27 g KH; 1,8 BE; 24 mg Chol.

Südtiroler Tradition

Ladinischer Schweinsbraten mit Pilzknödeln

4 Portionen, Zubereitung ca. 1 ¼ Stunden (zum Auskühlen des Bratens ca. 2 Stunden)

1 kg Jungschweinsbraten vom Karree (mit Schwarte ohne Knochen)
3 EL Öl
250 ml Schweinsbratensaft

Ölmischung:
100 g Schalotten
5 Knoblauchzehen
1 l Sonnenblumenöl
250 ml Olivenöl
16 g frischer Rosmarin
3 g frischer Thymian
2 g Pfefferkörner
3 Lorbeerblätter

Salz, Kümmel

Nährwert pro Portion
673 kcal; 51,9 g EW; 52 g Fett; 0 g KH; 0 BE; 150 mg Chol.

1. In einen weiten Topf 2–3 cm hoch Wasser gießen und aufkochen. Fleisch mit der Schwarte nach unten einlegen und bei schwacher Hitze ca. 15 Minuten köcheln. Fleisch herausnehmen, kalt abschrecken und trockentupfen. Schwarte schröpfen: Mit einem scharfen Messer im Abstand von 1 cm nicht zu tief einschneiden, anschließend quer einschneiden, sodass kleine Quadrate entstehen.

2. Schalotten und Knoblauch schälen. Schalotten vierteln, Knoblauch halbieren. Fleisch rundum mit Salz und Kümmel kräftig einreiben, im Öl (Schwartenseite zuerst) rundum anbraten und aus der Pfanne heben. Den Bratrückstand mit Bratensaft aufgießen und 3–4 Minuten köcheln. Saft durch ein Sieb gießen und beiseite stellen.

3. Für die Ölmischung in einem Topf (Ø 20 cm) Öle mit Schalotten, Knoblauch und Gewürzen auf ca. 80 °C erhitzen. Fleisch einlegen und ca. 30 Minuten zugedeckt garen (Kerntemperatur 50 °C). Topf vom Herd nehmen und das Fleisch darin zugedeckt auskühlen lassen.

4. Ca. 1 Stunde vor dem Anrichten Öl samt Fleisch nochmals auf ca. 80 °C (Fleisch-Kerntemperatur 50 °C*) erhitzen (dauert ca. 50 Minuten).

5. Fleisch aus dem Öl heben, abtropfen lassen und auf Küchenpapier trockentupfen. Bratensaft aufkochen. Fleisch in Scheiben schneiden, mit dem Saft und den Knödeln anrichten.

* Spezielle Thermometer dafür gibt es im Geschirrfachhandel.

Südtiroler Tradition

Pilzknödel

4 Portionen, Zubereitung ca. 45 Minuten

Brot entrinden (man benötigt 130 g) und in ca. 1 cm große Stücke schneiden. Eier in Dotter und Klar trennen. Milch mit Salz, Pfeffer und Dottern verquirlen, mit dem Brot vermischen und ziehen lassen. Pilze putzen und in ca. 1 cm große Stücke schneiden. Spinat putzen, waschen und in Salzwasser kurz überkochen. Spinat in kaltem Wasser abschrecken, ausdrücken und grob hacken. Zwiebel schälen, kleinwürfelig schneiden und in Öl anschwitzen, Pilze zugeben und mitrösten. Kräuter und Essig zugeben. Pilze, Spinat und Grieß in die Brotmasse rühren, Masse kurz ziehen lassen. Eiklar zu Schnee schlagen und unter die Knödelmasse heben. Aus der Masse 8 Laibchen formen. Backrohr auf 180 °C vorheizen. Butter in einer Pfanne (mit hitzebeständigen Griffen) erhitzen. Laibchen darin beidseitig anbraten und im Rohr (mittlere Schiene / Gitterrost) ca. 15 Minuten backen.
Laibchen nach halber Garzeit wenden.

230 g Toastbrot
2 Eier
100 ml Milch
60 g Pilze
150 g frischer Blattspinat
30 g Zwiebel
1 EL Olivenöl
½ EL Liebstöckel oder Petersilie (gehackt)
1 Spritzer Balsamessig
20 g feiner Maisgrieß
1 EL Butter

Salz, Pfeffer

Nährwert pro Portion
273 kcal; 11 g EW; 11 g Fett; 32,5 g KH; 2,7 BE; 128 mg Chol.

Südtiroler Tradition

Karamellisierte Apfel-Palatschinken

4 Portionen, Zubereitung ca. 45 Minuten (zum Marinieren der Äpfel 24 Stunden)

1. Für die Fülle Vanilleschote der Länge nach halbieren. Äpfel schälen, halbieren und das Kerngehäuse ausschneiden. Äpfel der Breite nach in ca. 2 mm dicke Scheiben schneiden und in eine Schüssel legen.

2. Wasser mit Zucker, Vanilleschote, Zitronensaft, abgeriebener Zitronenschale und Zimtstange aufkochen. Wein zugeben und die Mischung über die Äpfel gießen. Äpfel zugedeckt weich ziehen lassen.

3. Die Aromaten entfernen und den Saft abgießen. Saft auf die Hälfte einkochen, mit dem Apfelbrand vermischen und über die Äpfel gießen. Äpfel mit Frischhaltefolie zugedeckt ca. 24 Stunden ziehen lassen.

4. Ca. 40 Apfelscheiben für die Garnitur beiseite legen, übrige Apfelstücke fein pürieren.

5. Für den Palatschinkenteig von der Vanilleschote das Mark herauskratzen. Mehle mit Milch, Obers, Vanillemark, Vanillezucker, 1 Prise Salz und abgeriebener Zitronenschale verquirlen. Dotter und Ei einrühren. Teig ca. 15 Minuten rasten lassen.

6. Backrohr auf Grillstellung vorheizen. Backblech dünn mit Butter bestreichen. Aus dem Teig 4 Palatschinken (Ø 24 cm) backen, mit dem Apfelpüree bestreichen und zusammenklappen. Palatschinken auf das Backblech legen, mit Apfelstücken belegen, mit Kristallzucker bestreuen und im Rohr (oberste Schiene) überbacken.

7. Sauerrahm mit Staubzucker verrühren. Palatschinken mit Sauerrahm garniert anrichten.

Palatschinkenteig:
½ Vanilleschote
50 g Vollkornmehl
30 g glattes Mehl
160 ml Milch
120 ml Schlagobers
½ Pkg. Vanillezucker
Schale von ½ Zitrone (unbehandelt)
1 Dotter
1 Ei

Fülle und Garnitur:
1 Vanilleschote
4 mittlere Äpfel* (gesamt ca. 750 g)
370 g Wasser
120 g Kristallzucker
Schale und Saft von 1 Zitrone (unbehandelt)
1 Zimtstange
370 g Weißwein
50 ml Apfelbrand
125 g Sauerrahm
1 EL Staubzucker

Salz, Butter, Kristallzucker

Nährwert pro Portion
676 kcal; 8,7 g EW; 26 g Fett; 83 g KH; 6,9 BE; 189 mg Chol.

* Klassische Südtiroler Apfelsorten sind Marlene und Pink Lady. Heimische Alternativen sind Elstar, Cox Orange oder Rubinette.

Thanksgiving

Raw Vegetables / Rohkostplatte
Stuffed Turkey with Gravy / Gefüllter Truthahn
Pumpkin Pie / Kürbiskuchen

Erntedank in der schönen neuen Welt. Thanksgiving ist eines der Feste, das mit traditionellem Essen gefeiert wird. Obligat ist der „turkey", der ur-amerikanische Vogel, gefüllt und mit Cranberry-Sauce serviert. Der Stolz jeder Hausfrau, wenn er dann noch idealtypisch gerät: außen knusprig, innen saftig.

Zeitplan für stressfreie Kochfreuden:
Am Vortag:
- Kürbispüree für den Pumpkin Pie zubereiten, auskühlen lassen.

5 Stunden vorher:
- Mürbteig für den Kuchen zubereiten.
- Pumpkin Pie backen.

3 Stunden vorher:
- Truthahn füllen und ins Rohr schieben.
- Cranberry-Sauce zubereiten und kalt stellen.
- Gemüse für die Beilagen kochen, kalt abschrecken und abtropfen lassen.

Mindestens 1 Stunde vorher:
- Rohkost-Gemüse vorbereiten, mit Frischhaltefolie zugedeckt kühl stellen.
- Eingemachte Zwiebeln zubereiten.

Frisch zubereiten:
- Gemüse in Butter schwenken

Getränketipps:
Raw Vegetables: Ein Bild sagt mehr als tausend Worte: Ein trockener Martini schmeckt zum Knabbergemüse. Sie können aber auch Sherry servieren.

Turkey: Ein großer Vogel verlangt nach einem großen Wein: Gereifter Riesling oder Veltliner Smaragd sowie ein kräftiger Chardonnay werden den Ansprüchen gerecht werden. Auch Rotwein wäre passend, zum Beispiel Pinot noir.

Pumpkin Pie: Servieren Sie zum würzigen Kürbiskuchen eine Auslese von Rotgipfler oder Traminer!

Thanksgiving

Raw Vegetables – Rohkostplatte
6 Portionen, Zubereitung ca. ½ Stunde

1. Karotten und Sellerie waschen und schälen. Gurke waschen, der Länge nach halbieren und die Kerne mit einem kleinen Löffel herausschaben. Gemüse in ca. 1 cm dicke Stifte schneiden. Paradeiser waschen und vierteln.

2. Gemüsestifte am besten in Gläsern dekorativ anrichten. Paradeiser und Oliven in Schälchen anrichten.

200 g Stangensellerie
300 g Karotten
150 g schwarze Oliven
150 g grüne Oliven
½ kl. Salatgurke
4 Paradeiser

Nährwert pro Portion
*90 kcal; 2,2 g EW; 6 g Fett;
6,2 g KH; 0,5 BE; 0 mg Chol.*

Thanksgiving

Stuffed Turkey with Gravy – Gefüllter Truthahn
6 Portionen, Zubereitung ca. 4 Stunden

Braten:
1 Truthahn (ca. 3 kg)
250 ml Suppe

Fülle:
200 g Semmelwürfel
130 g Butter
1 kl. Zwiebel
150 g Stangensellerie
250 g Champignons
2 EL gehackte Petersilie
125 ml Suppe
1 Ei

Salz, Pfeffer, Thymian, Majoran, Suppe, Stärkemehl

Nährwert pro Portion
980 kcal; 68,5 g EW; 62 g Fett; 19,5 g KH; 1,5 BE; 340 mg Chol.

1. Für die Fülle Champignons putzen, waschen, gut abtropfen lassen und in Stücke schneiden. Sellerie schälen und in nicht zu dicke Scheiben schneiden. Zwiebel schälen und fein schneiden.

2. Gemüse in der Hälfte der Butter anschwitzen. Mit ½ TL Salz sowie je ¼ TL Thymian und Majoran würzen, auskühlen lassen.

3. Restliche weiche Butter mit dem Ei aufrühren. Semmelwürfel mit lauwarmer Suppe, Champignon-Mischung und dem Butterabtrieb verrühren. Masse ca. 20 Minuten ziehen lassen.

4. Backrohr auf 150 °C vorheizen. Truthahn innen und außen salzen und pfeffern, mit Semmelmasse füllen und mit Spagat binden. Gitterrost auf das Backblech mit hohem Rand setzen, Truthahn darauf legen. Im Rohr (mittlere Schiene) ca. 2 ½ Stunden braten. Während des Bratens eventuell mit ein wenig Suppe untergießen.

5. Für die Sauce (Gravy) Bratensatz mit Suppe aufgießen aufkochen und in einen Topf gießen. Ca. 1 TL Stärkemehl mit ein wenig von der Sauce verrühren. Mit der restlichen Sauce vermischen und aufkochen. Eventuell nachwürzen.

6. Spagat vom Truthahn entfernen. Truthahn auf einer vorgewärmten Platte anrichten. Sauce separat servieren.

Tipp:
Die Fülle kann man schon am Vortag zubereiten, man sollte sie aber erst knapp vor dem Braten in den Truthahn füllen.

Vegetables – Gemüsebeilage
6 Portionen, Zubereitungszeit ca. ¾ Stunden

500 g Karfiol
500 g Kohlsprossen
500 g Karotten
500 g Erdäpfel (speckig)
Salz, Pfeffer, Butter, Suppe

Nährwert pro Portion
160 kcal; 8,5 g EW; 2,3 g Fett; 23,5 g KH; 1,9 BE; 4 mg Chol.

Karotten und Erdäpfel schälen und in Stücke schneiden. Karfiol in Röschen teilen. Kohlsprossen putzen und Strunk kreuzweise einschneiden.
Jede Gemüsesorte und Erdäpfel separat in Salzwasser weich kochen und abseihen. Wenig Butter mit einigen Tropfen Suppe erhitzen und Gemüse darin aufwärmen. Mit Salz und Pfeffer würzen.

Thanksgiving

Außerdem passen:

Creamed Onions – Eingemachte Zwiebeln

Perlzwiebeln (oder Schalotten) ca. 10 Minuten in lauwarmes Wasser legen, dann schälen.
Salzwasser aufkochen und Zwiebeln darin bei schwacher Hitze weich kochen (dauert 8–10 Minuten).
Zwiebeln abseihen und gut abtropfen lassen. Mehl in Butter anschwitzen, mit Suppe aufgießen, verrühren und ca. 5 Minuten köcheln. Sauerrahm und gehackte Kräuter untermischen. Zwiebeln untermengen, aufkochen und mit Salz und Pfeffer würzen.

750 g Perlzwiebeln (Schalotten)
20 g Mehl
20 g Butter
250 ml Suppe
250 g Sauerrahm
1 EL gehackte Kräuter

Salz, Pfeffer

Cranberry-Sauce – Moosbeer-Sauce

Cranberries mit 500 ml Wasser vermischen und kochen, bis die Beeren platzen (dauert ca. 7 Minuten). Masse durch ein Sieb streichen, mit Kristallzucker vermischen und 3 Minuten köcheln. Masse in Schüsseln füllen, mit Frischhaltefolie zudecken und im Kühlschrank fest werden lassen.

500 g Cranberries
500 g Kristallzucker

Thanksgiving

Pumpkin Pie – Kürbiskuchen
8 Portionen, Zubereitungszeit ca. 3 ½ Stunden

1 Man beginnt mit der Zubereitung des Kürbispürees: Kerne aus dem Kürbis schaben. Kürbis in große Stücke schneiden. Fruchtfleisch schälen und in ca. 1 cm große Würfel schneiden. Mit 125 ml Wasser bei schwacher Hitze weich dünsten.

2 Sobald die Flüssigkeit verdampft ist, Kürbis mit einem Stabmixer feinst pürieren oder durch ein Sieb streichen. Masse auskühlen lassen.

3 Für den Teig Mehl, Zucker, Salz und Backpulver vermischen und mit weicher Butter und dem Ei verkneten. Teig in Frischhaltefolie wickeln und im Kühlschrank ca. ½ Stunde rasten lassen.

4 Für die Fülle Frischkäse mit Zucker, je 1 TL Vanilleextrakt, gemahlenem Zimt und Muskatnuss sowie je ½ TL Salz und gemahlenem Ingwer verrühren. Obers mit den Eiern verschlagen. Zuerst das Kürbispüree, dann die Eimischung unter die Käsemasse rühren. Backrohr auf 160 °C vorheizen.

5 Teig auf einer leicht bemehlten Arbeitsfläche dünn ausrollen. Eine Springform (Ø 26 cm) mit dem Teig auslegen. Teig an den Seitenwänden bis zur halben Höhe der Form hochziehen. Fülle darin verteilen und den Kuchen im Rohr (mittlere Schiene / Gitterrost) backen.

6 Inzwischen Sauerrahm mit Staubzucker, je 1/8 TL gemahlenem Ingwer und geriebener Muskatnuss, sowie ½ TL gemahlenem Zimt und 1 TL Vanilleextrakt verrühren.

7 Nach ca. 1 ¼ Stunden Backzeit Masse behutsam auf dem Kuchen verteilen und noch ca. ½ Stunde backen. Kuchen aus dem Rohr nehmen und gut auskühlen lassen. Kuchen behutsam aus der Form lösen und vor dem Servieren mit gemahlenem Zimt bestreuen.

Teig:
200 g glattes Mehl
50 g Staubzucker
50 g Butter
1 Ei (Gew. Kl. 3, ca. 50 g)
½ TL Backpulver
¼ TL Salz

Fülle:
200 g Frischkäse (Gervais oder Topfen 40 %)
200 g brauner Zucker
3 Eier
750 g Muskatkürbis (geschält gewogen)
250 ml Kaffeeobers

Überguss:
250 g Sauerrahm
50 g Staubzucker

Salz, Zimt, Ingwer, Muskatnuss, Vanilleextrakt (flüssig), Mehl

Nährwert pro Portion
480 kcal; 12 g EW; 25,4 g Fett; 46 g KH; 3,7 BE; 168 mg Chol.

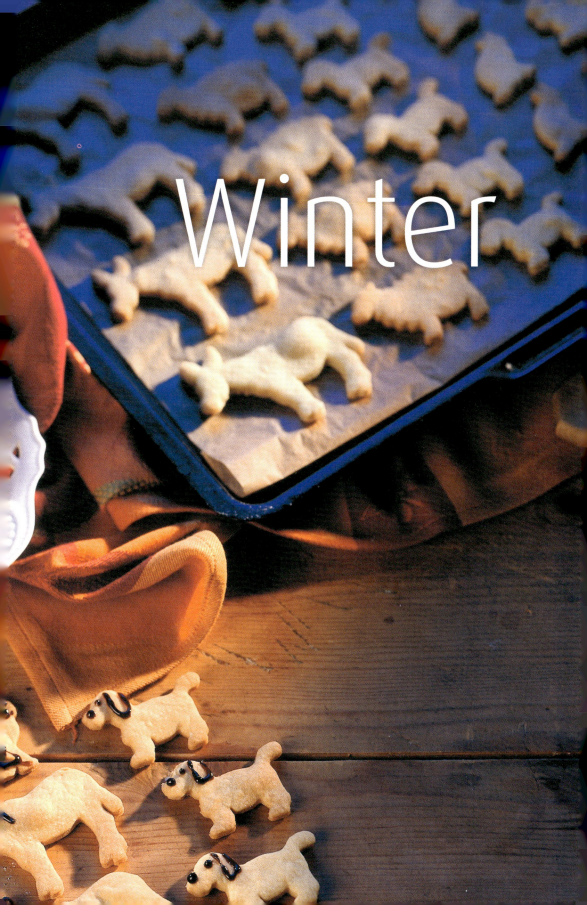

Winter

Winter

Wenn Schnee das Land bedeckt und eisiger Wind durch die Gassen fegt, ist die Zeit für Muße und vermehrte häusliche Aktivitäten gekommen. Zahlreiche Winterfeste bescheren kochenden und genießenden Zeitgenossen Highlights am laufenden Band. Apropos bescheren: Die größte Freude bereiten selbst gebastelte Geschenke, solche aus der Küche, wie eigenhändig geformte Vanillekipferln, luftige Busserln und saftige Schnitten. Die werden dann mit wärmendem Glühwein und Grog vernascht. Das pure Glück! Und keine Chance für Winterdepression! Zur Stärkung der Abwehrkräfte greifen wir in die Obst- und Gemüsekiste, wo gerade die Unscheinbaren besonders ergiebige Vitaminquellen sind: Erdäpfel, Rote Rüben, Kohl, Sellerie.

Die schönsten Anlässe zum Feiern im Winter:
Weihnachten
Silvester & Neujahr
Fasching

Backen ist eine der schönsten Methoden sich auf Weihnachten einzustimmen. Hier zwei der beliebtesten Klassiker, die auf keinem Kekseteller fehlen dürfen:

Winter

Vanillekipferln (ca. 80 Stück)

150 g kühle Butter
200 g glattes Mehl
50 g Staubzucker
1 Pkg. Vanillezucker, 1 kleine Prise Salz
70 g geriebene Walnüsse oder Mandeln
Staubzucker und Vanillezucker zum Wälzen

Aus Butter, Mehl, Staubzucker, Vanillezucker, Salz und Nüssen rasch einen Teig kneten. Aus dem Teig Kipferln formen und im vorgeheizten Rohr bei 170 °C 12–15 Minuten hell backen. Noch heiß vorsichtig in einer Mischung aus Staubzucker und Vanillezucker wälzen.
Tipp: Die Kipferln behalten die Form, wenn man sie vor dem Backen etwa eine halbe Stunde im Kühlschrank rasten lässt.

Butterkekse (ca. 100 Stück)

300 g glattes Mehl
200 g kühle Butter
100 g Staubzucker
2 Dotter
1 Pkg. Vanillezucker

Mehl mit Butter, Staubzucker und Vanillezucker verbröseln, mit den Dottern rasch zu einem Teig kneten. Teig ausrollen, beliebige Formen ausstechen und im vorgeheizten Rohr bei 180 °C 10–12 Minuten hell backen.
Ausgekühlt mit Zuckerglasur garnieren oder jeweils zwei Stück mit Marmelade zusammensetzen.

Winter-Vitamine: Orangen, Kohl & Co.

Orangen und die große Familie der Zitrusfrüchte sind im Winter attraktive und herzlich willkommene Vitaminlieferanten. Die süßen Navel-Orangen sind besonders gut zum frisch Essen, die säuerlichen Moro-Blutorangen ideal zum Auspressen, delikat aufgrund ihres feinen Süße-Säure-Spiels schmecken Tarocco, eine Halbblut-Sorte.

Kohl wird aufgrund seines biederen Wesens von vielen Genießern sträflich vernachlässigt. Richtig zubereitet ist er auch der feinen Küche gewachsen. Das Geheimnis: Kohl nur kurz garen, dann behält er seine Farbe und auch den feinen Geschmack. Zu lange gekocht schmeckt Kohl derb.
Gesundheit: Kohl ist preiswert und gesund, unter anderem weist er einen ausgesprochen hohen Gehalt an Vitamin C auf und sollte im Winter möglichst oft auf den Speiseplan.

Fingerfood-Party

Kraut-Snacks mit Forellen-Gemüse-Fülle
Gefüllte Topinambur mit feinem Rehragout
Roulade aus Roten Linsen
Trüffel von der Gemüsebanane

So prächtig lebt es sich von der Hand in den Mund! Die feinen, kleinen Häppchen werden ohne Besteck serviert und im Stehen genossen. Das ist praktisch und fördert zudem die Kommunikation, schließlich sollen sich alle bestens amüsieren.

Zeitplan für stressfreie Kochfreuden:

Am Vortag:
- Rote-Linsen-Roulade zubereiten.

4 Stunden vorher:
- Kraut-Snacks zubereiten.

Mindestens 1 Stunde vorher:
- Bananen-Trüffel und Rehragout zubereiten.

Gut vorbereitet:
- Alle Fingerfood-Snacks können vor Eintreffen der Gäste fertig sein.
- Die gekühlten Snacks ca. 20 Minuten vorher aus dem Kühlschrank nehmen. Die gefüllten Topinambur sollen lauwarm sein.

Getränketipp:
Zu einer lockeren Party sollten Sie auch unkomplizierte Getränke wählen. Bieten Sie Ihren Gästen ein kleines Sortiment mit trockenem Sekt oder Prosecco, leichten Weißweinen wie Welschriesling oder klassischem Veltliner DAC. Von der roten Fraktion sind süffiger Blauer Portugieser und unkomplizerter Zweigelt gut geeignete Party-Weine.

Fingerfood-Party

Kraut-Snacks mit Forellen-Gemüse-Fülle
8 Stück, Zubereitung ca. 1 Stunde

1 Die Krautblätter in kochendem Wasser kurz überbrühen, kalt abschrecken, auf einem Tuch aufbreiten und trockentupfen.

2 Fisch in ca. 1,5 cm große Stücke schneiden. Karotten und Gelbe Rüben schälen, fein würfelig schneiden. Butter bei milder Hitze in einem Topf schmelzen, Gemüse darin anschwitzen, mit Essig und Wasser ablöschen, salzen, zudecken und ca. 5 Minuten weich dünsten. Fisch zugeben, vorsichtig durchrühren und ca. 1 Minute zugedeckt ziehen lassen.

3 Krautblätter in ca. 8 cm große Quadrate schneiden (eine Schablone aus Karton zuschneiden; den Teil mit der dicken Mittelrippe nicht verwenden!). Auf jedes Quadrat Wurzelgemüse und Fisch legen, Blatt zusammennehmen, wie ein Säckchen mit Schnittlauch binden und kalt stellen.

Den Snack ca. 15 Minuten vor dem Servieren aus dem Kühlschrank nehmen – er schmeckt leicht angewärmt viel besser.

8 Weißkrautblätter
150 g frisches Forellenfilet
100 g Karotten
100 g Gelbe Rüben
1 EL Butter
1 EL Essig
6 EL Wasser
8 Schnittlauchhalme

Salz

Nährwert pro Portion
37 kcal; 4,4 g EW; 1 g Fett; 2 g KH; 0 BE; 12 mg Chol.

Fingerfood-Party

Gefüllte Topinambur mit feinem Rehragout
8 Stück, Zubereitung ca. 1 Stunde

1 Fleisch in ca. ½ cm große Würfel schneiden. Schalotten und Knoblauch schälen und fein schneiden.

2 Öl in einem Topf bei milder Hitze erwärmen, Fleisch, Schalotten und Knoblauch darin anschwitzen, Pfefferkörner und Kardamom zugeben und mit Portwein und Cognac ablöschen. Ragout bei milder Hitze ca. 20 Minuten offen weich köcheln (evtl. etwas Wasser zugießen – es muss immer etwas Flüssigkeit im Kochtopf sein). Ragout mit Salz abschmecken.

3 Während das Ragout kocht, Topinambur schälen, halbieren und aushöhlen (Parisienne-Ausstecher). Topinambur bei milder Hitze in Salzwasser weich ziehen lassen (ca. 5 Minuten), kalt abschrecken. Topinambur mit Ragout füllen und mit Berberitzen und Thymian garnieren.
Die Topinambur sollen Raumtemperatur haben, wenn sie serviert werden.

200 g Rehfleisch (zugeputzt)
80 g Schalotten
1 Knoblauchzehe
1 EL Sonnenblumenöl
6 Pfefferkörner
4 Kardamomkörner
40 ml Portwein
20 ml Cognac
4 mittelgroße Topinambur

Garnitur:
Berberitzen oder Preiselbeeren
frischer Thymian

Salz

Nährwert pro Portion
*90 kcal; 8,2 g EW; 3 g Fett;
5 g KH; 0,4 BE; 18 mg Chol.*

Fingerfood-Party

Roulade aus Roten Linsen
8 Stück, Zubereitung ca. 50 Minuten (zum Kühlen 12 Stunden)

100 g Rote Linsen
50 g Schalotten
1 Knoblauchzehe
1 EL Butter
250 ml Wasser
50 g mehlige Erdäpfel
2 Blatt Gelatine
1 TL Koriandergrün (fein geschnitten)

Garnitur:
1 kleine Zucchini
4 EL Rote Linsen

Meersalz

Nährwert pro Portion
80 kcal; 5,4 g EW; 2 g Fett; 11 g KH; 0,8 BE; 3 mg Chol.

1. Schalotten und Knoblauch schälen und fein schneiden. Butter in einem Kochtopf bei milder Hitze schmelzen, Knoblauch und Schalotten darin anschwitzen, Linsen zugeben, umrühren, Wasser zugießen, salzen, aufkochen, zudecken und bei milder Hitze 20 Minuten weich dünsten (die Flüssigkeit muss fast vollständig verdampfen).

2. Erdäpfel schälen, fein reiben und nach ca. 15 Minuten Kochzeit zu den Linsen geben.

3. Linsen wenn nötig mit dem Schneebesen zerdrücken – es soll ein feines Püree entstehen. Gelatine 5 Minuten in kaltem Wasser einweichen, in der warmen Linsenmasse auflösen und verrühren, Koriander untermischen. Linsenpüree im kalten Wasserbad abkühlen, dabei immer wieder umrühren. Das noch weiche Püree in Frischhaltefolie einrollen und über Nacht kühl stellen.

4. Aus der Zucchini 8 je 1 cm dicke Scheiben schneiden, kurz überkochen und kalt abschrecken. Zucchini auf einem Tuch auflegen und trockentupfen. Linsen in einem Mörser zerstoßen oder im elektrischen Zerkleinerer mittelfein mahlen.

5. Linsenrolle auswickeln, in den „Linsenbröseln" wenden und in 4 Stücke schneiden. Diese Stücke schräg durchschneiden und auf die Zucchinischeiben setzen.

Fingerfood-Party

Trüffel von der Gemüsebanane

8 Stück, Zubereitung ca. 40 Minuten

1 Gemüsebananen und Schalotten schälen und würfelig schneiden.

2 Sesamöl in einem Topf bei milder Hitze erwärmen, Bananen und Schalotten darin leicht anbraten, mit 100 ml Wasser ablöschen, zudecken und bei schwacher Hitze weich dünsten (ca. 10 Minuten; evtl. noch etwas Wasser zugießen – die fertige Masse soll aber trocken sein).

3 Die Masse mit Ingwer, abgeriebener Schale und Saft der Limette verfeinern, mit Salz abschmecken, 10 Minuten rasten lassen.

4 Aus der Masse Bällchen formen und im Sesam wälzen.

300 g Gemüsebananen
100 g Schalotten
3 EL Sesamöl
50 g frischer Ingwer (fein geschnitten)
½ Limette (wenn möglich unbehandelt)
50 g Schwarzer Sesam

Meersalz

Nährwert pro Portion
128 kcal; 2,2 g EW; 7 g Fett; 13 g KH; 0,8 BE; 0 mg Chol.

Tipp:
Gemüsebananen sind nicht überall erhältlich (unser Tipp: türkische Gemüsegeschäfte, gut sortierte große Märkte). Die Trüffel schmecken aber auch sehr gut, wenn man sie aus Topinambur zubereitet.

Der Duft Asiens

Garnelensuppe mit Kokosmilch
Putenspießchen auf Erdnuss-Kokos-Sauce mit Sprossen-Paprika-Salat
Kaki-Mousse

Heiße Chili, warmer Ingwer, kühles Kokos, erfrischende Limone. Das sind die Zutaten, aus denen asiatische Hochstimmung am Gaumen gemacht wird. Ach – und Erdnüsse und Sojasprossen, das Turbofutter für die grauen Zellen, gehören natürlich auch dazu.

Zeitplan für stressfreie Kochfreuden:

4 Stunden vorher:
- Kaki-Mousse zubereiten.

1 Stunde vorher:
- Putenspießchen bratfertig vorbereiten.
- Erdnuss-Kokos-Sauce und Sprossen-Paprika-Salat zubereiten.

Kurz vorher:
- Alle Zutaten für die Suppe vorbereiten.

Frisch zubereiten:
- Suppe zubereiten.
- Spießchen braten.

Getränketipps:

Garnelensuppe: Chardonnay ist einer der Weine, die sich gut mit asiatischen Aromen vertragen. Auch in diesem Fall.

Putenspießchen: Ein weiterer Fall für cremigen Chardonnay, aber auch ein Sauvignon blanc aus der Neuen Welt kann es mit den exotischen Aromen der Spießchen aufnehmen.

Kaki-Mousse: Fruchtig beschwingt klingt das farbenfrohe Menü aus, mit einem duftigen Moscato-Schaumwein hält die Stimmung noch etwas länger an.

Der Duft Asiens

Garnelensuppe mit Kokosmilch
4 Portionen, Zubereitung ca. 30 Minuten

1. Knoblauch schälen und fein hacken. Karotte schälen und in feine Stifte, Jungzwiebeln putzen und in Ringe schneiden. Chili in Ringe schneiden. Koriander fein hacken. Seeteufel in Stücke schneiden.

2. Kokosmilch mit Gemüsesuppe, Knoblauch, Ingwer, Chili, einem Stück Limettenschale, je ¼ TL Cumin, Koriander, Curcuma und Paprika aufkochen und 5 Minuten köcheln.

3. Seeteufel, Garnelen und Karotten zugeben und ca. 6 Minuten gar ziehen lassen.

4. Suppe mit Limettensaft und Salz abschmecken, mit Koriander und Jungzwiebeln bestreut servieren.

2 Knoblauchzehen
1 Karotte
2 Jungzwiebeln
1 rote Chilischote
4 Zweige frischer Koriander
300 g Seeteufel
300 ml ungesüßte Kokosmilch
600 ml Gemüsesuppe
1 TL frischer, fein gehackter Ingwer
1 Limette (möglichst unbehandelt)
8 Garnelen (essfertig)

Salz, Cumin, Curcuma, Koriander, edelsüßer Paprika

Nährwert pro Portion
154 kcal; 24 g EW; 23 g Fett; 8 g KH; 0,8 BE; 94 mg Chol.

Der Duft Asiens

Putenspießchen auf Erdnuss-Kokos-Sauce mit Sprossen-Paprika-Salat

4 Portionen, Zubereitung ca. 20 Minuten

600 g Putenbrust
6 Jungzwiebeln
2 EL Sojasauce

Öl

Nährwert pro Portion
183 kcal; 26 g EW; 2 g Fett;
4 g KH; 0,4 BE; 99 mg Chol.

1. Fleisch und geputzte Jungzwiebeln in Stücke schneiden. Fleisch in Sojasauce wenden, abtropfen lassen und abwechselnd mit den Jungzwiebeln auf Spießchen stecken.

2. Eine Grillpfanne mit Öl ausstreichen, die Spießchen darin rundum braten. Mit Erdnuss-Kokos-Sauce servieren.

1 kleine Zwiebel
3 Knoblauchzehen
1 EL Öl, 3 EL Sojasauce
200 ml Kokosmilch
  (aus der Dose)
1 Zitrone (unbehandelt)
150 g Erdnussmus

Chilipulver, Honig

Nährwert pro Portion
(berechnet für 6 Portionen)
277 kcal; 7 g E; 20 g Fett;
6 g KH; 0,6 BE; 0 mg Chol.

Erdnuss-Kokos-Sauce

4–6 Portionen, Zubereitung 20 Minuten

Zwiebel und Knoblauch schälen und fein hacken. Öl im Wok oder einer Pfanne erhitzen. Zwiebel darin goldbraun braten. Knoblauch untermischen und unter Rühren kurz braten. Mit Sojasauce und Kokosmilch ablöschen, mit Chili und ½ TL abgeriebener Zitronenschale würzen. 5 Minuten leicht kochen, dabei ab und zu umrühren. Zwiebelmischung, Erdnussmus, den Saft ½ Zitrone und 1 EL Honig zu einer glatten Sauce pürieren.

1 kleine Zwiebel
1 roter Paprika
100 g Sojasprossen
1 EL Sherryessig
1 EL Öl

Salz, Pfeffer

Nährwert pro Portion
50 kcal; 2 g EW; 3 g Fett;
4 g KH; 0,4 BE; 0 mg Chol.

Sprossen-Paprika-Salat

4 Portionen, Zubereitung ca. 15 Minuten

Zwiebel schälen und fein hacken. Paprika putzen und in feine Streifen schneiden. 1 EL Öl im Wok erhitzen, Sprossen darin unter Rühren kurz braten und leicht salzen. Sprossen, Paprika und Zwiebel mit Essig vermischen. Salat mit Salz und Pfeffer abschmecken.

Der Duft Asiens

Kaki-Mousse
4 Portionen, Zubereitung ca. ½ Stunde (Kühlzeit ca. 3 Std.)

1. Stielansätze von den Kaki wegschneiden, dabei sollte eine ebene „Standfläche" entstehen. Die Früchte quer (dem „Äquator" entlang) halbieren. Die abgeflachten Hälften der Früchte ein wenig aushöhlen und beiseite stellen, aus den übrigen Hälften Fruchtfleisch herauslösen.

2. Fruchtfleisch mit Zucker und Vanillezucker vermischen und mit einem Stabmixer pürieren.

3. Gelatine in kaltem Wasser einweichen. Obers schlagen und kalt stellen.

4. Ein wenig vom Fruchtpüree über Wasserdampf erwärmen. Gelatine gut ausdrücken, darin auflösen, restliches Püree zügig einrühren. Die Hälfte vom Obers einrühren, übriges Obers unterheben.

5. Kakimasse in eine Schüssel füllen, mit Frischhaltefolie zudecken und im Kühlschrank fest werden lassen (ca. 3 Stunden).

6. Für die Garnitur Granatapfel halbieren und die Kerne herauslösen – dabei eventuell austretenden Saft auffangen.

7. Kaki-Mousse in einen Dressiersack mit Sterntülle füllen und auf die Kakihälften dressieren. Dessert mit Granatapfelkernen und -saft sowie Mandelblättchen garnieren.

Zutaten:
4 Kaki
50 g Kristallzucker
1 Pkg. Vanillezucker
2 Blatt Gelatine
250 ml Schlagobers

Garnitur:
1 Granatapfel
50 g Mandelblättchen (geröstet)

Nährwert pro Portion
394 kcal; 5,3 g EW; 26,4 g Fett; KH: 30,8 g; 2,5 BE; 68 mg Chol.

Farben-Trilogie

Spinatcremesuppe mit Nockerln
Hühnercurry mit Ananas und Mango auf Safranreis
Heidelbeer-Flammeri mit Portweinbirne

Geruch, Geschmack, Aussehen sind die drei wesentlichen Komponenten, die bestimmen, ob wir etwas mögen oder nicht. Die Wirkung von Farben auf unsere Stimmung kommuniziert sich auch über das Essen: Grün beruhigt, Gelb und Orange sind sprichwörtlich sonnige Farben und Rot belebt die Sinne!

Zeitplan für stressfreie Kochfreuden:
6 Stunden vorher:
- Heidelbeer-Flammeri zubereiten und kühlen.
- Portweinbirnen zubereiten.

Mindestens 1 Stunde vorher:
- Suppe und den Teig für die Nockerln zubereiten.
- Spinatblätter (Garnitur) backen.
- Safranreis zubereiten, zugedeckt im Rohr bei 50 Grad warm halten.

Kurz vorher:
- Hühnercurry bis Punkt 3 zubereiten.
- Spinatnockerln kochen, bis zum Anrichten im Kochwasser lassen.

Frisch zubereiten:
- Suppe erhitzen, schaumig aufschlagen.
- Hühnercurry fertig stellen.

Getränketipps:
Hühnercurry: Vollmundiger Chardonnay, durchaus mit dezentem Barrique-Einsatz, fügt sich gut in die exotische Stimmung des Currys.

Heldelbeer-Flammeri: Die Portweinbirne gibt die Richtung vor. Nichts anderes als ein Gläschen Port sollte man sich dazu gönnen.

Farben-Trilogie

Spinatcremesuppe mit Nockerln
4 Portionen, Zubereitung ca. 40 Minuten

1. Für die Nockerln Wasser mit Butter und 1 Prise Salz aufkochen. Mehl einrühren und ca. 1 Minute unter Rühren rösten. Masse vom Herd nehmen, etwas abkühlen lassen, dann mit dem Ei glatt rühren und den Spinat untermischen.

2. Für die Suppe Spinat putzen, waschen, abtropfen lassen, in Salzwasser kurz überkochen und in kaltem Wasser abschrecken. Spinat gut ausdrücken und fein hacken.

3. Zwiebel und Knoblauch schälen, kleinwürfelig schneiden und in Butter hell anschwitzen. Mehl einrühren und kurz mitrösten. Ansatz mit Suppe aufgießen und unter öfterem Umrühren ca. 15 Minuten köcheln.

4. Salzwasser aufkochen, aus der Masse kleine Nockerln formen und im Salzwasser 8 Minuten schwach wallend köcheln.

5. Spinat und Obers in die Suppe rühren, mit Salz, Pfeffer und Muskatnuss würzen. Suppe aufkochen und mit einem Stabmixer fein pürieren.

6. Nockerln aus dem Kochwasser heben und abtropfen lassen. Suppe mit Nockerln und gebackenen Spinatblättern servieren.

350 g frischer Blattspinat
½ kleine Zwiebel
2 kleine Knoblauchzehen
20 g Butter
20 g glattes Mehl
700 ml klare Suppe
250 ml Schlagobers

Nockerln:
125 ml Wasser
60 g Butter
70 g glattes Mehl
1 Ei
50 g passierter Spinat

Salz, Pfeffer, Muskatnuss

Nährwert pro Portion
*496 kcal; 8,5 g EW; 43 g Fett;
20 g KH; 1,4 BE; 187 mg Chol.*

Gebackene Spinatblätter
4 Portionen, Zubereitung ca. 15 Minuten

Spinat putzen und die Stiele entfernen. Blätter waschen und trockentupfen. Ca. 2 Finger hoch Öl erhitzen, Spinatblätter mit wenig Mehl vermischen und im heißen Öl kurz knusprig backen. Herausheben und auf Küchenpapier abtropfen lassen.

100 g Spinat

Öl, Mehl

Nährwert pro Portion
*61 kcal; 1 g EW; 5 g Fett;
3 g KH; 0,2 BE; 0 mg Chol.*

Farben-Trilogie

Hühnercurry mit Ananas und Mango auf Safranreis
4 Portionen, Zubereitung ca. 40 Minuten

1 Ananas und Mango schälen und in Stücke schneiden. Sprossen in einem Sieb abtropfen lassen.

2 Fleisch in 1 cm dicke Scheiben schneiden, Zwiebel schälen und kleinwürfelig schneiden. Fleisch salzen, in heißem Öl rundum anbraten, aus der Pfanne heben und mit Frischhaltefolie zudecken.

3 Im Bratrückstand Zwiebel anschwitzen, Curry einrühren, kurz mitrösten und mit Orangen- und Limettensaft, Kokosmilch, Suppe und Obers ablöschen und aufkochen. Sauce mit Nelken- und Chilipulver würzen und bei schwacher Hitze auf ca. 400 ml einkochen (dauert ca. 20 Minuten). Dabei öfters umrühren. Sauce mit einem Stabmixer fein pürieren.

4 Knapp vor dem Servieren Sauce aufkochen Fleisch, Sprossen und Früchte untermischen und in der Sauce bei schwacher Hitze erwärmen. Curry mit Reis servieren.

400 g Hühnerfilets
1 kleine Zwiebel
4 EL Öl
1 EL Curry
150 ml Orangensaft
2 EL Limettensaft
250 ml Kokosmilch (aus der Dose oder Tetra-Pack)
250 ml klare Suppe
250 ml Schlagobers
¼ TL Nelkenpulver
1 MS Chilipulver

Garnitur:
100 g frische Hawaii-Ananas
100 g Mango
70 g Bambussprossen (aus der Dose)

Salz

Nährwert pro Portion
502 kcal; 26,9 g EW; 36 g Fett; 18 g KH; 1,2 BE; 145 mg Chol.

Safranreis
4 Portionen, Zubereitung ca. 40 Minuten

Zwiebel schälen, kleinwürfelig schneiden und in Butter anschwitzen. Reis und Safran zugeben und kurz mitrösten. Suppe zugießen, wenig salzen und aufkochen. Reis zugedeckt bei schwacher Hitze ca. 30 Minuten dünsten.

200 g Langkornreis
1 kleine Zwiebel
50 g Butter
2 Briefchen Safran
300 ml klare Gemüsesuppe

Salz

Nährwert pro Portion
292 kcal; 4,6 g EW; 11 g Fett; 43 g KH; 3,2 BE; 30 mg Chol.

Farben-Trilogie

Heidelbeer-Flammeri mit Portweinbirne
6 Portionen, Zubereitung ca. 50 Minuten (zum Kühlen ca. 3 Stunden)

125 g Heidelbeeren
2 EL Heidelbeerlikör
5 Blatt Gelatine
180 ml Milch
40 g Kristallzucker
½ Pkg. Vanillezucker
Schale von ½ Zitrone (unbehandelt)
40 g Weizengrieß
180 ml Schlagobers

Nährwert pro Portion
202 kcal; 3,5 g EW; 12,7 g Fett; 17,3 g KH; 1,5 BE; 42 mg Chol.

1 Eine Terrinenform (Inhalt 750 ml) mit kaltem Wasser ausspülen und mit Frischhaltefolie auslegen.

2 Heidelbeeren mit dem Likör vermischen und mit einem Stabmixer fein pürieren. Püree durch ein Sieb streichen.

3 Gelatine in kaltem Wasser einweichen. Milch mit Zucker, Vanillezucker und abgeriebener Zitronenschale aufkochen. Grieß einrieseln lassen und unter ständigem Rühren dick einkochen. Masse vom Herd nehmen, Gelatine gut ausdrücken und darin auflösen. Masse auskühlen, aber nicht fest werden lassen.

4 Obers schlagen, die Hälfte davon in die Grießmasse rühren, übriges Obers unterheben. Masse in die Form füllen, glatt streichen und mindestens 3 Stunden kühlen.

5 Terrine aus der Form stürzen (Folie abziehen), in Scheiben schneiden und mit den Portweinbirnen anrichten.

6 kleine Birnen
180 ml Rotwein
180 ml Portwein
1 gestr. EL Speisestärke
1 EL Wasser

Nährwert pro Portion
123 kcal; 0,6 g EW; 0 g Fett; 18 g KH; 1,5 BE; 0 mg Chol.

Portweinbirnen
6 Portionen, Zubereitung ca. 20 Minuten

Birnen schälen, längs halbieren und das Kerngehäuse mit einem Kugelausstecher entfernen. Hälften an den Unterseiten abflachen, damit sie gerade stehen. Rot- und Portwein in einem schmalen Topf aufkochen. Birnen einlegen (müssen gut mit Flüssigkeit bedeckt sein), zudecken und bei schwacher Hitze bissfest dünsten (ca. 8 Minuten). Früchte nach halber Garzeit wenden und im Fond auskühlen lassen. Birnen aus dem Fond heben und auf Küchenpapier abtropfen lassen. Fond auf ca. 200 ml einkochen. Stärke mit 1 EL Wasser glatt rühren und in die Sauce rühren. Sauce aufkochen, vom Herd nehmen und auskühlen lassen.

Hüttenzauber

Brennsuppe mit Pressknödeln
Gebratene Kalbsstelze mit Reis
Palatschinken mit Marillenmarmelade

Österreichs traditionelle Regionalküche liegt absolut im Trend. Gutes wird eben immer geschätzt. Die Brennsuppe mit dem Hauch Hüttenromantik ist ein kulinarisches Kleinod aus dem gebirgigen Westen. Aus der klassischen alt-österreichischen Küche kommen Kalbsstelze und Marillenpalatschinken.

Zeitplan für stressfreie Kochfreuden:
2 ½ Stunden vorher:
- Stelze ins Rohr schieben.
- Pressknödel zubereiten.

1 Stunde vorher:
- Brokkoli-Karottengemüse vorkochen.
- Reis dünsten und zugedeckt warm stellen.
- Brennsuppe zubereiten.
- Palatschinken backen.

Frisch zubereiten:
- Gemüse in Butter schwenken.
- Palatschinken füllen.

Getränketipps:
Suppe: In Anbetracht des Bierkäses in den Pressknödeln liegt der Gedanke an ein gleichnamiges Getränk nahe, soferne überhaupt ein Getränk dazu vonnöten ist.

Stelze: Dazu passt kräftiger Weißwein wie Chardonnay, reifer Grüner Veltliner oder ein tanninarmer Rotwein, z. B. Zweigelt.

Palatschinken: Eine Beerenauslese vom Riesling oder ein ungarischer Tokaji Aszú werden dieses alt-österreichische Dessert würdig begleiten.

Hüttenzauber

Brennsuppe mit Pressknödeln
4 Portionen, Zubereitung ca. 50 Minuten

1. Zwiebel schälen, halbieren, in dünne Scheiben schneiden und in aufgeschäumter Butter unter Rühren goldbraun rösten. Mehl einrühren und braun rösten. Mit Wasser aufgießen, aufkochen, mit Salz und Pfeffer würzen, Lorbeerblatt zugeben. Suppe bei schwacher Hitze ca. 30 Minuten köcheln.

2. Inzwischen für die Knödel Milch aufkochen und über die Semmelwürfel gießen. Masse mit Salz, Pfeffer, Muskatnuss und Kümmel würzen, durchmischen und abkühlen lassen.

3. Ei untermischen, Knödelmasse ca. 15 Minuten ziehen lassen.

4. Erdäpfel schälen. Erdäpfel und Käse grob raspeln und mit der Petersilie in die Knödelmasse rühren. Aus der Masse mit feuchten Händen 8 Knödel formen und zu Laibchen flachdrücken.

5. In einer Pfanne Öl erhitzen, Laibchen darin beidseitig goldbraun braten und auf Küchenpapier abtropfen lassen. Schnittlauch fein schneiden. Lorbeerblatt aus der Suppe entfernen. Suppe mit den Knödeln anrichten und mit Schnittlauch bestreuen.

Brennsuppe:
1 Zwiebel
30 g Butter
40 g glattes Mehl
1 l Wasser
1 Lorbeerblatt
1 Bund Schnittlauch

Pressknödel:
100 g Semmelwürfel
 (getrocknet)
90 ml Milch
1 Ei
80 g mehlige Erdäpfel
 (gekocht)
70 g Bierkäse
1 EL Petersilie (gehackt)
6 EL Öl

Salz, Pfeffer, Muskatnuss, Kümmel

Nährwert pro Portion
*465 kcal; 16 g EW; 25 g Fett;
44 g KH; 3,6 BE; 81 mg Chol.*

Hüttenzauber

Gebratene Kalbsstelze mit Reis
4 Portionen, Zubereitung ca. 2 ¼ Stunden

2 Kalbsstelzen
1 Bund Suppengrün
1 Zwiebel
4 EL Öl
200 g Kalbsknochen
   (klein gehackt)
700 ml klare Suppe

Salz, Pfeffer

Nährwert pro Portion
302 kcal; 30,5 g EW; 18 g Fett;
4 g KH; 0 BE; 106 mg Chol.

1 Backrohr auf 200 °C vorheizen. Suppengrün und Zwiebel waschen und in 2 cm große Stücke schneiden. Stelzen salzen und pfeffern. In einer eckigen Bratpfanne Öl erhitzen, Stelzen darin rundum anbraten.

2 Stelzen aus der Pfanne heben, im Bratrückstand Knochen, Zwiebel und Suppengrün anrösten. Stelzen darauf legen und im Rohr (mittlere Schiene / Gitterrost) ca. 2 Stunden braten. Nach ca. 20 Minuten Bratzeit die Hälfte der Suppe zugießen. Übrige Suppe nach und nach zugeben. Stelzen nach halber Garzeit wenden.

3 Stelzen aus der Pfanne heben und zum Rasten zugedeckt warm stellen. Den Bratensaft (ca. 375 ml; eventuell mit Suppe ergänzen) durch ein Sieb gießen und bei schwacher Hitze ca. 3 Minuten einkochen.
Stelzen tranchieren und mit dem Saft und den Beilagen servieren.

Gedünsteter Reis
4 Portionen, Zubereitung ca. 35 Minuten

250 g Langkornreis
½ Zwiebel
1 EL Butter
2 EL Öl
375 ml heißes Wasser
   oder klare Suppe

Salz

Nährwert pro Portion
250 kcal; 4,5 g EW; 8 g Fett;
49 g KH; 4 BE; 6 mg Chol.

Zwiebel schälen, kleinwürfelig schneiden, in Butter und Öl hell anschwitzen. Reis zugeben und unter Rühren glasig anschwitzen. Mit Wasser oder Suppe aufgießen, salzen und aufkochen.
Reis zudecken und bei schwacher Hitze ca. 25 Minuten dünsten.
Reis mit einer Gabel auflockern.

Brokkoli-Karottengemüse
4 Portionen, Zubereitung ca. 15 Minuten

400 g Karotten
300 g Brokkoli
1 EL Butter

Salz, Pfeffer

Nährwert pro Portion
64 kcal; 3,5 g EW; 2 g Fett;
7 g KH; 0 BE; 6 mg Chol.

Karotten putzen, schälen und in ca. 1 cm dicke Scheiben schneiden. Brokkoli in Röschen zerteilen, grobe Stiele wegschneiden. Karotten und Brokkoli nacheinander in Salzwasser bissfest kochen, abseihen, kalt abschrecken und abtropfen lassen. Gemüse in aufgeschäumter Butter schwenken, salzen und pfeffern.

Hüttenzauber

Palatschinken mit Marillenmarmelade
4 Portionen (à 3 Stück), Zubereitung ca. 30 Minuten

1. Milch mit Mehl, Zucker, Salz verquirlen, Eier nach und nach untermischen. Sollten dabei Klümpchen entstehen, gießt man den Teig durch ein Sieb. Teig ca. 15 Minuten rasten lassen.

2. Backrohr auf 50 °C vorheizen. Eine beschichtete Pfanne (Ø 24 cm) erhitzen und dünn mit Öl ausstreichen (Naturhaarpinsel verwenden!). So viel Teig eingießen, dass der Pfannenboden dünn bedeckt ist. Pfanne dabei leicht schräg halten, dann drehen, damit der Teig gleichmäßig verläuft. Wenn die Oberseite trocken ist und die Unterseite Farbe genommen hat, die Palatschinke wenden. Ebenso aus dem übrigen Teig weitere Palatschinken backen, fertige Palatschinken übereinander legen und im Rohr warm halten.

3. Marmelade erwärmen und eventuell mit wenig Rum verfeinern. Palatschinken mit der Marmelade bestreichen, einrollen, auf vorgewärmten Tellern anrichten und mit Staubzucker bestreut servieren.

Teig:
400 ml Milch
200 g glattes Mehl
1 TL Kristallzucker
1 Prise Salz
4 Eier
5 EL Öl (zum Backen)

Fülle:
200 g Marillenmarmelade

Staubzucker, evtl. Rum

Nährwert pro Portion
614 kcal; 15,7 g EW; 23,2 g Fett; 82,4 g KH; 6,9 BE; 251 mg Chol.

Prosit Neujahr!

Räucherlachs-Schnitte mit Dillsauce
Suppe mit Spinat-Pofesen
Lammkoteletts mit Salbei und Rohschinken
Kokoscreme mit Ananassauce

Das Menü zum Jahresanfang sei eine charmante Hommage an die Schönheit der Welt und an das gute Leben: Zarter Lachs grüßt aus kühlen nordischen Gewässern, die Lammkoteletts verströmen mediterranes Flair und im cremig-fruchtigen Dessert vereinen sich die schönsten exotischen Aromen.

Zeitplan für stressfreie Kochfreuden:
Am Vortag:
- Dessert bis Punkt 4 sowie die Sauce zubereiten.
- Räucherlachs-Schnitte und Dillsauce zubereiten.

3 Stunden vorher:
- Pofesen zubereiten, kühl stellen.
- Erdäpfel-Brokkoli-Türmchen backfertig vorbereiten.
- Koteletts laut Punkt 1 zubereiten.

Frisch zubereiten:
- Vorspeise und Dessert eine halbe Stunde vor dem Anrichten aus dem Kühlschrank nehmen.
- Suppe erhitzen.
- Erdäpfel-Brokkoli-Türmchen backen.
- Lammkoteletts braten.

Getränketipps:
Räucherlachs-Schnitte: Eröffnen Sie das festliche Menü mit einem frischen, fruchtigen Weißwein, zum Beispiel einem Riesling oder Grünen Veltliner Federspiel aus der Wachau. In Anbetracht des festlichen Anlasses wäre auch ein Gläschen Champagner angebracht.

Lammkoteletts: Zu diesen mondän-mediterranen Lammkoteletts passt ein Rotwein von Welt, ein italienischer Sangiovese, französischer Syrah oder ein gereifter „Burgenländer" der Sorte Blaufränkisch.

Kokoscreme mit Ananassauce: Ein halbtrockener Schaumwein passt herrlich zu diesem exotischen Dessert und ebenso zum Anlass des Vergnügens!

Prosit Neujahr!

Räucherlachs-Schnitte mit Dillsauce
6 Portionen, Zubereitung ca. 30 Minuten (zum Kühlen ca. 5 Stunden)

1. Backrohr auf 200 °C vorheizen. Backblech mit Backpapier belegen. Teig auf das Blech legen und mit einer Gabel in kurzen Abständen einstechen.

2. Teig im Rohr ca. 10 Minuten anbacken. Hitze auf 180 °C reduzieren, Teig noch ca. 15 Minuten backen, aus dem Rohr nehmen und auskühlen lassen.

3. Für die Fülle Senfkörner in leicht gesalzenem Wasser kurz überkochen, abseihen und abschrecken. Obers schlagen und kalt stellen. Einige Dillzweige für die Garnitur reservieren. Restliche Dille grob hacken.

4. Teig auf 20 x 10 cm zuschneiden und mit einer Rahmenform umstellen. Gervais cremig rühren, mit Salz, Pfeffer und Zitronensaft würzen. Senfkörner und Dille untermischen. Gelatine in kaltem Wasser einweichen, gut ausdrücken, über Wasserdampf schmelzen und mit einem Teil des Gervais verrühren. Restlichen Gervais und ein Drittel des Obers einrühren. Restliches Obers unterheben. Fülle kalt stellen.

5. Die Hälfte der Creme auf dem Teig verstreichen und die Hälfte der Lachsscheiben darauf legen. Restliche Creme darauf verstreichen und mit restlichem Lachs belegen. Lachsschnitte mit Frischhaltefolie zudecken und ca. 5 Stunden kühlen. Danach Schnitte portionieren und mit Kapernbeeren, Dille und Dillsauce servieren.

Dillsauce
6 Portionen

Dille mit Olivenöl pürieren, mit Salz, Pfeffer und einigen Tropfen Zitronensaft würzen.

---

200 g Blätterteig (backfertig ausgerollt)

Fülle und Garnitur:
Je 1 EL helle und dunkle Senfkörner
125 ml Schlagobers
1 kleiner Bund Dille
600 g Gervais
4 Blatt Gelatine
300 g Räucherlachs (dünn geschnitten)
8 Kapernbeeren mit Stiel

Salz, Pfeffer, Zitronensaft

Nährwert pro Portion
643 kcal; 24,6 g EW; 55,3 g Fett; 14 g KH; 1,4 BE; 187 mg Chol.

---

10 g Dille
100 ml Olivenöl

Salz, Pfeffer, Zitronensaft

Nährwert pro Portion
148 kcal; 0 g EW; 16 g Fett; 0 g KH; 0 BE; 0 mg Chol

Prosit Neujahr!

Suppe mit Spinat-Pofesen
4 Portionen, Zubereitung ca. 50 Minuten

1 Zwei Brotscheiben fein reiben. Spinat putzen, waschen und gut abtropfen lassen.

2 Schalotte und Knoblauch schälen, kleinwürfelig schneiden und in Butter anschwitzen, Spinat zugeben, zusammenfallen lassen und mit Salz, Pfeffer und Muskatnuss würzen. Mischung abkühlen lassen, behutsam ausdrücken und pürieren. Mit geriebenen Brotscheiben, Mehl und Dotter vermischen.

3 Vier Brotscheiben mit Spinatmasse bestreichen, rundum ca. 1 cm frei lassen. Restliche Brotscheiben darauf setzen und leicht andrücken. Öl erhitzen, Schnitten in Mehl wenden, durch die verquirlten Eier ziehen und im Öl goldgelb backen.

4 Schnitten auf Küchenpapier abtropfen lassen. Pofesen in Streifen schneiden. Suppe erhitzen, mit den Pofesenstreifen und Schnittlauch servieren.

---

800 ml klare Gemüsesuppe
1 kleiner Bund Schnittlauch (geschnitten)

Pofesen:
10 Scheiben Toastbrot
100 g frischer Blattspinat
1 Schalotte
1 Knoblauchzehe
½ EL Butter
3 EL glattes Mehl
1 Dotter

Panier:
40 g Mehl
2 kleine Eier

Salz, Pfeffer, Muskatnuss, Öl zum Backen

Nährwert pro Portion
308 kcal; 12 g EW; 9 g Fett; 44 g KH; 4,4 BE; 187 mg Chol.

Prosit Neujahr!

Lammkoteletts mit Salbei und Rohschinken
4 Portionen, Zubereitung ca. 30 Minuten

8 Lammkoteletts
4 EL Öl
Je 100 ml Rot- und Portwein
100 ml Lamm-Bratensaft

Garnitur:
8 mittlere Salbeiblätter
8 Scheiben Rohschinken
  (dünn geschnitten)

Salz, Pfeffer, Thymian

Nährwert pro Portion
556 kcal; 42 g EW; 39 g Fett;
1 g KH; 0,1 BE; 132 mg Chol.

1 Koteletts mit Salz, Pfeffer und Thymian beidseitig würzen, mit Salbei belegen und mit je 1 Schinkenscheibe eng umwickeln. Schinken mit Zahnstochern fixieren.

2 Koteletts in heißem Öl beidseitig braten, aus der Pfanne heben und warm stellen. Bratrückstand mit Wein und Portwein ablöschen und die Flüssigkeit fast zur Gänze einkochen. Bratensaft zugießen und aufkochen.

3 Zahnstocher entfernen, Koteletts mit Sauce und den Türmchen anrichten.

4 mittlere Erdäpfel
  (speckig)
3 EL Öl

Fülle:
250 g Brokkoli-Röschen
125 g Crème fraîche
50 g feiner Weizengrieß
3 EL Parmesan (fein
  gerieben)

Salz, Pfeffer, Butter

Nährwert pro Portion
331 kcal; 9 g EW; 20 g Fett;
29 g KH; 2,9 BE; 34 mg Chol.

Erdäpfel-Brokkoli-Türmchen
4 Portionen, Zubereitung ca. 1 Stunde

Erdäpfel in der Schale weich kochen, abseihen und zugedeckt ausdampfen lassen. Erdäpfel schälen und in ca. 1 cm dicke Scheiben schneiden.
Brokkoli in Salzwasser weich kochen, abschrecken, abtropfen lassen und pürieren. Masse mit Crème fraîche und Grieß vermischen, unter ständigem Rühren dick einkochen und mit Salz und Pfeffer würzen.
Backrohr auf 180 °C vorheizen.
Auflaufform dünn mit Butter ausstreichen. Püree in einen Dressiersack füllen. Erdäpfelscheiben in Öl beidseitig goldbraun braten und aus der Pfanne heben. Erdäpfelscheiben mit Püree zu Türmchen zusammensetzten. Türmchen in die Form setzen und mit Käse bestreuen.
Türmchen im Rohr (mittlere Schiene / Gitterrost) ca. 20 Minuten backen.

Prosit Neujahr!

Kokoscreme mit Ananassauce
4 Portionen, Zubereitung ca. 30 Minuten (zum Kühlen ca. 6 Stunden)

1. Backrohr auf 200 °C vorheizen. Kokosette auf ein mit Backpapier belegtes Backblech geben und im Rohr hellbraun rösten. Kokosette auf eine Platte leeren und auskühlen lassen.

2. Auflaufförmchen (Inhalt 125 ml) vorbereiten. Gelatine in kaltem Wasser einweichen. Dotter und Zucker gut cremig rühren. Milch aufkochen und unter Rühren in die Dottermasse gießen. Dottermilch wieder in das Kochgefäß leeren und bei schwacher Hitze weiterrühren, bis die Masse cremige Konsistenz hat.

3. Masse in eine Schüssel gießen. Gelatine gut ausdrücken und in der noch warmen Masse auflösen, Kokosette und Rum einrühren. Creme abkühlen, aber nicht fest werden lassen.

4. Obers schlagen und unterheben. Creme in die Förmchen füllen und zum Festwerden ca. 6 Stunden kühlen.

5. Für die Garnitur aus den Ananasscheiben Scheiben im Durchmesser der Förmchen ausstechen. Zucker in Butter hell anschwitzen, Ananasscheiben einlegen und beidseitig anbraten. Aus der Pfanne nehmen und auskühlen lassen.

6. Cremen ca. 30 Minuten vor dem Anrichten aus dem Kühlschrank nehmen. Förmchen kurz in heißes Wasser tauchen, Cremen auf Teller stürzen und mit Ananasscheiben, Kokosette und Ananassauce garniert servieren.

40 g Kokosette
5 Blatt Gelatine
3 Dotter
40 g Kristallzucker
200 ml Milch
30 ml weißer Rum
200 ml Schlagobers

Garnitur:
4 frische Hawaii-Ananasscheiben (½ cm dick)
½ EL Butter
1 TL Kristallzucker
2 EL Kokosette (geröstet)

Nährwert pro Portion
*369 kcal; 6 g EW; 26 g Fett;
23 g KH; 2,3 BE; 270 mg Chol.*

Ananassauce
4 Portionen, Zubereitung ca. 10 Minuten

Ananassaft aufkochen.
Stärke mit 1 EL Wasser vermischen, in die Sauce rühren und kurz mitköcheln. Sauce in eine Schüssel füllen und mit Limettensaft und -schale mischen. Sauce mit Frischhaltefolie zudecken und auskühlen lassen.

125 ml Ananassaft
1 gestr. EL Speisestärke
1 EL Limettensaft
Schale von 1 kleinen Limette (in dünne Streifen geschnitten)

Nährwert pro Portion
*28 kcal; 0 g EW; 0 g Fett;
6 g KH; 0,6 BE; 0 mg Chol.*

Winterfeste

Fenchelauflauf mit Garnelenspießchen
Putenroulade mit Polenta-Fruchtfülle auf Pak-Choi
Schoko-Zimt-Türmchen mit Knusperstangerln

Gute Laune kann man essen: Im Winter wirken helle Farben und Düfte positiv auf die Stimmung. Der Hauch von Exotik, den gebratene Garnelen, Papaya und Mandarinen verströmen, vereint sich in diesem festlichen Menü mit den warmen Aromen des Orients.

Zeitplan für stressfreie Kochfreuden:

6 Stunden vorher:
- Zimtmus und Knusperstangerln für das Dessert zubereiten.

2 Stunden vorher:
- Fenchelaufläufe garfertig (bis Punkt 3) zubereiten.
- Putenrouladen bratfertig vorbereiten.
- Garnelenspieße bratfertig vorbereiten.
- Pak-Choi blanchieren.

Kurz vorher:
- Fenchelaufläufe im Rohr garen.
- Putenrouladen braten.

Frisch zubereiten:
- Garnelenspieße braten.
- Pak-Choi dünsten, Rouladen inklusive Sauce fertig stellen.

Getränketipps:

Fenchelauflauf: Zu den zart-würzigen Aufläufen bereitet ein jungen Muskateller oder zarter Soave viel Trinkvergnügen.

Putenroulade: Ein exotisch inspiriertes Gericht, das einen Weißwein von internationalem Format verträgt. Ein kräftiger Chardonnay wird hier richtig sein, ein trocken ausgebauter Gewürztraminer würde allerdings auch einen Versuch wert sein.

Schoko-Zimt-Türmchen: Zu dieser eleganten Dessert-Kreation wird ein nicht ganz trockener Schaumwein mit Muskat-Aromatik gute Figur machen.

Winterfeste

Fenchelauflauf mit Garnelenspießchen
4 Portionen, Zubereitung ca. 1 ¼ Stunden

1 Fenchelgrün abzupfen und hacken. Fenchel halbieren und Strunk ausschneiden. Fenchel in kleine Stücke schneiden, in Salzwasser weich kochen. Abseihen, abtropfen lassen und pürieren.

2 Backrohr auf 180 °C vorheizen. Auflaufförmchen (Inhalt ca. 150 ml) mit Butter ausstreichen.

3 Obers mit Suppe und Butter aufkochen, Grieß einrieseln lassen und unter Rühren dickcremig einkochen. Masse abkühlen lassen. Anschließend Ei, Fenchelpüree, Wermut, Fenchelgrün, Salz und Pfeffer einrühren. Masse in die Förmchen füllen.

4 Förmchen in eine Metallform mit dünnem Boden stellen und so viel kochendes Wasser zugießen, dass sie halbhoch im Wasserbad stehen. Aufläufe ca. 45 Minuten im Rohr (unterste Schiene / Gitterrost) garen.

5 Je 2 Garnelen auf einen Holzspieß stecken, salzen, pfeffern und in heißem Öl beidseitig braten. Spieße aus der Pfanne heben und warm stellen.

6 Bratrückstand mit Suppe und Limettensaft ablöschen und aufkochen. Abgeriebene Limettenschale zugeben. Stärke mit 1 EL Wasser vermischen, einrühren und die Sauce aufkochen. Sauce durch Einrühren der Butter binden – nicht mehr kochen. Aufläufe auf Teller stürzen, mit den Garnelenspießen und der Sauce servieren.

---

200 g Fenchel
60 ml Schlagobers
40 ml klare Gemüsesuppe
10 g Butter
40 g feiner Weizengrieß
1 Ei
2 EL Wermut

Garnelenspieße und Sauce:
8 Cocktailgarnelen
 (ausgelöst, essfertig)
2 EL Öl
150 ml klare Gemüsesuppe
50 ml Limettensaft
Schale von 1 Limette
1 TL Speisestärke
1 EL kalte Butterstücke

Salz, Pfeffer, Butter

Nährwert pro Portion
*288 kcal; 10,9 g EW; 21 g Fett;
13 g KH; 0,9 BE; 145 mg Chol.*

Winterfeste

Putenroulade
mit Polenta-Fruchtfülle auf Pak-Choi
4 Portionen, Zubereitung ca. 1 Stunde

4 Putenschnitzel (à 150 g)
3 EL Öl

Fülle:
50 g getrocknete Marillen
50 g Dörrzwetschken (entkernt)
200 ml klare Suppe
125 g feiner Maisgrieß
1 EL Petersilie (gehackt)
4 mittlere Kohlblätter

Sauce und Garnitur:
100 ml Mandarinensaft
200 ml Bratensaft
1 Papaya
20 g Pignoli (Pinienkerne)
1 TL Butter

Salz, Pfeffer

Nährwert pro Portion
*625 kcal; 37,3 g EW; 34 g Fett;
40 g KH; 3,2 BE; 114 mg Chol.*

1. Für die Fülle Früchte in kleine Stücke schneiden. Suppe mit den Früchten aufkochen, Grieß unter Rühren einrieseln lassen und dick einkochen. Masse vom Herd nehmen, Petersilie einrühren und auskühlen lassen.

2. Kohlblätter in Salzwasser bissfest kochen, in kaltem Wasser abschrecken und auf einem Küchentuch trockentupfen. Mittelrippen ausschneiden.

3. Schnitzel zwischen Frischhaltefolie klopfen, salzen und pfeffern. Schnitzel mit je 1 Kohlblatt belegen, mit Fülle bestreichen, einrollen und mit Spagat binden.

4. Rouladen in Öl rundum anbraten und aus der Pfanne nehmen. Bratrückstand mit Mandarinensaft ablöschen und fast zur Gänze einkochen. Bratensaft zugießen, Rouladen einlegen und zugedeckt ca. 35 Minuten dünsten. Dabei mehrmals wenden.

5. Für die Garnitur Papaya der Länge nach halbieren, entkernen und aus dem Fruchtfleisch kleine Kugeln ausstechen. Pignoli in aufgeschäumter Butter anschwitzen, auf Küchenpapier abtropfen lassen.

6. Rouladen aus der Pfanne heben, Spagat entfernen. Pignoli und Papaya in der Sauce erwärmen. Rouladen mit Sauce und Pak-Choi anrichten.

---

4 kleine Pak-Choi (erhält man in Asia-Geschäften)
2 EL Öl
1 TL Butter
1 TL Honig
1 TL Limettensaft

Salz, Pfeffer

Nährwert pro Portion
*76 kcal; 1,5 g EW; 6 g Fett;
3 g KH; 0,1 BE; 3 mg Chol.*

Pak-Choi
4 Portionen, Zubereitung ca. 25 Minuten

Pak-Choi in Salzwasser ca. 2 Minuten überkochen, in kaltem Wasser abschrecken, auf Küchenpapier trockentupfen. Öl, Butter und Honig bis zum Aufschäumen erhitzen, Pak-Choi einlegen, kurz rundum anbraten. Mit Salz, Pfeffer und Limettensaft würzen und bei schwacher Hitze zugedeckt ca. 3–4 Minuten bissfest dünsten.

Winterfeste

Schoko-Zimt-Türmchen mit Knusperstangerln
4 Portionen, Zubereitung ca. 35 Minuten (zum Kühlen mindestens 4 Stunden)

1. Eine eckige Terrinenform (Inhalt ca. 750 ml; 4–5 cm breit) kalt ausspülen und mit Frischhaltefolie glatt auslegen. Milch mit Likör aufkochen. Dotter, Zucker, Vanillezucker und Zimt cremig rühren. Heiße Milch unter Rühren in die Dottermasse gießen. Mischung zurück in das Kochgefäß leeren und bei schwacher Hitze weiterrühren, bis die Masse cremig eindickt.

2. Masse in eine Schüssel gießen. Gelatine in kaltem Wasser einweichen, ausdrücken und in der warmen Masse auflösen. Masse abkühlen, aber nicht fest werden lassen.

3. Obers schlagen, die Hälfte davon in die Masse rühren, restliches Obers unterheben. Mus zudecken und ca. 4 Stunden kühlen.

4. Mus aus der Form stürzen, 16 Scheiben (1 cm dick) abschneiden und auf je ein Schokoladeblättchen setzen. Pro Portion 4 Mus-Scheiben zu Türmchen übereinander schichten. Türmchen mit einem Schokoladeblättchen belegen und mit den Physalis garnieren.

20 Schokoladeblättchen (Fertigprodukt; ca. 4 x 4 cm groß)
6 Physalis

Zimtmus:
250 ml Milch
2 EL Orangenlikör
2 Dotter
60 g Kristallzucker
1 Pkg. Vanillezucker
6 MS Zimt (gemahlen)
10 Blatt Gelatine
400 ml Schlagobers

Nährwert pro Portion
625 kcal; 11,6 g EW; 48 g Fett; 35 g KH; 2,8 BE; 255 mg Chol.

Knusperstangerln
24 Stück, Zubereitung ca. 20 Minuten

Zerlassene Butter mit Honig vermischen. 1 Strudelblatt auf ein leicht befeuchtetes Tuch legen, mit der Buttermischung bestreichen, zweites Strudelblatt darauf legen und ebenfalls bestreichen. Teig halbieren, jede Hälfte in 12 Streifen schneiden. Teigstreifen eng einrollen und im 180 °C heißen Rohr ca. 10 Minuten goldgelb backen.

2 Strudelblätter
60 g Butter
1 EL Honig

Nährwert pro Portion
28 kcal; 0,3 g EW; 2 g Fett; 2 g KH; 0,2 BE; 6 mg Chol.

Einfach raffiniert

Karotten-Apfel-Suppe mit gebackenem Spinat
Hühnerbrust mit Schwammerlfülle auf Paprikaschaum
Mohnparfait mit Himbeersauce

Aus ganz alltäglichen Zutaten ein elegantes und zugleich preiswertes Menü zu kochen klingt nach der Quadratur des Kreises. Was dieses Menü sonst noch kann: Es ist leicht, farbenfroh – und passt zudem in alle Jahreszeiten.

Zeitplan für stressfreie Kochfreuden:
8 Stunden vorher:
- Mohnparfait zubereiten. Kühlen und Gefrieren.

Mindestens 3 Stunden vorher:
- Suppe, Punkt 1, zubereiten.
- Himbeeren auftauen lassen.
- Hühnerbrust bratfertig vorbereiten.
- Mangold-Polenta-Roulade vorbereiten.

Kurz vorher:
- Fleisch anbraten und dünsten.
- Paprikasauce zubereiten.
- Himbeersauce zubereiten.

Frisch zubereiten:
- Spinat frittieren.
- Mangold-Polenta-Roulade in Scheiben schneiden und braten.
- Paprikasauce erwärmen und aufschlagen.
- Parfait vor dem Anrichten 10 Minuten akklimatisieren lassen.

Getränketipps:
Suppe: Ein nussiger Weißburgunder im Spätlesebereich kann mit Apfel und Karotte ein charmantes Trio bilden.
Hühnerbrust: Der ideale Begleiter ist ein im Barrique ausgebauter Chardonnay. Wem das zu fad ist, der sollte sich nach einem wirklich kräftigen Sauvignon blanc umsehen.
Mohnparfait: Eine schöne Beerenauslese vom Zierfandler oder Rotgipfler aus der Thermenregion ist dazu sicher eine passende Begleitung.

Einfach raffiniert

Karotten-Apfel-Suppe mit gebackenem Spinat
4 Portionen, Zubereitung ca. 40 Minuten

1. Karotten, Zwiebel und Erdäpfel schälen, in kleine Stücke schneiden und in Butter anschwitzen. Mit Wein, Apfelsaft und Suppe aufgießen und aufkochen. Obers zugießen und bei mittlerer Hitze ca. 20 Minuten köcheln.

2. Inzwischen Spinat putzen, Stiele entfernen. Blätter waschen und gut trockentupfen. Ca. 2 Finger hoch Öl erhitzen, Spinatblätter mit wenig Mehl vermischen, im heißen Öl kurz knusprig backen. Mit einem Siebschöpfer herausheben und auf Küchenpapier abtropfen lassen.

3. Suppe mit einem Stabmixer fein pürieren, mit Salz und Pfeffer würzen. Suppe mit Spinatblättern und Nüssen garniert servieren.

400 g Karotten
½ kleine Zwiebel
100 g Erdäpfel
1 EL Butter
125 ml Weißwein
125 ml Apfelsaft (naturtrüb)
500 ml klare Gemüsesuppe
250 ml Schlagobers

Einlage:
100 g Blattspinat
50 g Walnüsse (grob gehackt)

Salz, Pfeffer, Mehl, Öl zum Backen

Nährwert pro Portion
454 kcal; 6,3 g EW; 37 g Fett; 19 g KH; 1,1 BE; 85 mg Chol.

Einfach raffiniert

Hühnerbrust mit Schwammerlfülle auf Paprikaschaum

4 Portionen, Zubereitung ca. 1½ Stunden

2 zusammenhängende Hühnerbrüste (ausgelöst, ohne Haut; ca. 600 g)
1 Schweinsnetz (am besten vorbestellen)
3 EL Öl
200 ml klare Hühnersuppe

Fülle:
100 g Hühnerleber
50 g Champignons
1 TL Butter
1 TL frischer Majoran (gehackt)
100 ml Schlagobers (gut gekühlt)

Paprikaschaum:
1 roter Paprika
1 TL Butter
1 kleine Knoblauchzehe
250 ml klare Suppe
125 g Crème fraîche

Salz, Pfeffer, Zitronensaft

Nährwert pro Portion
643 kcal; 60,6 g EW; 42 g Fett; 7 g KH; 0,2 BE; 351 mg Chol.

1. Für die Fülle Hühnerleber und Champignons putzen, kleinwürfelig schneiden und in aufgeschäumter Butter unter öfterem Schwenken rösten. Mischung mit Majoran, Salz und Pfeffer würzen und auskühlen lassen.

2. Von den Hühnerbrüsten die kleinen Filets („FischerIn", 4 Stück) ablösen, klein schneiden und mit Obers in einem elektrischen Zerkleinerer fein pürieren. Mus mit der Leber-Champignon-Mischung verrühren, salzen und pfeffern.

3. Schweinsnetz unter kaltem Wasser gut spülen, ausdrücken, auf einem feuchten Tuch auflegen und die dicken Ränder wegschneiden. Schweinsnetz quer halbieren.

4. Hühnerbrüste salzen, pfeffern, mit Fülle bestreichen und behutsam zusammenklappen. Jede Hühnerbrust auf ein Stück Schweinsnetz legen, einwickeln, mit Spagat – nicht zu fest – formgerecht binden.

5. Öl erhitzen, die Hühnerbrüste darin beidseitig anbraten. Suppe zugießen, Fleisch zudecken und bei schwacher Hitze ca. 25 Minuten dünsten – nach etwa halber Garzeit wenden.

6. Für die Sauce Paprika halbieren, putzen und entkernen. Paprika klein schneiden, in Butter anschwitzen, mit Salz, Pfeffer und zerdrücktem Knoblauch würzen. Suppe zugießen, aufkochen und Paprika weich kochen (dauert ca. 10 Minuten). Crème fraîche einrühren, Sauce aufkochen, mit einem Stabmixer pürieren und mit Zitronensaft abschmecken.

7. Fleisch aus der Pfanne heben und warm stellen. Bratensaft durch ein Sieb gießen und in den Paprikaschaum rühren. Spagat entfernen, die Hühnerbrüste in Scheiben schneiden, mit Paprikaschaum und Polentascheiben anrichten.

Einfach raffiniert

Mangold-Polenta-Roulade

4 Portionen, Zubereitung ca. 30 Minuten (zum Auskühlen ca. 1 Stunde)

Vom Mangold die groben Mittelrippen ausschneiden. Mangold kurz überkochen, kalt abschrecken, ausdrücken und auf einem Tuch auflegen. Milch mit Suppe aufkochen, Grieß unter Rühren einrieseln lassen und dick einkochen. Masse vom Herd nehmen, Obers, Öl und Parmesan einrühren.
Jedes Mangoldblatt mit Grießmasse bestreichen, einrollen und in Frischhaltefolie gewickelt auskühlen lassen. Rollen in ca. 2 cm dicke Scheiben schneiden und in aufgeschäumter Butter beidseitig braten.
Behutsam aus der Pfanne heben, auf Küchenpapier abtropfen lassen.

2 mittlere Mangoldblätter
1 EL Butter
125 ml Milch
250 ml klare Suppe
120 g Maisgrieß
2 EL Schlagobers
2 EL Olivenöl
2 EL Parmesan (gerieben)

Salz, Pfeffer, Muskatnuss

Nährwert pro Portion
230 kcal; 5,8 g EW; 12 g Fett; 24 g KH; 2 BE; 21 mg Chol.

Einfach raffiniert

Mohnparfait mit Himbeersauce
6 Portionen, Zubereitung ca. 45 Minuten (zum Kühlen und Gefrieren ca. 18 Stunden)

2 Eier
2 Dotter
140 g Kristallzucker
500 ml Schlagobers
1 Pkg. Vanillezucker
2 EL Rum
30 g Mohn (fein gemahlen)

Salz, Öl, Minzeblätter

Nährwert pro Portion
482 kcal; 6,4 EW; 38 g Fett; 28 g KH; 2,2 BE; 264 mg Chol.

1. Eier und Dotter mit der Hälfte vom Kristallzucker über Wasserdampf dickcremig aufschlagen – Schüssel dabei drehen und zügig schlagen, damit sich keine Klümpchen bilden. Schüssel vom Dampf nehmen.

2. Obers mit Vanillezucker, Rum, Mohn, 1 kleinen Prise Salz und übrigem Zucker vermischen und bis knapp unter den Siedepunkt erhitzen. Mischung vom Herd nehmen und unter Rühren in die Eimasse gießen. Masse zurück in das Kochgefäß leeren und bei schwacher Hitze rühren, bis sie cremig eindickt.

3. Mischung in eine Schüssel füllen, mit einem Stabmixer fein pürieren und im kalten Wasserbad auf Zimmertemperatur abkühlen lassen, dabei öfters durchrühren. Masse mit Frischhaltefolie zudecken und für ca. 12 Stunden in den Kühlschrank stellen.

4. Terrinenform (Inhalt ca. 1 l) dünn mit Öl ausstreichen und mit Frischhaltefolie auslegen. Mohnmasse mit dem Handmixer (Schneebesen) bei niedriger Geschwindigkeit steif schlagen. Masse in die Form füllen, gleichmäßig verstreichen und im Tiefkühler mindestens 6 Stunden gefrieren lassen.

5. Vor dem Servieren Parfait aus der Form stürzen, Folie abziehen und das Parfait in Scheiben schneiden. Mit Himbeersauce anrichten, mit Himbeeren und Minzeblättern garnieren.

Himbeersauce
6 Portionen, Zubereitung ca. 35 Minuten (zum Auftauen ca. 4 Stunden)

300 g tiefgekühlte Himbeeren
150 ml Wasser
100 g Staubzucker
30 ml Himbeerlikör

Nährwert pro Portion
150 kcal; 1 g EW; 0 g Fett; 31 g KH; 2,8 BE; 0 mg Chol.

Einige schöne Himbeeren für die Garnitur auf einem Teller auftauen lassen. Wasser mit Zucker aufkochen, übrige Beeren zugeben und bei schwacher Hitze ca. 2 Minuten köcheln. Beeren mit einem Stabmixer pürieren, mit Likör vermischen und auskühlen lassen.

Schlanke Power

Linsensuppe mit Kalbfleisch und Gemüse
Kabeljau mit Erdäpfelkruste auf Kohlpüree
Mangocreme mit Himbeeren

So bietet man grauen Nebeltagen und aufkeimender Winterdepression am besten Paroli: mit farbenfrohen, vitaminreichen Gerichten, die leicht und bekömmlich sind. Einfach „Soul-Food"!

Zeitplan für stressfreie Kochfreuden:
3 Stunden vorher:
- Mangocreme zubereiten und kalt stellen, Mandelplätzchen backen.

Mindestens 1 Stunde vorher:
- Kohlpüree zubereiten.
- Linsensuppe zubereiten.
- Fisch bratfertig vorbereiten, ungewürzt auf einen Teller legen.

Frisch zubereiten:
- Linsensuppe erwärmen, mit Jungzwiebelringen und Kräutern bestreut anrichten.
- Erdäpfelplätzchen und Fisch braten; Kohlpüree erwärmen.

Getränketipps:
Linsensuppe: Trockener Weißwein aus der Burgunderfamilie, vorzugsweise Weiß- oder Grauburgunder, wird mit den herzhaften Linsen und dem milden Kalbfleisch schön harmonieren.

Kabeljau mit Erdäpfelkruste: Ein mittelschwerer Weißwein der Sorte Grüner Veltliner oder klassisch ausgebauter Chardonnay kann mit dem Kabeljau wie mit der knusprigen Erdäpfelkruste mithalten.

Mangocreme: Ein duftiger Wein mit zarter Süße und exotischen Anklängen ist hier gefragt. Muskatiger Schaumwein oder eine „stille" Auslese.

Schlanke Power

Linsensuppe mit Kalbfleisch und Gemüse
4 Portionen, Zubereitung ca. 1 Stunde

1 Gemüse schälen. Zwiebel fein hacken. Knoblauch in dünne Scheiben, Karotten in Streifen, Petersilienwurzel in Stifte, Sellerie in Scheiben und Jungzwiebeln in Ringe schneiden. Paradeiser überkochen, kalt abschrecken und die Haut abziehen. Fruchtfleisch in Stücke schneiden. Koriander fein hacken. Fleisch klein würfeln. Linsen waschen und abtropfen lassen.

2 In einem Topf Öl erhitzen. Zwiebeln und Knoblauch darin goldbraun anbraten. Mit 1 Liter Wasser aufgießen. Linsen und Zitronenschale zugeben. Linsen weich kochen (ca. 20 Minuten). Mit Suppenpulver und Chili abschmecken.

3 Fleisch zugeben und 10 Minuten kochen. Karotten, Petersilienwurzel, Sellerie, Paradeiser zugeben und ca. 8 Minuten kochen. Suppe mit Zitronensaft, Salz und Chili abschmecken, mit Koriander und Jungzwiebeln bestreuen.

1 Zwiebel
3 Knoblauchzehen
200 g Karotten
50 g Petersilienwurzel
1 Stange Staudensellerie
2 Jungzwiebeln
1 Paradeiser
2 Zweige frischer Koriander
1 l Wasser
300 g Kalbfleisch
200 g rote Linsen
2 EL Olivenöl
½ TL abgeriebene Limetten- oder Zitronenschale (unbehandelt)

Salz, Olivenöl, Suppenpulver, Chili, Limetten- oder Zitronensaft

Nährwert pro Portion
321 kcal; 29 g EW; 7 g Fett; 34 g KH; 3,4 BE; 53 mg Chol.

Schlanke Power

Kabeljau mit Erdäpfelkruste auf Kohlpüree
4 Portionen, Zubereitung ca. 35 Minuten

1 Zwiebel schälen und fein hacken. Kohl in feine Streifen schneiden.

2 In einer beschichteten Pfanne 1 EL Öl erhitzen, Zwiebel darin glasig anschwitzen, dann unter Rühren goldbraun braten und mit Mehl stauben. Kohl zugeben, wenig salzen und unter Rühren kurz anbraten. Mit Suppe aufgießen, mit Muskatnuss und Zitronenschale würzen. Kohl zugedeckt 8 Minuten dünsten. Kohl, Kochflüssigkeit, Zitronensaft und Senf grob pürieren. Püree mit Salz und Pfeffer abschmecken.

3 Erdäpfel schälen, grob reiben und salzen. Fischfilets salzen und pfeffern. In einer beschichteten Pfanne 2 EL Öl erhitzen. Erdäpfel leicht ausdrücken. Vier dünne Erdäpfelplätzchen in der Größe der Fischfilets in die Pfanne legen. Fischfilets auf die Erdäpfel legen und ca. 15 Minuten bei schwacher Hitze braten, bis die Erdäpfelkruste goldbraun und der Fisch gar ist.

4 Kohlpüree kurz erhitzen. Petersilie unterrühren. Kohlpüree portionsweise anrichten, Fischfilets mit der Erdäpfelkruste auf das Kohlpüree legen.

---

4 Kabeljaufilets (bzw. Polardorsch; à 150 g)
500 g mehlige Erdäpfel

Kohlpüree:
1 Zwiebel
600 g Kohl
3 EL Öl
1 TL glattes Mehl
300 ml klare Suppe
½ TL abgeriebene Zitronenschale (unbehandelt)
1 EL Zitronensaft
2 TL Dijon-Senf
½ Bund Petersilie (gehackt)

Salz, Pfeffer, Muskatnuss

Nährwert pro Portion
294 kcal; 30 g EW; 9 g Fett; 23 g KH; 2,3 BE; 75 mg Chol.

Schlanke Power

Mangocreme mit Himbeeren
4 Portionen, Zubereitung ca. 25 Minuten (zum Kühlen 2 Stunden)

200 g Himbeeren (tiefgekühlt)
1 große Mango
180 ml Orangensaft
2 TL abgeriebene Orangenschale (unbehandelt)
1 TL abgeriebene Zitronenschale (unbehandelt)
30 g Speisestärke
50 g Zucker
100 ml Schlagobers
1 Pkg. Natur-Vanillezucker
100 g Jogurt

Nährwert pro Portion
*252 kcal; 3 g EW; 8 g Fett;
39 g KH; 3,9 BE; 23 mg Chol.*

1. Himbeeren auf einem Teller auftauen lassen. Mango schälen, in Stücke schneiden und mit dem Orangensaft im Mixer fein pürieren. Fruchtmark durch ein Sieb streichen, mit Orangen- und Zitronenschale, Speisestärke und Zucker verrühren.

2. Fruchtmark in einem kleinen Topf unter Rühren kurz aufkochen. Vom Herd nehmen, zuerst in kaltem Wasserbad abkühlen lassen, dann für 2 Stunden kalt stellen.

3. Obers mit Vanillezucker steif schlagen und mit dem Jogurt vermischen. Oberscreme unter das Fruchtmark heben. Creme mit Himbeeren anrichten, mit Mandelplätzchen und evtl. mit Himbeersaft garnieren.

---

60 g Staubzucker
25 g glattes Mehl
1 Prise Zimt
25 ml heller Traubensaft
25 g geschmolzene Butter (lauwarm)
10 g Mandelblättchen (fein gehackt)

Nährwert pro Portion
*13 kcal; 0,5 g EW; 0,5 g Fett;
2 g KH; 0,2 BE; 1,5 mg Chol.*

Mandelplätzchen
20 Stück, Zubereitung ca. 20 Minuten

Backrohr auf 180 °C vorheizen, Backblech mit Backpapier belegen.
Zucker, Mehl, Zimt und Traubensaft mit dem Mixer glatt rühren. Zuerst die Butter, dann die Mandeln untermischen. Den Teig mit einem Teelöffel in Häufchen auf das Blech setzen. Der Teig zerläuft beim Backen, deshalb ca. 15 cm Abstand zwischen den Häufchen lassen. Plätzchen im Rohr 9–10 Minuten goldbraun backen und ca. 2 Minuten auf dem Blech abkühlen lassen, danach um ein Nudelholz biegen und auskühlen lassen.

Heringsschmaus

Fisch-Grissini
Räucherfisch-Häppchen mit Ei und Kaviar
Fischsuppe mit Garnelen und Muscheln
Matjessalat mit Avocado und Bohnen

Das Schönste an der Fastenzeit kommt gleich zum Beginn: der Heringsschmaus. So wird der Aschermittwoch fast schon wichtiger als der Faschingsdienstag – kulinarisch ganz sicher.

Zeitplan für stressfreie Kochfreuden:
7 Stunden vorher:
- Räucherfisch-Creme (Häppchen) zubereiten.

2 Stunden vorher:
- Matjessalat zubereiten.
- Fisch und Meeresfrüchte (Suppe) kochfertig vorbereiten.

Knapp vorher:
- Fisch-Grissini und Räucherfisch-Häppchen zubereiten.
- Suppe zubereiten.

Getränketipp:
Wein oder Bier? Beides kann gut schmecken. Etwa ein trockener, nicht zu leichter Weißwein mit milder Säure wird gut passen. Und natürlich Bier, gerade zum Matjessalat der „Favorit".

Heringsschmaus

Fisch-Grissini
12 Stück, Zubereitung ca. 15 Minuten

1. Die Hälfte der Grissini mit Lachs-, die übrigen mit Heilbuttscheiben umwickeln. Fischscheiben mit Schnittlauchhalmen festbinden, Grissini mit Salz und Pfeffer würzen und in Gläsern anrichten.

2. Zusätzlich kann man die Grissini mit Zitronenspalten und dünnen Streifen von Zitronenschale (gelingt am besten mit einem Kanneliermesser) garnieren bzw. die Fischfilets mit einigen Tropfen Zitronensaft beträufeln.

12 Grissini
6 Scheiben Räucherlachs (dünn geschnitten, à ca. 25 g)
6 Scheiben geräucherter Heilbutt (dünn geschnitten, à ca. 25 g)
12 Schnittlauchhalme
1 Zitrone (unbehandelt)

Salz, Pfeffer

Nährwert pro Portion
49 kcal; 5,6 g EW; 1 g Fett; 4 g KH; 0,3 BE; 9 mg Chol.

Heringsschmaus

Räucherfisch-Häppchen mit Ei und Kaviar

12 Stück, Zubereitung ca. 30 Minuten (zum Festwerden der Masse ca. 7 Stunden)

1. Gelatine in kaltem Wasser einweichen. Schalotten schälen, kleinwürfelig schneiden und in Butter anschwitzen. Mit Wein ablöschen und vom Herd nehmen. Gelatine gut ausdrücken und in der Mischung auflösen.

2. Forellenfilets in Stücke schneiden, mit der Zwiebelmischung und Crème fraîche in einem elektrischen Zerkleinerer fein pürieren. Masse mit Salz, Pfeffer und Zitronensaft kräftig würzen. Obers schlagen und unterheben. Masse in eine Schüssel füllen, mit Frischhaltefolie zudecken und ca. 7 Stunden kühlen.

3. Eier schälen und in Scheiben schneiden. Schnittlauchhalme zweimal der Länge nach nicht zu tief einschneiden; nicht durchschneiden.

4. Mus in einen Dressiersack mit Sterntülle füllen und auf die Brotscheiben dressieren. Mus mit Eischeiben, Kaviar und Schnittlauchhalmen garnieren.

300 g Räucherforellenfilets
3 Blatt Gelatine
2 Schalotten
1 EL Butter
50 ml Weißwein
125 g Crème fraîche
125 ml Schlagobers

Garnitur:
2 Eier (hart gekocht)
12 Schnittlauchhalme
12 Scheiben Nussbrot
 (Ø ca. 6 cm)
1 Glas Keta-Kaviar

Salz, Pfeffer, Zitronensaft

Nährwert pro Portion
180 kcal; 10,5 g EW; 11 g Fett; 9 g KH; 0,7 BE; 94 mg Chol.

Heringsschmaus

Fischsuppe mit Garnelen und Muscheln
4 Portionen, Zubereitung ca. 35 Minuten

½ kleine Zwiebel
30 g Butter
50 ml Wermut
700 ml klarer Fischfond
250 ml Schlagobers
2 gestr. EL Speisestärke
1 EL kalte Butterstücke

Einlage:
200 g Zanderfilet (mit Haut)
2 EL Öl
1 EL Butter
4 Riesengarnelen (ohne Schale und Darm)
4 Muscheln (essfertig; Miesmuscheln oder „Halbschalen-Muscheln")
1 Pkg. Gartenkresse

Salz, Pfeffer

Nährwert pro Portion
503 kcal; 23 g EW; 41 g Fett;
9 g KH; 0,6 BE; 239 mg Chol.

1 Zwiebel schälen, kleinwürfelig schneiden und in Butter hell anschwitzen. Wermut, Fischfond und Obers zugießen und die Suppe bei mittlerer Hitze ca. 8 Minuten köcheln.

2 Backrohr auf 80 °C vorheizen. Zander in 8 Stücke schneiden, mit Salz und Pfeffer würzen.

3 In einer Pfanne Öl und Butter erhitzen. Garnelen kurz anbraten, Zanderfilets mit der Hautseite nach unten einlegen und beides bei mittlerer Hitze braten. Fisch und Garnelen auf Küchenpapier abtropfen lassen und im Rohr warm stellen.

4 Bratfett abgießen, Bratrückstand mit 50 ml Wasser ablöschen, aufkochen und zur Suppe geben. Stärke mit 2 EL kaltem Wasser verrühren und in die Suppe gießen. Suppe unter Rühren ca. 1 Minute köcheln. Muscheln in etwas Suppe erwärmen.

5 Kresseblättchen von den Stielen schneiden. Butter in die Suppe rühren und diese mit einem Stabmixer schaumig aufschlagen. Fischstücke, Garnelen und Muscheln (samt Flüssigkeit vom Erwärmen) in Tellern oder Suppentassen anrichten. Suppe eingießen und mit Kresseblättchen bestreut anrichten. Mit Weißbrot servieren.

Heringsschmaus

Matjessalat mit Avocado und Bohnen
4 Portionen, Zubereitung ca. 35 Minuten (zum Marinieren ca. 2 Stunden)

1. Bohnen in einem Sieb abtropfen lassen. Matjesfilets trockentupfen. Paprika halbieren, entkernen. Avocado halbieren, entkernen und schälen. Avocado, Paprika und Matjes in ca. 1 cm große Stücke schneiden.

2. Sauerrahm mit Mayonnaise, Zitronensaft, Olivenöl und Petersil verrühren. Gemüse und Matjes zugeben, mit Salz und Pfeffer würzen. Salat mit Frischhaltefolie zudecken und ca. 2 Stunden im Kühlschrank ziehen lassen. Salat mit Kapernbeeren garniert servieren.

100 g rote Bohnen (gekocht)
8 kleine einfache Matjesfilets (in Öl eingelegt)
2 Paprika (rot und gelb)
1 Avocado
4 Kapernbeeren

Rahmmarinade:
125 g Sauerrahm
2 EL Mayonnaise
½ TL Zitronensaft
1 EL Olivenöl
½ EL Petersil (gehackt)

Salz, Pfeffer

Nährwert pro Portion
439 kcal; 10,5 g EW; 38 g Fett; 16 g KH; 0,8 BE; 65 mg Chol.

Garnitur
Vogerlsalat und Chicorée putzen, waschen und abtropfen lassen. Essig mit Salz und Pfeffer verrühren, Öl unter Rühren zugießen. Salatblätter knapp vor dem Anrichten mit der Marinade vermischen und mit dem Heringssalat anrichten.

150 g Vogerlsalat
1 Chicorée
2 EL milder Weinessig
4 EL Olivenöl

Salz, Essig

Die neue Klassik

Klare Gemüsesuppe mit Schwammerl-Schöberln
Schweinsbraten mit Rosmarin und dunkler Biersauce
Apfelstrudel

Wer viel herumkommt, den packt früher oder später die Sehnsucht nach der Heimat. So verhält es sich auch beim Essen, irgendwann möchte man wieder nach Hause – zu Mutters Schweinsbraten und Apfelstrudel.

Zeitplan für stressfreie Kochfreuden:

4 Stunden vorher:
- Fleisch marinieren.
- Schwammerl-Schöberln backen.

Mindestens 1 Stunde vorher:
- Apfelstrudel backfertig vorbereiten.
- Erdäpfelknödel kochfertig vorbereiten.
- Schweinsbraten eine knappe Stunde vor dem geplanten Eintreffen der Gäste ins Rohr geben.

Frisch zubereiten:
- Biersauce zubereiten, Erdäpfelknödel kochen, Bohnengemüse fertig stellen.
- Apfelstrudel backen.

Getränketipps:

Schweinsbraten: Der Schweinsbraten verlangt allein schon wegen der Sauce nach Bier. Das kann auch ein kräftiges Lager oder ein „Schnitt" sein.

Apfelstrudel: Zu einem Klassiker wie dem Apfelstrudel haben Sie mit einer Beerenauslese – vom Weißburgunder oder Traminer – die Genießer auf Ihrer Seite.

Die neue Klassik

Klare Gemüsesuppe mit Schwammerl-Schöberln

4 Portionen, Zubereitung ca. 50 Minuten (zum Einweichen der Pilze ca. 30 Minuten)

1. Mu-Err-Pilze ca. 30 Minuten in kaltem Wasser einweichen, abtropfen lassen und in dünne Streifen schneiden. Champignons putzen, in Stücke schneiden und in heißem Öl rundum anbraten. Mu-Err-Pilze und Petersilie einrühren, mit Salz, Pfeffer und zerdrücktem Knoblauch würzen. Mischung auf einem Teller auskühlen lassen.

2. Backrohr auf 200 °C vorheizen. Backblech mit Backpapier belegen.

3. Eier in Dotter und Klar trennen. Eiklar mit 1 Prise Salz zu cremigem Schnee schlagen. Dotter einrühren. Mehl, Parmesan und Schwammerlmischung unterheben.

4. Masse auf des Backblech gießen, mit einer Teigkarte oder Palette fingerdick rechteckig verstreichen.

5. Schöberlmasse ca. 10 Minuten im Rohr (mittlere Schiene) goldgelb backen, mit dem Papier vom Blech ziehen und auskühlen lassen.

6. Schöberln in Stücke schneiden oder beliebige Formen ausstechen. Schnittlauch fein schneiden. Suppe aufkochen, mit Muskatnuss würzen. Schöberln in der Suppe anrichten, Suppe mit Schnittlauch bestreut servieren.

---

1 l klare Gemüsesuppe
1 kleiner Bund Schnittlauch

Schöberln:
2 g Mu-Err-Pilze (getrocknet)
50 g Champignons
2 EL Öl
1 EL Petersilie (gehackt)
2 Knoblauchzehen
3 Eier
60 g glattes Mehl
1 EL Parmesan (gerieben)

Salz, Pfeffer, Muskatnuss

Nährwert pro Portion
*196 kcal; 10,3 g EW; 11 g Fett
13 g KH; 1 BE; 180 mg Chol.*

Die neue Klassik

Schweinsbraten mit Rosmarin und dunkler Biersauce
4 Portionen, Zubereitung ca. 2 Stunden (zum Marinieren ca. 4 Stunden)

1 kg Schweinefleisch (am besten Schluss- oder Schopfbraten)
2–3 kleine Zweige Rosmarin
5 Knoblauchzehen
4 EL Öl
250 ml klare Suppe
250 ml dunkles Bier
1 EL Speisestärke

Salz, Pfeffer

Nährwert pro Portion
492 kcal; 46,6 g EW; 30 g Fett 6 g KH; 0,2 BE; 158 mg Chol.

1 Rosmarinnadeln grob hacken. Fleisch rundum mit Pfeffer, Rosmarin und zerdrücktem Knoblauch einreiben, in Frischhaltefolie wickeln und ca. 4 Stunden im Kühlschrank ziehen lassen.

2 Backrohr auf 180 °C vorheizen. In einer Bratenpfanne Öl erhitzen, Fleisch salzen, rundum anbraten und im Rohr ca. 1½ Stunden (untere Schiene / Gitterost) braten – dabei immer wieder mit Suppe und Bier untergießen und mit dem entstehenden Bratensaft übergießen.

3 Braten aus der Pfanne heben und zugedeckt warm stellen.

4 Saft in einen Topf leeren – sollte ca. 300 ml sein, wenn nötig mit Suppe auffüllen oder einkochen. Saft aufkochen. Stärke mit 1 EL Wasser vermischen und in den Saft rühren, bei schwacher Hitze 1 Minute köcheln. Fleisch in Scheiben schneiden und mit Sauce und Beilagen anrichten.

Die neue Klassik

Bohnengemüse
4 Portionen, Zubereitung ca. 20 Minuten

Fisolen putzen und in Salzwasser bissfest kochen. In ein Sieb leeren, kalt abschrecken und gut abtropfen lassen. Fisolen in ca. 3 cm lange Stücke schneiden. Zwiebel schälen und kleinwürfelig schneiden. Zwiebel in Butter hell anschwitzen. Fisolen und Bohnen zugeben, mit Salz, Pfeffer und zerdrücktem Knoblauch würzen und behutsam vermischen.

120 g Fisolen
½ kleine rote Zwiebel
1 EL Butter
120 g große weiße Bohnen (gekocht)
1 Knoblauchzehe

Salz, Pfeffer

Nährwert pro Portion
*110 kcal; 7,3 g EW; 3 g Fett
14 g KH; 1 BE; 6 mg Chol.*

Erdäpfelknödel
4 Portionen, Zubereitung ca. 40 Minuten

Erdäpfel kochen, schälen und noch heiß durch eine Erdäpfelpresse drücken. Mehl, Grieß, Salz, Muskatnuss und Ei untermischen. Masse mit den Händen rasch zu einem glatten Teig verarbeiten.
Teig ca. 10 Minuten rasten lassen. Salzwasser aufkochen. Aus der Masse 4 Knödel formen und im schwach wallenden Wasser ca. 12 Minuten kochen. Knödel aus dem Wasser heben, abtropfen lassen.

250 g Erdäpfel (mehlig)
100 g glattes Mehl
40 g feiner Weizengrieß
1 Ei

Salz, Muskatnuss

Nährwert pro Portion
*184 kcal; 6,6 g EW; 2 g Fett
34 g KH; 2,9 BE; 59 mg Chol.*

Die neue Klassik

Apfelstrudel

4 Portionen, Zubereitung ca. 45 Minuten

330 g Blätterteig (aus dem Kühlregal oder TK)
1 Ei

Fülle:
½ kleine Zitrone (unbehandelt)
400 g säuerliche Äpfel
1 Pkg. Vanillezucker
1 Prise Zimt
2 EL Rum
40 g Mandeln (fein gerieben)
40 g Sultaninen
40 g Sauerrahm

Staubzucker

Nährwert pro Portion
546 kcal; 9,4 g EW; 31 g Fett
53 g KH; 4,4 BE; 72 mg Chol.

1 Teig backfertig vorbereiten. Von der Zitrone die Schale abreiben, dann den Saft auspressen. Äpfel schälen, vierteln und die Kerngehäuse ausschneiden. Äpfel in ca. 1 cm dicke Stifte schneiden, mit Vanillezucker, Zimt, Zitronensaft, Rum und Zitronenschale vermischen. Mandeln und Sultaninen unterheben.

2 Backrohr auf 190 °C vorheizen. Backblech mit Backpapier belegen.

3 Teig auf ca. 42 x 25 cm ausrollen. Ca. 3 cm vom unteren Teigrand entfernt die Hälfte der Apfelfülle 5 cm breit auftragen. Sauerrahm darauf verteilen und mit der übrigen Fülle bedecken. Teig über die Fülle einrollen und die Enden zudrücken. Strudel mit der Naht nach unten auf das Backblech legen, mit Ei bestreichen und ca. 30 Minuten (mittlere Schiene) goldgelb backen.

4 Strudel aus dem Rohr nehmen, kurz rasten lassen, mit Staubzucker bestreuen und in Stücke schneiden.

Schlichte Eleganz

Rote-Rüben-Suppe mit Kaviar
Roastbeef mit feiner Senfsauce
Mango-Papaya-Sülzchen mit Kokossauce

Lieben Sie Klassik? Ja? Dann wird dieses Menü nach Ihrem Geschmack sein: zaristisches Süppchen von der Roten Rübe, dazu ein Löffelchen Kaviar. Ein saftiger feiner, Braten vom Beiried mit einem Hauch englischer Eleganz. Frischobst aus Übersee im delikaten Sülzchen – erfrischend, exotisch, fruchtig.

Zeitplan für stressfreie Kochfreuden:
6 Stunden vorher:
- Dessert inklusive Sauce zubereiten.

Mindestens 1 Stunde vorher:
- Rote-Rüben-Suppe zubereiten.
- Semmelaufläufe backfertig vorbereiten.

Kurz vorher:
- Roastbeef braten.
- Semmelaufläufe nach 15 Minuten Bratzeit zum Roastbeef ins Rohr stellen. Nach Ende der Garzeit das Fleisch in Alufolie gewickelt im 50 °C heißen Rohr warm halten.

Frisch zubereiten:
- Suppe fertig stellen.
- Senfsauce (Roastbeef) und Selleriegemüse zubereiten.

Getränketipps:
Rote-Rüben-Suppe: Wenn Sie bereits zur Suppe Wein servieren möchten, tun sie es am besten mit einem prickelnden Champagner, Sekt oder Cava.
Roastbeef: Stellen Sie dem Roastbeef einen kräftigen, geschmeidigen Roten zur Seite: Blaufränkisch oder Cabernet Sauvignon sind nur zwei von vielen Möglichkeiten.
Mango-Papaya-Sülzchen: Zum exotischen Dessert passt Süßes von Auslese bis Beerenauslese, von Sämling bis Weißburgunder.

Schlichte Eleganz

Rote-Rüben-Suppe mit Kaviar

4 Portionen, Zubereitung ca. 1¼ Stunden

1 Rote Rüben in Salzwasser, das man mit Lorbeerblatt, Kümmel und einem Spritzer Essig würzt, weich kochen (ca. 45 Minuten). Rüben kalt abschrecken und schälen. Fruchtfleisch in ca. ½ cm große Stücke schneiden, davon ca. 150 g für die Einlage beiseite stellen.

2 Übrige Rüben mit Suppe und Obers verrühren und bei mittlerer Hitze ca. 10 Minuten köcheln. Suppe mit einem Stabmixer pürieren und mit Salz, Pfeffer und Zitronensaft abschmecken.

3 Reservierte Rübenstücke untermischen und die Suppe aufkochen. Aus der Crème fraîche 4 Nockerln formen, in die Teller legen und mit Kaviar garnieren. Suppe behutsam eingießen und servieren.

*Je nach Geschmack und finanziellen Möglichkeiten wählt man Sevruga oder Osietra, Beluga ist zu kostbar für diesen Zweck. Eine preisgünstige, allerdings farblich nicht so perfekt passende Variante ist der rote Keta-Kaviar.

600 g Rote Rüben
750 ml klare Gemüsesuppe
125 ml Schlagobers

Einlage:
125 g Crème fraîche
4 TL Kaviar*

Salz, Pfeffer, Lorbeerblatt, Kümmel, Essig, Zitronensaft

Nährwert pro Portion
265 kcal; 6 g EW; 20 g Fett; 16 g KH; 1,4 BE; 75 mg Chol.

Schlichte Eleganz

Roastbeef mit feiner Senfsauce
4 Portionen, Zubereitung ca. 1¼ Stunden

500 g Beiried
½ Bund Suppengrün
1 Zwiebel
3 EL Dijon-Senf
4 EL Öl
350 ml klare Rindsuppe
125 g Crème fraîche

Salz, Pfeffer

Nährwert pro Portion
412 kcal; 29 g EW; 31 g Fett; 5 g KH; 0 BE; 126 mg Chol.

1. Fleisch mit Spagat binden, damit es sich während des Bratens nicht verformt. Suppengrün putzen, Zwiebel schälen. Gemüse in gleich große Stücke schneiden.

2. Backrohr auf 190 °C vorheizen. Fleisch salzen, pfeffern und mit 1 EL Senf dünn einstreichen. In einer Pfanne mit hitzebeständigen Griffen Öl erhitzen, Fleisch darin rundum rasch anbraten. Fleisch aus der Pfanne nehmen und beiseite stellen.

3. Gemüse im Bratrückstand anschwitzen, mit Suppe ablöschen und aufkochen. Fleisch darauf legen, ins Rohr schieben und ca. 50 Minuten (untere Schiene / Gitterrost) braten. Fleisch nach halber Garzeit wenden und mit dem entstandenen Bratensaft übergießen.

4. Fleisch aus der Pfanne heben, in Alufolie wickeln und ca. 10 Minuten rasten lassen. Bratensaft durch ein feines Sieb gießen (sollten ca. 200 ml sein, evtl. mit Suppe auffüllen). Crème fraîche und restlichen Senf einrühren und die Sauce bei schwacher Hitze ca. 5 Minuten köcheln.

5. Spagat entfernen und das Fleisch in nicht zu dicke Scheiben schneiden. Sauce mit einem Stabmixer aufschlagen. Fleisch mit der Sauce und den Beilagen servieren.

Schlichte Eleganz

Gebackene Semmelaufläufe

4 Portionen, Zubereitung ca. 50 Minuten

Backrohr auf 190 °C vorheizen. 4 Förmchen (Inhalt ca. 150 ml) mit Butter dünn ausstreichen.
Eier in Dotter und Klar trennen. Milch und Dotter mit Muskatnuss verquirlen und über die Semmelwürfel gießen. Butter untermischen. Eiklar mit 1 Prise Salz zu cremigem Schnee schlagen und unter die Masse heben. Knödelmasse in die Förmchen füllen und ca. 35 Minuten (mittlere Schiene / Gitterrost) backen. Förmchen aus dem Rohr nehmen, die Aufläufe behutsam auf Teller stürzen.

2 Eier
200 ml lauwarme Milch
125 g Semmelwürfel (getrocknet)
20 g Butter (zerlassen)

Salz, Muskatnuss, Butter

Nährwert pro Portion
211 kcal; 8 g EW; 12 g Fett; 18 g KH; 1,6 BE; 143 mg Chol.

Stangensellerie-Gemüse

4 Portionen, Zubereitung ca. 35 Minuten

Sellerieblätter in Streifen schneiden. Selleriestangen schälen und in ca. 3 cm lange und ½ cm breite Streifen schneiden. Pilze putzen, kurz waschen, trockentupfen und in Stücke schneiden.
Öl erhitzen, Sellerie darin anschwitzen, Pilze untermischen und mitrösten. Gemüse mit Salz und Pfeffer würzen und das Selleriegrün einrühren.

120 g Stangensellerie (mit grünen Blättern)
50 g Champignons
50 g Shiitake Pilze
2 EL Olivenöl

Salz, Pfeffer

Nährwert pro Portion
56 kcal; 1 g EW; 5 g Fett; 2 g KH; 0,1 BE; 0 mg Chol.

Schlichte Eleganz

Mango-Papaya-Sülzchen mit Kokossauce

4 Portionen, Zubereitung ca. 30 Minuten (zum Kühlen ca. 5 Stunden)

1. Vier Förmchen (Inhalt ca. 150 ml) mit kaltem Wasser ausspülen und kühl stellen.

2. Gelatine in kaltem Wasser einweichen. Mango und Papaya schälen. Mangofruchtfleisch vom Kern schneiden. Papaya der Länge nach halbieren, die Kerne mit einem Löffel behutsam entfernen. Beide Früchte in ca. ½ cm große Stücke schneiden.

3. Ca. 50 ml Saft erhitzen und vom Herd nehmen. Gelatine ausdrücken und darin auflösen. Übrigen Saft zugießen und die Fruchtstücke untermischen. Zuerst einen Teil von den Fruchtstücken in die Förmchen geben und mit Saft auffüllen, Förmchen mit übrigen Früchten und restlichem Saft auffüllen. Sülzchen mit Frischhaltefolie zudecken und zum Festwerden ca. 5 Stunden kühl stellen.

4. Die Hüllen der Erdkirschen behutsam einschneiden und hochziehen. Förmchen kurz in heißes Wasser tauchen, Sülzchen auf Teller stürzen und mit Sauce, Erdkirschen und den Minzeblättern garniert servieren.

Sülzchen:
6 Blatt Gelatine
500 g Mango
1 kleine Papaya (ca. 400 g)
250 ml Mangosaft

Garnitur:
4 Erdkirschen (Physalis, Kapstachelbeere)
Minzeblätter

Salz

Nährwert pro Portion
150 kcal; 5,3 g EW; 1 g Fett; 27 g KH; 2,4 BE; 0 mg Chol.

Kokossauce

4 Portionen, Zubereitung ca. 15 Minuten (zum Auskühlen ca. 1 Stunde)

Milch mit Puddingpulver und Dotter verrühren. Kokosmilch mit Zucker, Vanillezucker und einer kleinen Prise Salz aufkochen. Puddingmischung zugießen und unter ständigem Rühren köcheln, bis die Sauce bindet (ca. 1 Minute). Sauce vom Herd nehmen, Likör und abgeriebene Limettenschale einrühren. Frischhaltefolie auf die Oberfläche der Sauce legen (so bekommt sie keine Haut!) und ca. 1 Stunde auskühlen lassen.

125 ml Milch
1 EL Vanillepudding-Pulver
1 Dotter
125 ml Kokosmilch
60 g Kristallzucker
1 TL Vanillezucker
3 EL Kokoslikör
Schale von ¼ Limette

Salz

Nährwert pro Portion
137 kcal; 2 g EW; 3 g Fett; 24 g KH; 2 BE; 64 mg Chol.

Jungbrunnen

Marinierter Lauch mit Paprika-Tofu-Marinade
Gemüsetopf mit Fleischbällchen
Himbeer-Jogurt-Creme

Wer verspürt sie nicht, die Lust am genussvollen Abnehmen. Schlemmen nach Herzenslust, ohne dass es um die Körpermitte zwickt. Durchaus kein Widerspruch. Hier vereinen sich drei absolute „Low-calorie"-Gerichte zu einem farbenfrohen – und g'schmackigen Dreigang-Menü.

Zeitplan für stressfreie Kochfreuden:
8 Stunden vorher:
- Für das Dessert Jogurt abtropfen lassen.

4 Stunden vorher:
- Fleischbällchen formen.
- Paprika braten und enthäuten.
- Tofu-Marinade zubereiten.
- Lauch kochen, im Kochfond auskühlen lassen.

Mindestens 1 Stunde vorher:
- Gemüsetopf bis Punkt 3 zubereiten.
- Himbeer-Jogurt-Creme zubereiten, kühl stellen.

Frisch zubereiten:
- Gemüsetopf fertig stellen.

Getränketipps:
Marinierter Lauch: Ein junger, frischer Sauvignon blanc wird die gemüsige Stimmung dieser leichten Vorspeise gut unterstützen.

Gemüsetopf: Mittelkräftige Weißweine wie Grüner Veltliner und Weißburgunder werden sowohl dem knackigen Gemüse als auch den würzigen Fleischbällchen gerecht.

Himbeer-Jogurt-Creme: Jogurt versteht sich nicht sonderlich gut mit Wein, aber eine zarte Riesling-Auslese wird zumindest mit den Himbeeren köstlich kommunizieren.

Jungbrunnen

Marinierter Lauch mit Paprika-Tofu-Marinade

2 Portionen, Zubereitung ca. 30 Minuten (zum Marinieren und Paprikaschälen ca. 1 Stunde)

1. Lauch putzen, waschen, erst in ca. 10 cm lange Stücke schneiden, dann jedes Stück der Länge nach halbieren.

2. Suppe mit Zitronensaft und Piment aufkochen, Lauchstücke darin bei schwacher Hitze ca. 8 Minuten köcheln, vom Herd nehmen und in der Suppe auskühlen lassen. Inzwischen die Paprikaschoten waschen, trockentupfen und eventuell enthäuten.

3. Eine Paprikaschoten in Stücke, die zweite in feine Streifen schneiden.

4. Für die Marinade Tofu in kaltem Wasser gut waschen, trockentupfen und in kleine Stücke schneiden. Tofu, Paprikastücke, Olivenöl, Senf, Honig, Zitronensaft und 2 EL der Kochflüssigkeit im Mixglas auf höchster Stufe zu einer glatten Sauce pürieren. Sauce mit Salz und Chili würzen.

5. Lauch aus dem Kochfond heben, gut abtropfen lassen und mit den Paprikastreifen und der Tofumarinade auf Tellern anrichten. Gemüse mit Estragonblättchen garniert servieren.

---

400 g Lauch
500 ml klare Gemüsesuppe
2 kleine rote Paprika
1 EL Zitronensaft
2 Pimentkörner (Neugewürz)

Tofumarinade:
100 g Tofu
2 TL Olivenöl
2 TL Senf
½ TL Honig
½ EL Zitronensaft

Salz, Chili, frischer Estragon

Nährwert pro Portion
192 kcal; 7,7 g EW; 11 g Fett; 11 g KH; 0 BE; 0 mg Chol.

Jungbrunnen

Gemüsetopf mit Fleischbällchen
4 Portionen, Zubereitung ca. 50 Minuten

Gemüsetopf:
1 kleine Zwiebel
1 Knoblauchzehe
1 Erdapfel
1 Karotte
½ Karfiol
½ EL Butter
750 ml klare Gemüsesuppe
1 kleiner Zweig frische Minze
1 Prise Muskatnuss
1 Prise Piment (Neugewürz)
¼ TL abgeriebene Zitronenschale (unbehandelt)
50 g TK-Erbsen

Fleischbällchen:
125 g Rinds-Faschiertes (mager)
1–2 EL Semmelbrösel
1 Eiklar
1 EL Petersilie (fein gehackt)
1 EL Zwiebel (fein gehackt)
1 TL Dijon-Senf

Salz, Pfeffer, Minze, Zitronenschale

Nährwert pro Portion
185 kcal; 11,2 g EW; 7g Fett; 18 g KH; 1,1 BE; 22 mg Chol.

1. Faschiertes mit Bröseln, Eiklar, Petersilie, Zwiebel, Senf, Salz und Pfeffer vermischen. Aus der Masse Bällchen (Ø 3–4 cm) formen, mit Frischhaltefolie zudecken und kühl stellen.

2. Für den Gemüsetopf Zwiebel, Knoblauch und Erdapfel schälen, Zwiebel und Knoblauch kleinwürfelig, Erdapfel in Stücke schneiden. Karotte schälen und in dünne Scheiben schneiden. Karfiol in Röschen teilen.

3. Butter in einem Topf mit dickem Boden erhitzen, Zwiebel und Knoblauch darin zuerst glasig anschwitzen, dann unter öfterem Rühren goldgelb rösten. Suppe zugießen und mit Minze, Muskatnuss, Piment und abgeriebener Zitronenschale würzen.

4. Suppe aufkochen, Erdapfel, Karotten, Karfiol und die Fleischbällchen zugeben. Eintopf zudecken und bei schwacher Hitze ca. 10 Minuten köcheln. Erbsen zugeben und 2 Minuten mitkochen. Eintopf mit Salz und Pfeffer würzen, in vorgewärmte Teller schöpfen, mit Minzeblättern und Zitronenschale garniert servieren.

Jungbrunnen

Himbeer-Jogurt-Creme
2 Portionen, Zubereitung ca. 15 Minuten (zum Abtropfen des Jogurts ca. 8 Stunden)

1 Ein großes Sieb mit einem sauberen Küchentuch auslegen und über eine Schüssel hängen, Jogurt einfüllen, mit Frischhaltefolie zudecken und im Kühlschrank ca. 8 Stunden abtropfen lassen. Parallel dazu Himbeeren in eine Schüssel geben und auftauen lassen.

2 Obers schlagen und kühl stellen. Himbeeren mit Zucker verrühren und mit einem Stabmixer fein pürieren. Himbeerpüree durch ein Sieb streichen, ca. 4 TL davon für die Garnitur reservieren.

3 Himbeerpüree mit dem abgetropften Jogurt-Frischkäse verrühren, Obers unterheben. Creme in gekühlte Gläser füllen, mit dem reservierten Himbeerpüree beträufeln und mit Minzeblättern garniert servieren.

600 g Jogurt (1 % Fett)
200 g TK-Himbeeren
50 ml Schlagobers
2 EL Kristallzucker

Minze

Nährwert pro Portion
288 kcal; 12 g EW; 10 g Fett; 31 g KH; 2,5 BE; 34 mg Chol.

Gäste und Feste

Es gibt immer einen Grund, zu feiern, im Kreise der Familie, mit Freunden oder Kollegen. Das Essen ist dabei immer ein wichtiger Teil, seien es kleine Häppchen, die gereicht werden, oder sei es ein mehrgängiges Menü, das auf den Tisch kommt. Für den Gastgeber, die Gastgeberin, gibt es eine Menge zu tun und zu bedenken, damit das Fest ein gelungenes wird.

Gut geplant ist halb gewonnen

Die Einladung zu einem Essen sollte mindestens zwei Wochen vorher erfolgen; je größer die Gästeschar, umso früher soll der geplante Termin bekannt gegeben werden. Unter Freunden ist eine mündliche Einladung ausreichend, zu formellen Essen lädt man schriftlich. Erinnern Sie Ihre Gäste eine Woche vorher an den Termin. Wenn Sie noch nicht so versiert im Organisieren von Einladungen sind, beginnen Sie im kleinen Rahmen. Am einfachsten ist es, für vier Personen zu kochen (die meisten Rezepte sind für vier Personen konzipiert).

Planen Sie ein Menü Ihrem Können entsprechend und kochen Sie nur Gerichte, die Sie tatsächlich beherrschen.

Berücksichtigen Sie Ihre technischen Möglichkeiten. Sind Backrohr und Kochgelegenheiten ausreichend für Ihr Vorhaben, ist genügend Geschirr vorhanden?

Wählen Sie Gerichte passend zur Saison und stimmen Sie diese farblich, inhaltlich und geschmacklich aufeinander ab; beginnen Sie mit milden Aromen und steigern Sie die Intensität bis zum Hauptgericht um jeweils eine Nuance.

Achten Sie darauf, dass sich wesentliche Zutaten und Zubereitungsarten in den einzelnen Gängen nicht wiederholen. Es sei denn, Sie kochen ein „Themen-Menü", zum Beispiel „Kürbis-Menü" oder „Spargel-Menü".

Berücksichtigen Sie die Vorlieben und Abneigungen Ihrer Gäste und fragen Sie eventuell diskret nach.

Ein mehrgängiges Menü zu kochen verlangt vor allem gute Organisation und durchdachtes Zeitmanagement. Wählen Sie Gerichte, die gut vorzubereiten sind, eventuell schon am Vortag.

Kochen Sie keine zu schwierigen Gerichte. Denken Sie daran, dass ein Braten einfacher zu machen ist als ein auf den Punkt gebratenes Steak. Ein Braten kann auch etwas länger im Rohr verweilen, ein Ragout ohne Qualitätsverlust warm gehalten werden, während ein zu lange gebratenes Steak ein kostspieliges und hartes Lehrstück ist.

Seien Sie gut vorbereitet. „Mis en place" heißt das Zauberwort im Fachjargon, wenn alle Zutaten gewogen, geputzt und, soweit möglich, zerkleinert bereit stehen.

Ein Begrüßungsdrink und kleine Häppchen lockern die Atmosphäre und überbrücken die Zeit, bis das Essen beginnt. Kleine Speisen, die mit den Händen gegessen werden, sind ein sinnlicher Genuss, außerdem sparen Sie Geschirr und Besteck. Servietten nicht vergessen!

Gäste und Feste

Zusammenstellung eines Menüs
Suppe, Hauptgericht, Dessert. Das sind die drei Grundelemente eines Menüs. Ausgehend davon lässt sich die Speisenfolge beliebig erweitern. Beachten Sie dabei, je mehr Gerichte Sie servieren, umso kleiner sollten Sie die Portionen bemessen.

Das große Menü:
Amuse gueule (Snack) und Aperitif
Kalte Vorspeise
Suppe
Fischgericht oder warme Vorspeise
Fleischgericht
Käse
Dessert
Kaffee

In der Mitte steht der Platzteller, er bleibt bis nach dem Hauptgang auf dem Tisch.
Links davon Vorspeisen- und Hauptspeisengabel. Rechts vom Platzteller Fleischmesser, Klinge nach innen, Suppenlöffel und Vorspeisenmesser. Der Abstand zwischen Besteck und Tischkante soll zwei fingerbreit betragen. Das Dessertbesteck liegt oberhalb des Tellers, Gabel mit dem Griff nach links, darüber der Löffel, Griff nach rechts.
Die Gläser stehen oberhalb des Messers. Es werden Wein- oder Bierglas sowie Wasserglas gedeckt.

Knigge bei Tisch

Andere Länder, andere Sitten. In China soll der Gast deutlich hörbares Schmatzen von sich geben, wenn's besonders schmeckt, die Suppe darf laut schlürfend eingesogen werden. In Amerika schickt es sich, die linke Hand in den Schoß zu legen, während die Rechte mit der Gabel das klein geschnittene Steak zum Mund führt. Bei uns ist weder das eine noch das andere gefragt.

Gute Manieren machen das Zusammenleben angenehmer, in allen Lebensbereichen. Natürlich kann man es auch übertreiben mit der Etikette, doch ein paar grundlegende Benimm-Regeln sollten eingehalten werden.

Bei Tisch

Während des Essens sind beide Hände am Tisch, stützen Sie sich mit den Unterarmen am Tisch ab, niemals mit den Ellbogen; in der Denkerpose machen Sie weniger gute Figur.

Mit vollem Mund …

… spricht man nicht. Mutters mahnende Worte haben immer noch höchste Aktualität. Schlürfen und andere Nebengeräusche sind bei der Essensaufnahme ebenso zu unterlassen wie sich durch die Haare zu fahren oder die Finger, geschweige denn das Messer abzulecken.

Die Serviette

Weder für Damen noch für Herren ist es schicklich, sich die Serviette wie ein Lätzchen umzuhängen. Die Serviette liegt während des Essens auf dem Schoß, eine große Serviette gefaltet mit dem Bug Richtung Knie, sodass der Mund mit der Innenseite der Serviette abgetupft werden kann. Der Mund wird vor dem Trinken abgetupft um Fett- oder Lippenstiftspuren am Glas zu vermeiden.

Legen Sie nach beendetem Essen die Serviette gefaltet (nicht zerknüllt!) neben dem Teller ab, niemals auf dem Teller; das gilt auch für Papierservietten.

Das Besteck

Ist für ein großes Menü gedeckt, wird immer mit dem äußersten Besteckteil angefangen, man arbeitet sich sozusagen von außen nach innen.

Wenn Sie während eines Ganges das Essen unterbrechen, wird das Besteck auf dem Teller abgelegt, über Kreuz, sodass die Messerspitze in der Gabelmulde liegt. Das Besteck nicht am Tellerrand ablegen, es könnte wegrutschen und die Tischdecke verschmutzen.

Bestecksprache

Gekreuztes Besteck am Teller: Sie haben noch nicht fertig gegessen bzw. wenn der Teller bereits leer ist, wünschen Sie Nachschlag.

Messer und Gabel liegen parallel, Messer rechts, die Schneide zur Gabel gerichtet: Sie sind fertig mit dem Essen, der Teller kann abserviert werden.

Trinken

Der Wein ist eingeschenkt, wann darf getrunken werden? Der Gastgeber hebt als Erster das Glas, die Gäste schließen sich an. Stielgläser werden am Stiel gefasst.

Knigge bei Tisch

Gräten & Co.
Gräten und anderes nicht Schluckbares schiebt man dezent mit der Zunge auf die Gabel und legt es an den Tellerrand, Gräten dürfen auch mit zwei Fingern aus dem Mund genommen werden.

Brot & Butter
Brot wird zum Essen in mundgerechte Stücke gebrochen, nicht geschnitten oder angebissen. Das Buttermesser wird nur verwendet um die Butter aufs Brot zu streichen. Der Brotteller, er steht links oben neben dem Platzteller, bleibt bis nach der Suppe am Tisch.

Handy
Telefonieren bei Tisch ist absolut unhöflich, auch hat das Handy auf dem Tisch nichts verloren. Wer nicht gerade Arzt in Bereitschaft ist, schaltet das Gerät aus. Ist ein Telefonat unumgänglich, entschuldigt man sich und verlässt zum Telefonieren den Tisch.

Rauchen
Während des Essens absolut tabu, nach dem Essen nur, wenn die übrigen Gäste ihre Erlaubnis geben.

Tischgespräche
Gespräche über die schönen Dinge des Lebens sorgen für entspannte Atmosphäre und gute Stimmung unter den Gästen. Vermeiden Sie Themen, die Konflikte provozieren. Auch Gespräche über Krankheit und Tod werden der frohen Stimmung wenig förderlich sein.

Mit den Händen darf gegessen werden:
<u>Spargelstangen</u>. Nur wenn diese nicht in einer Sauce liegen. Allerdings ist es inzwischen allgemein üblich, Spargel mit Messer und Gabel zu essen.
Ebenso wie <u>Hendlhaxerln</u>. Die dürfen in legerem Ambiente mit den Händen gegessen werden, wenn es sich um Back- oder Grillhenderln handelt.
<u>Würstel</u> (am Würstelstand).
<u>Artischocken im Ganzen</u>. Die Blätter werden mit der rechten Hand ausgezupft und in die Sauce getaucht.
<u>Fingerfood</u>. Häppchen, die dafür gedacht sind, um mit den Fingern gegessen zu werden.

Absolute Fauxpas:
- Mit vollem Mund sprechen
- Schlürfen und Essensgeräusche
- Lippenstiftspuren am Glas
- Telefonieren und Rauchen bei Tisch
- Ellenbogen auf dem Tisch
- Zerknüllte Serviette am Teller
- Benutztes Besteck neben den Teller legen
- In die heiße Suppe blasen
- Spaghetti mit dem Messer schneiden

Essen und Wein

In guten Restaurants steht Ihnen ein Sommelier zur Seite, wenn es darum geht, den passenden Tropfen zu einer Speise zu wählen. Was aber, wenn man sebst gefordert ist, die Weinbegleitung für ein Menü zu wählen? Da findet man sich angesichts einer Schwindel erregendenVielfalt an Weinen rasch mit der sprichwörtlichen Qual der Wahl konfrontiert. Welchen Wein also servieren zum Huhn in Rotweinsauce, zum Käsesoufflé oder zum Gemüsesülzchen?
Alles halb so schlimm. Beim Genießen gibt es zum Glück keine Dogmen, weil vor allem der persönliche Geschmack entscheidet. Erlaubt ist, was schmeckt. Wenn Sie ein wenig experimenterien und immer wieder neue Kombinationen versuchen, werden Sie mit der Zeit ein sicheres Gespür für harmonische Partnerschaften entwickeln.

Ein paar Grundregeln

Grundsätzlich gilt es, die Intensität des Gerichtes mit der des Weines abzustimmen. Zutaten, Gewürze und Zubereitungsart, also alle wesentlichen Elemente, die den Geschmack und den Charakter eines Gerichtes bestimmen, sind zu berücksichtigen. Zu zarten, duftigen Gerichten wird daher ein ebensolcher Wein stimmig schmecken, während kräftige Gerichte einen Tropfen mit mehr Gewicht verlangen.
Helles Fleisch verlangt Weißwein, dunkles Fleisch Rotwein. Stimmt oft, aber nicht immer. Werden Zutaten und Zubereitungsart berücksichtigt, kann zum gebratenen Truthahn mitunter ein Rotwein die bessere Wahl sein. Auch kräftige Fische vertragen Rotweine als Begleiter und zu jungem Lamm mit zarter Kräutersauce kann durchaus Weißwein die Idealbesetzung sein.
Spielt in einem Gericht die Sauce eine wichtige Rolle, wird der Wein passend zur Sauce gewählt. Zu cremigen Oberssaucen passt buttriger Weißwein mit wenig Säure oder tanninarmer Rotwein. Säurereiche Saucen fordern einen säurebetonten Wein. Zu fruchtiger Tomatensauce wird ein fruchtiger Rotwein mit wenig Tannin am besten passen. Ist die Sauce süßlich, darf auch der Wein einen Hauch von Süße aufweisen.
Die Süße von Speisen sucht im Wein ihre Entsprechung. Dabei sollte der Wein auf jeden Fall den Süßegrad des Gerichtes haben, trockener Wein zu Süßspeisen wirkt sauer und spitz. Wunderbar erfrischend kann halbtrockener Moscato zum Abschluss eines Essens schmecken, zu Desserts mit Obst, Fruchtsalaten und auch zu Schokolademouse passt der perlende Schaumwein ausgezeichnet.
Fette Speisen werden bekömmlicher, trinkt man säurereiche Weine dazu. Säurereiches Essen verlangt einen Wein, der deutlich mehr Säure zu bieten hat, zu milder Wein würde flach wirken.
Wie viel Tannin ein Wein enthält, hängt von Rebsorte und Vinifizierung ab. Rotweine, die viel Tannin (= Gerbstoff aus den Schalen) enthalten, zeichnen sich durch lange Lagerfähigkeit aus, als Essensbegleiter verhalten sie sich recht anspruchsvoll. Am besten werden sie zu kräftigem, rotem Fleisch getrunken, einem medium gebratenen Steak oder zu einem kräftigen Braten mit dunklem Fleisch. Tanninreiche Weine reagieren problematisch mit Eiern und fettem Käse.

Essen und Wein

Salz lässt Gerbstoffe bitter erscheinen. Die Wirkung des Salzes als Geschmacksverstärker kommt auch bei den Tanninen zum Tragen. Zu salzigem Schinken trinkt man besser gerbstoffarme Rotweine oder milde Weißweine.

Aperitif

Der Aperitif soll den Appetit anregen und die Zeit bis zum Beginn des Essens überbrücken. Servieren Sie alkoholarme Getränke: leichte, fruchtige Weißweine wie Muskateller oder Welschriesling, leichte Schaumweine oder trockenen Fino-Sherry. „Verwöhnen" Sie ihre Gäste niemals mit Hochprozentigem vor dem Essen, das ist ein Gewaltakt für einen nüchternen Magen und eine Attacke auf die Geschmackspapillen, die damit für längere Zeit außer Gefecht gesetzt sind.
Der Digestif beschließt das Menü, er wird zum oder nach dem Kaffee gereicht. Cognac, Grappa, Edelbrände sind die beliebtesten „Verdauungshilfen".

Glaskultur

Ein schlankes Glas für Weißweine, ein Kelch für Rotweine und ein hohes, schmales Glas für Schaumweine. Mit dieser Grundausstattung ist man für fast alle Gelegenheiten gut gerüstet. Darüber hinaus bieten Glashersteller eine Vielzahl speziell geformter Kelche für Riesling, Burgunder, Chianti & Co.

Die richtige Temperatur

Wein ist ein sensibles Produkt, das viel Aufmerksamkeit verlangt. Zum richtigen Zeitpunkt geöffnet, ins richtige Glas gegossen und optimal temperiert gibt er dann auch sein wahres Können preis.

<u>Rotweine</u>: Die viel zitierte Zimmertemperatur für Rotweine ist in der Realität bereits zu viel. Selbst gehaltvolle Rotweine sollten maximal 18 Grad haben, für mittelkräftige Rote genügen 16 Grad, während leichte, fruchtige Rote wie Beaujolais am besten schmecken, wenn sie gekühlt bei etwa 14 Grad ins Glas kommen.
<u>Weißweine</u>: Junge, leichte Weißweine werden kühl, bei 8–10 Grad, serviert. Kräftigere Lagenweine, die zuweilen auch etwas Zeit im Glas brauchen, entfalten sich bei ca. 12 Grad am besten. Generell ist es besser, Weißweine etwas kühler zu servieren, sie erwärmen sich rasch im Glas. Das Gleiche gilt für Rosé-Weine, zumal das geradezu ideale Sommerweine sind, die kühl getrunken wunderbar erfrischen.
<u>Süßweine</u>: werden generell gekühlt serviert.

Essen und Wein

Kochen mit Wein
Aus schlechtem Wein wird keine gute Sauce, gießen Sie also nur solchen Wein in den Topf, den Sie auch trinken würden.
Kräftige, extraktreiche Weine eignen sich generell besser zum Kochen, weil sie mehr Aroma transportieren können. Zarte, blumige Tropfen verlieren beim Kochen ihr feines Bukett. Verwenden Sie keine allzu säurehaltigen Weine zum Kochen, beim Einkochen geht zwar Aroma, nicht aber Säure verloren.

Käse und Wein
Nicht immer ist es ein einfaches, aber immer ein köstliches Unterfangen, den passenden Wein zum Käse zu finden.
Lange wurde Rotwein als der idealtypische Begleiter zu Käse propagiert. Das hat sich geändert, die Erfahrung hat gezeigt, dass Weißweine wesentlich anpassungsfähiger sind. Problematisch verhalten sich gerbstoffreiche Rotweine, weil das Tannin mit dem Eiweiß kollidiert. Wählt man Rotwein, sollte dieser mit weichen, geschmeidigen Tanninen ausgestattet sein. Aus dem Österreicher-Eck ist Zweigelt ein guter Käse-Wein, von den internationalen Sorten sind Merlot und Pinot noir empfehlenswerte Begleiter zu Käse.

Gute Paarungen:
<u>Junger Käse</u> mag jungen Wein: Wählen Sie zu Frischkäse leichte, fruchtige Weißweine wie Veltliner, Riesling-Sylvaner, Welschriesling, Weißburgunder.
<u>Ziegenkäse</u> hat eine Vorliebe für Sauvignon blanc.
<u>Milde Schnittkäse</u> wie Gouda, Edamer oder junge Bergkäse harmonieren aufgrund ihrer nussigen Aromen gut mit Weißburgunder und klassisch ausgebautem Chardonnay. Auch der rare Neuburger Smaragd aus der Wachau ist ein vorzüglicher und universeller Partner für milde Käse.
<u>Brie</u> und weißer Burgunder sind ein schönes Paar am Gaumen.
<u>Camembert</u>, der in seiner Reife nach Champignons duftet, harmoniert mit gereiftem rotem Burgunder und geschmeidigem Merlot, wie gereiftem St. Émilion.
<u>Mittelreifer Bergkäse</u> gefällt mit kräftigem Chardonnay oder Morillon.
<u>Weichkäse mit Rotkultur</u> sollen mit tanninarmen, runden Rotweinen kombiniert werden, roter Burgunder ist eine gute Wahl.
Die Kombination von <u>Blauschimmelkäse</u> mit Süßwein (Ausbruch oder Trockenbeerenauslese) ist eine der sichersten und genialsten Paarungen. Stilton wird traditionell mit reifem Tawny Port serviert.

Register nach Gängen

Vorspeisen

Asiatischer Glasnudelsalat	141
Caesar's Salad	187
Empanadillas con Jamon y Aceitunas / Teigtäschchen mit Schinken und Oliven gefüllt	167
Ententerrine mit Schwammerln	223
Fenchelauflauf mit Garnelenspießchen	313
Fisch-Grissini	331
Fischspieße mit Kirschparadeisern und Estragonsauce	87
Fitness-Brötchen	148
Frühlingssalat mit Zitronen-Olivenöl-Dressing	79
Gefüllte Topinambur mit feinem Rehragout	281
Hühnerpastete im Lauchmantel	41
Karotten-Käsecreme-Häppchen	151
Kraut-Snacks mit Forellen-Gemüse-Fülle	279
Lachs mit Currysauce und Blattspinat	61
Lachsforellenfilet überbacken auf Mangold	34
Mangold-Terrine mit Gemüsesalat auf Karottensauce	217
Marinierter Lauch mit Paprika-Tofu-Marinade	351
Matjessalat mit Avocado und Bohnen	337
Nudelteig-Tascherln mit Tunfisch-Oliven-Fülle	199
Paprika mit Tofu-Sesamcreme	149
Petersil-Schafkäse-Türmchen	135
Raw Vegetables / Rohkostplatte	269
Räucherfisch-Häppchen mit Ei und Kaviar	333
Räucherlachs-Schnitte mit Dillsauce	305
Roulade aus Roten Linsen	282
Salat mit Schafkäse und Spargel	115
Salatrollen mit Garnelen und Sprossen	124
Steinbutt mit Fenchel-Selleriegemüse und Grapefruit	117
Trüffel von der Gemüsebanane	285
Tunfisch-Artischockenspieße mit Chili-Limettensauce	53
Welsfilet mit Brunnenkresse-Sauce	250
Zucchini-Rahmsalat mit Kürbiskernen	141

Suppen

Brennsuppe mit Preßknödeln	299
Erbsensuppe mit Topfennockerln	85
Erdäpfel-Schwammerl-Suppe	237
Fischsuppe mit Garnelen und Muscheln	334
Ganslsuppe mit Apfelkugeln und Leber	205
Garnelensuppe mit Kokosmilch	287
Gekühlte Erdäpfelsuppe mit Basilikum und Garnelen-Spießchen	155
Hühnersuppe mit Nudeln, Gemüse und Pilzen	181
Indische Gemüsesuppe mit Hühnerfleisch	211
Jungzwiebel-Rahm-Suppe	33
Kalte Paradeiser-Marillen-Suppe mit Chili	161
Kalte Suppe aus grünen Ringlotten	129
Karotten-Apfel-Suppe mit gebackenem Spinat	319
Klare Gemüsesuppe mit Schwammerl-Schöberln	339
Klare Wildsuppe mit Pistaziennockerln	224
Kokossuppe mit Zitronengras und Hühnerspieß	99
Kräuterschaumsuppe mit Käsenockerln	59
Kürbissuppe mit Kapuzinerkresse	243
Linsensuppe mit Kalbfleisch und Gemüse	325
Minestrone mit weißen Bohnen und Fisolen	175
Misosuppe	123
Nudeltopf mit gebratenem Rindfleisch, Pilzen und Sprossen	231
Radieschensuppe mit Rucolanockerln	105
Räucherfischsuppe mit Oliven, Sellerie und Kresse	257
Rollgerstensuppe mit Erbsen und Selchfleisch	263
Rote-Rüben-Suppe mit Kaviar	345
Spargelsuppe mit Kressestrudel	47
Spargel-Vanillesuppe mit Limetten-Obers	93
Spinatcremesuppe mit Nockerln	293
Suppe mit Spinat-Pofesen	307
Suppe mit Schwammerl-Schöberln	249
Tennis-Suppe mit grünen Bällchen	73
Wiener Erdäpfelsuppe	67
Zwiebelsuppe mit Toast und pochiertem Wachtelei	197

Hauptspeisen

Entrecôtes gegrillt	145
Gebratene Entenbrust mit Kirschen-Ingwer-Sauce	252
Gebratene Gans mit Rotweinsauce	206
Gebratene Kalbsstelze mit Reis	300
Gebratene Nudeln mit Hühnerfleisch, Sprossen und Gemüse	75
Gebratene Putenwürfel mit Schwammerln und Sellerie	188
Gefüllte Salatblätter mit Paradeisschaum	106
Gegrilltes Huhn mit knuspriger Speckhaut und Couscous	143
Gekochter Schinken mit Apfel-Weinkraut	68
Gemüsetopf mit Fleischbällchen	352
Hühnerbrust auf Oliven-Paradeis-Sauce	88
Hühnerbrust auf Pasta-Salat mit Rucola	131
Hühnerbrust mit Schwammerlfülle auf Paprikaschaum	320
Hühnercurry mit Ananas und Mango auf Safranreis	295
Involtini di vitello / Kalbfleischröllchen	171
Kabeljau mit Erdäpfelkruste auf Kohlpüree	327
Kalbsbraten mit Kräuterfülle, Wokgemüse und Cranberry-Sauce	212
Kalbsroulade mit Apfel-Maroni-Fülle und Orangensauce	200
Kalbsschnitzel gegrillt mit Paradeisern und Erbsenschoten	54
Kalte Sommer-Soba-Nudeln	127

Register nach Gängen

Knusprige Ingwer-Ente mit Ananas, Mango und Paprika	232
Ladinischer Schweinsbraten mit Pilzknödeln	264
Lammgeschnetzeltes mit Rotweinsauce und Schwammerln	36
Lammkoteletts gegrillt	144
Lammkoteletts mit Kürbispüree	244
Lammkoteletts mit Salbei und Rohschinken	308
Melanzani-Röllchen mit Basilikumfond	163
Ministeaks mit Schalotten und Balsamsauce	118
Nudelsalat mit Artischocken, Prosciutto und Kapern	156
Pécena Orada s bijelim Lukom i Pomodorima / Gegrillte Goldbrasse mit Knoblauch und Paradeisern	168
Pizza mit Prosciutto	80
Putenspießchen auf Erdnuss-Kokos-Sauce mit Sprossen-Paprika-Salat	288
Putenroulade mit Polenta-Fruchtfülle auf Pak-Choi	314
Rindsfiletstreifen mit pikanter Senfsauce	218
Rindslungenbraten mit Erdäpfel-Basilikum-Creme	101
Rindsragout mit Kirschparadeisern und Kapernbeeren	258
Roastbeef mit feiner Senfsauce	346
Schweinsbraten mit Rosmarin und dunkler Biersauce	340
Schweinsfilet mit Rosmarinsauce	136
Schweinsfilet mit Senfsauce	62
Schweinsrückensteaks mit Paprika-Käsekruste	183
Spalierbraten vom Lamm mit Fisolen-Bohnengemüse	48
Spanischer Reis mit Hühnerfleisch und Gemüse	176
Spargel mit Lachsforelle und Sauce hollandaise	94
Stuffed Turkey with Gravy / Gefüllter Truthahn	270
Tagliatelle mit Schwammerlsauce	239
Tunfischsteak mariniert	42
Wildschwein-Medaillons mit Trockenfrüchten	226

Kuchen und Desserts

Apfelstrudel	342
Brombeer-Tascherln	240
Buchteln mit Marmeladefülle	71
Crème brûlée au Framboises / Vanillecreme mit Himbeeren	172
Crème Caramel	39
Erdbeer-Blätterteigherzen	65
Erdbeer-Törtchen	76
Fruchtsalat mit Mandelcreme	152
Grießauflauf mit Dörrzwetschken	203
Heidelbeer-Flammeri mit Portweinbirne	296
Himbeer-Jogurt-Creme	355
Jogurt-Grießauflauf mit Pfirsichsauce und Heidelbeeren	102
Kaki-Mousse	291
Karamellisierte Apfel-Palatschinken	267
Karamellisierte Topfentörtchen	97
Kokoscreme mit Ananassauce	311
Kumquat-Kokos-Scheiterhaufen	214
Kürbis-Muffins	247
Mandelschaumtörtchen mit Beeren	159
Mangocreme mit Himbeeren	328
Mango-Gratin	179
Mango-Papaya-Sülzchen mit Kokossauce	349
Melonen-Cocktail mit jamaikanischem Kokos-Minze-Sorbet	191
Melonen-Lassi	147
Mohnparfait mit Himbeersauce	322
Müslitörtchen auf Kiwi-Beerensalat	108
Nougat-Tascherln mit Hagebutten-Ingwer-Sauce	229
Palatschinken mit Marillenmarmelade	303
Palatschinkensackerln mit Erdbeer-Topfenfülle	184
Pfirsich-Moscato	132
Pistazienstanitzel mit Kirschengelee und Sauerrahm	83
Preiselbeerterrine mit Mandelsauce	260
Pumpkin Pie / Kürbiskuchen	273
Quitten-Mohn-Törtchen	209
Rharbarber-Tartelettes	91
Rote Kinder-Bowle mit Früchten	151
Salbeiblätter in Weinteig mit Marillenmus	139
Schoko-Zimt-Türmchen mit Knusperstangerln	317
Shinren Tofu / Milch-Mandel-Gelee	235
Strudelblätter mit Kirschobers-Creme	121
Süßes Erbsenmus mit Melonen	164
Süßes Paradeis-Apfel-Mus auf Knusperteig	254
Topfen-Mandel-Nudeln mit Rhabarber-Ragout	221
Topfen-Nockerln mit Zitrusfrüchte-Salat	45
Türmchen mit Eierlikör-Creme und Erdbeeren	50
Überbackene Früchte mit Vanillecreme	57

Kekse und Eingemachtes

Butterkekse	277
Eierlikör	31
Eingelegter Kürbis mit Zwetschken	195
Erdbeer-Marmelade mit Bitterschokolade	113
Vanillekipferln	277

Register A–Z

Apfelstrudel	342
Asiatischer Glasnudelsalat	141
Brennsuppe mit Pressknödeln	299
Brombeer-Tascherln	240
Buchteln mit Marmeladefülle	71
Butterkekse	277
Caesar's Salad	187
Crème brûlée au Framboises / Vanillecreme mit Himbeeren	172
Crème Caramel	39
Eierlikör	31
Eingelegter Kürbis mit Zwetschken	195
Empanadillas con Jamon y Aceitunas / Teigtäschchen mit Schinken und Oliven gefüllt	167
Ententerrine mit Schwammerln	223
Entrecôtes gegrillt	145
Erbsensuppe mit Topfennockerln	85
Erdäpfel-Schwammerl-Suppe	237
Erdbeer-Blätterteigherzen	65
Erdbeer-Marmelade mit Bitterschokolade	113
Erdbeer-Törtchen	76
Fenchelauflauf mit Garnelenspießchen	313
Fisch-Grissini	331
Fischspieße mit Kirschparadeisern und Estragonsauce	87
Fischsuppe mit Garnelen und Muscheln	334
Fitness-Brötchen	148
Fruchtsalat mit Mandelcreme	152
Frühlingssalat mit Zitronen-Olivenöl-Dressing	79
Ganslsuppe mit Apfelkugeln und Leber	205
Garnelensuppe mit Kokosmilch	287
Gebratene Entenbrust mit Kirschen-Ingwer-Sauce	252
Gebratene Gans mit Rotweinsauce	206
Gebratene Kalbsstelze mit Reis	300
Gebratene Nudeln mit Hühnerfleisch, Sprossen und Gemüse	75
Gebratene Putenwürfel mit Schwammerln und Sellerie	188
Gefüllte Salatblätter mit Paradeisschaum	106
Gefüllte Topinambur mit feinem Rehragout	281
Gegrilltes Huhn mit knuspriger Speckhaut und Couscous	143
Gekochter Schinken mit Apfel-Weinkraut	68
Gekühlte Erdäpfelsuppe mit Basilikum und Garnelen-Spießchen	155
Gemüsetopf mit Fleischbällchen	352
Grießauflauf mit Dörrzwetschken	203
Heidelbeer-Flammeri mit Portweinbirne	296
Himbeer-Jogurt-Creme	355
Hühnerbrust auf Oliven-Paradeis-Sauce	88
Hühnerbrust auf Pasta-Salat mit Rucola	131
Hühnerbrust mit Schwammerlfülle auf Paprikaschaum	320
Hühnercurry mit Ananas und Mango auf Safranreis	295
Hühnerpastete im Lauchmantel	41
Hühnersuppe mit Nudeln, Gemüse und Pilzen	181
Indische Gemüsesuppe mit Hühnerfleisch	211
Involtini di vetello / Kalbfleischröllchen	171
Jogurt-Grießauflauf mit Pfirsichsauce und Heidelbeeren	102
Jungzwiebel-Rahm-Suppe	33
Kabeljau mit Erdäpfelkruste auf Kohlpüree	327
Kaki-Mousse	291
Kalbsbraten mit Kräuterfülle, Wokgemüse und Cranberry-Sauce	212
Kalbsroulade mit Apfel-Maroni-Fülle und Orangensauce	200
Kalbsschnitzel gegrillt mit Paradeisern und Erbsenschoten	54
Kalte Paradeiser-Marillen-Suppe mit Chili	161
Kalte Sommer-Soba-Nudeln	127
Kalte Suppe aus grünen Ringlotten	129
Karamellisierte Apfel-Palatschinken	267
Karamellisierte Topfentörtchen	97
Karotten-Apfel-Suppe mit gebackenem Spinat	319
Karotten-Käsecreme-Häppchen	151
Klare Gemüsesuppe mit Schwammerl-Schöberln	339
Klare Wildsuppe mit Pistaziennockerln	224
Knusprige Ingwer-Ente mit Ananas, Mango und Paprika	232
Kokoscreme mit Ananassauce	311
Kokossuppe mit Zitronengras und Hühnerspieß	99
Kräuterschaumsuppe mit Käsenockerln	59
Kraut-Snacks mit Forellen-Gemüse-Fülle	279
Kumquat-Kokos-Scheiterhaufen	214
Kürbis-Muffins	247
Kürbissuppe mit Kapuzinerkresse	243
Lachs mit Currysauce und Blattspinat	61
Lachsforellenfilet überbacken auf Mangold	34
Ladinischer Schweinsbraten mit Pilzknödeln	264
Lammgeschnetzeltes mit Rotweinsauce und Schwammerln	36
Lammkoteletts gegrillt	144
Lammkoteletts mit Kürbispüree	244
Lammkoteletts mit Salbei und Rohschinken	308
Linsensuppe mit Kalbfleisch und Gemüse	325
Mandelschaumtörtchen mit Beeren	159
Mangocreme mit Himbeeren	328
Mango-Gratin	179
Mangold-Terrine mit Gemüsesalat auf Karottensauce	217
Mango-Papaya-Sülzchen mit Kokossauce	349
Marinierter Lauch mit Paprika-Tofu-Marinade	351
Matjessalat mit Avocado und Bohnen	337
Melanzani-Röllchen mit Basilikumfond	163

Register A–Z

Melonen-Cocktail mit jamaikanischem Kokos-Minze-Sorbet	191
Melonen-Lassi	147
Minestrone mit weißen Bohnen und Fisolen	175
Ministeaks mit Schalotten und Balsamsauce	118
Misosuppe	123
Mohnparfait mit Himbersauce	322
Müslitörtchen auf Kiwi-Beerensalat	108
Nougat-Tascherln mit Hagebutten-Ingwer-Sauce	229
Nudelsalat mit Artischocken, Prosciutto und Kapern	156
Nudelteig-Tascherln mit Tunfisch-Oliven-Fülle	199
Nudeltopf mit gebratenem Rindfleisch, Pilzen und Sprossen	231
Palatschinken mit Marillenmarmelade	303
Palatschinkensackerln mit Erdbeer-Topfenfülle	184
Paprika mit Tofu-Sesamcreme	149
Pécena Orada s bijelim Lukom i Pomodorima / Gegrillte Goldbrasse mit Knoblauch und Paradeisern	168
Petersil-Schafkäse-Türmchen	135
Pfirsich-Moscato	132
Pistazienstanitzel mit Kirschengelee und Sauerrahm	83
Pizza mit Prosciutto	80
Preiselbeerterrine mit Mandelsauce	260
Pumpkin Pie / Kürbiskuchen	273
Putenroulade mit Polenta-Fruchtfülle auf Pak-Choi	314
Putenspießchen auf Erdnuss-Kokos-Sauce mit Sprossen-Paprika-Salat	288
Quitten-Mohn-Törtchen	209
Radieschensuppe mit Rucolanockerln	105
Räucherfisch-Häppchen mit Ei und Kaviar	333
Räucherfischsuppe mit Oliven, Sellerie und Kresse	257
Räucherlachs-Schnitte mit Dillsauce	305
Raw Vegetables / Rohkostplatte	269
Rharbarber-Tartelettes	91
Rindsfiletstreifen mit pikanter Senfsauce	218
Rindslungenbraten mit Erdäpfel-Basilikum-Creme	101
Rindsragout mit Kirschparadeisern und Kapernbeeren	258
Roastbeef mit feiner Senfsauce	346
Rollgerstensuppe mit Erbsen und Selchfleisch	263
Rote Kinder-Bowle mit Früchten	151
Rote-Rüben-Suppe mit Kaviar	345
Roulade aus Roten Linsen	282
Salat mit Schafkäse und Spargel	115
Salatrollen mit Garnelen und Sprossen	124
Salbeiblätter in Weinteig mit Marillenmus	139
Schoko-Zimt-Türmchen mit Knusperstangerln	317
Schweinsbraten mit Rosmarin und dunkler Biersauce	340
Schweinsfilet mit Rosmarinsauce	136
Schweinsfilet mit Senfsauce	62
Schweinsrückensteaks mit Paprika-Käsekruste	183
Shinren Tofu / Milch-Mandel-Gelee	235
Spalierbraten vom Lamm mit Fisolen-Bohnengemüse	48
Spanischer Reis mit Hühnerfleisch und Gemüse	176
Spargel mit Lachsforelle und Sauce hollandaise	94
Spargelsuppe mit Kressestrudel	47
Spargel-Vanillesuppe mit Limetten-Obers	93
Spinatcremesuppe mit Nockerln	293
Steinbutt mit Fenchel-Selleriegemüse und Grapefruit	117
Stuffed Turkey with Gravy / Gefüllter Truthahn	270
Suppe mit Schwammerl-Schöberln	249
Suppe mit Spinat-Pofesen	307
Süßes Erbsenmus mit Melonen	164
Süßes Paradeis-Apfel-Mus auf Knusperteig	254
Tagliatelle mit Schwammerlsauce	239
Tennis-Suppe mit grünen Bällchen	73
Tunfisch-Artischockenspieße mit Chili-Limettensauce	53
Tunfischsteak mariniert	42
Topfen-Mandel-Nudeln mit Rhabarber-Ragout	221
Topfen-Nockerln mit Zitrusfrüchte-Salat	45
Trüffel von der Gemüsebanane	285
Türmchen mit Eierlikör-Creme und Erdbeeren	50
Überbackene Früchte mit Vanillecreme	57
Vanillekipferln	277
Welsfilet mit Brunnenkresse-Sauce	250
Wiener Erdäpfelsuppe	67
Wildschwein-Medaillons mit Trockenfrüchten	226
Zucchini-Rahmsalat mit Kürbiskernen	141
Zwiebelsuppe mit Toast und pochiertem Wachtelei	197